URIHI A
A TERRA-FLORESTA YANOMAMI

Bruce Albert & William Milliken

com a colaboração de Gale Goodwin Gomez

ISA 15 ANOS

IRD
Institut de recherche pour le développement

São Paulo, SP - Brasil
dezembro, 2009

O **Instituto Socioambiental (ISA)** é uma associação sem fins lucrativos, qualificada como Organização da Sociedade Civil de Interesse Público (Oscip), fundada em 22 de abril de 1994, por pessoas com formação e experiência marcante na luta por direitos sociais e ambientais. Tem como objetivo defender bens e direitos sociais, coletivos e difusos, relativos ao meio ambiente, ao patrimônio cultural, aos direitos humanos e dos povos. O ISA produz estudos e pesquisas, implanta projetos e programas que promovam a sustentabilidade socioambiental, valorizando a diversidade cultural e biológica do país.

Para saber mais sobre o ISA consulte **www.socioambiental.org**

Apoio institucional:
ICCO – Organização Intereclesiástica para Cooperação ao Desenvolvimento
NCA – Ajuda da Igreja da Noruega

São Paulo (sede)
Av. Higienópolis, 901
01238-001 São Paulo – SP – Brasil
tel: (11) 3515-8900 / fax: (11) 3515-8904
isa@socioambiental.org

Brasília
SCLN 210, bloco C, sala 112
70862-530 Brasília – DF – Brasil
tel: (61) 3035-5114 / fax: (61) 3035-5121
isadf@socioambiental.org

Manaus
Rua Costa Azevedo, 272, 1º andar – Largo do Teatro - Centro
69010-230 Manaus – AM – Brasil
tel/fax: (92) 3631-1244/3633-5502
isamao@socioambiental.org

Boa Vista
Rua Presidente Costa e Silva, 116 – São Pedro
69390-670 Boa Vista – RR – Brasil
tel: (95) 3224-7068
fax: (95) 3224-3441
isabv@socioambiental.org

S. Gabriel da Cachoeira
Rua Projetada 70 - Centro
69750-000 São Gabriel da Cachoeira – AM – Brasil
tel/fax: (97) 3471-1156
isarn@socioambiental.org

A história do **Institut de Recherche pour le Développement (Instituto de Pesquisa para o Desenvolvimento-IRD)** remonta, na França, ao ano de 1944. Recebeu várias denominações, entre as quais ORSTOM. O estatuto atual do IRD foi definido em 1984. Trata-se de um estabelecimento público de caráter científico e tecnológico sob tutela dos Ministérios da Pesquisa e da Cooperação Internacional da França. As pesquisas realizadas em conjunto com várias instituições e universidades brasileiras são desenvolvidas sob a chancela do Conselho Nacional de Desenvolvimento Científico e Tecnológico (CNPq) para a cooperação científica e da Agência Brasileira de Cooperação (ABC) para a cooperação técnica. A Representação do IRD no Brasil está vinculada à Embaixada da França.

Institut de Recherche pour le Développement (IRD)
Diretor Geral : Michel Laurent
Presidente : Jean-François Girard
Le Sextant, 44 bd de Dunkerque - CS 90009
13572 Marseille cedex 02 França
www.ird.fr

O IRD no Brasil:
Representante : Jean-Loup Guyot
Representação IRD
CP 7091 - Lago Sul
71619-970 - Brasilia (DF)
tel : (61) 32 48 53 23 / fax : (61) 32 48 53 78
e-mail : bresil@ird.fr
www.brasil.ird.fr

Agradecimentos

Este trabalho não teria sido possível sem a generosa cooperação e hospitalidade do povo Yanomami da aldeia *Watorikɨ*, em especial de nossos incansáveis parceiros nesta pesquisa: Antonio, Justino, Lourival, Davi, Roberto, Lucas, Raimundo e Henrique, bem como de nossos dedicados colaboradores nas outras comunidades visitadas em Xitei, Parawa u e Homoxi.

As pesquisas foram realizadas com a autorização da Fundação Nacional do Índio (Funai), sob responsabilidade do Conselho Nacional de Desenvolvimento Científico e Tecnológico (CNPq) e supervisão da professora Alcida R. Ramos (UnB). Contaram, além disso, com a eficiente colaboração do Museu Integrado de Roraima (Mirr).

O estudo foi financiado e apoiado pelas seguintes instituições: Institut de Recherche pour le Développement (IRD), Royal Botanic Gardens – Kew, Baring Foundation, Ernest Cook Trust, Rufford Foundation, sr. George Mark Klabin, Rainforest Medical Foundation, The Nature Conservancy (TNC) e Instituto Nacional de Pesquisas da Amazônia (Inpa).

As equipes das organizações não governamentais Comissão Pró-Yanomami (CCPY) e Urihi Saúde Yanomami em São Paulo, Brasília, Boa Vista, Watorikɨ, Parawa u e Homoxi, assim como a irmã Ninfa da Missão católica de Xitei, prestaram um valioso e amigável apoio para o bom andamento de nossas pesquisas de campo. Vários pesquisadores do Inpa em Manaus ofereceram suporte e conselhos para nossa pesquisa em Homoxi entre eles Cid Ferreira, Rogério Gribel, José Ramos, Tânia Sanaiotti, Victor Py Daniel, João Ferraz, Rita Mesquita, Jansen Svanson, Albertina Lima e Célio Magalhães Filho.

Agradecemos também o apoio de Ana Paula Souto Maior, Cláudio Esteves de Oliveira e Deise Alves Francisco em Boa Vista (Roraima), bem como a ajuda de Maurice Tomioka Nilsson e Helder Perri Ferreira – então assessores de educação da CCPY – que verificaram com os Yanomami vários detalhes botânicos da última versão do manuscrito. Devemos também a Helder Perri Ferreira várias observações linguísticas úteis ao longo de sua revisão final. Somos igualmente gratos a Gabriela Copello Levy por seus pacientes esforços na revisão do texto em português.

Agradecemos, finalmente, a Hew Prendergast, Ghillean Prance e Jim Ratter, que enriqueceram o manuscrito deste livro com seus valiosos comentários.

autores: Bruce Albert, William Milliken

colaboração: Gale Goodwin Gomez

projeto gráfico/editoração: Vera Feitosa/ISA

foto da capa: © Victor Englebert

pesquisa e tratamento de imagens: Cláudio Tavares/ISA

mapas: François-Michel Le Tourneau/CNRS; Rosimeire Rurico/ISA

apoio a esta publicação:

EMBAIXADA DA NORUEGA

Liberté • Égalité • Fraternité
RÉPUBLIQUE FRANÇAISE
Ambassade de France
au Brésil

Dados Internacionais de Catalogação na Publicação (CIP)
(Câmara Brasileira do Livro, SP, Brasil)

Albert, Bruce

Uhiri A : a terra-floresta Yanomami / Bruce Albert e William Milliken ; com a colaboração de Gale Goodwin Gomez. -- São Paulo : Instituto Socioambiental ; Paris, Fr : IRD - Institut de Recherche pour le Devéloppment, 2009.

Bibliografia
ISBN - ISA 978-85-85994-72-3
ISBN - IRD 978-2-7099-1688-2

1. Etnobotânica - Brasil 2. Etnobotânica - Pesquisa 3. Índios Yanomami - Brasil 4. Índios Yanomami - Cultura 5. Pesquisa de campo I. Miliken, William. II. Gomes, Gale Goodwin. III. Título.

09-12687 CDD-581.60981

Índices para catálogo sistemático

1. Brasil : Índios Yanomami : Etnobotânica : Pesquisa de campo : Botânica 581.60981

Sumário

URIHI A

por Davi Kopenawa

Os brancos pensam que a floresta foi posta sobre o solo sem qualquer razão de ser, como se estivesse morta. Isso não é verdade. Ela só é silenciosa porque os espíritos *xapiripë*[1] detêm os entes maléficos e a raiva dos seres da tempestade. Se a floresta fosse morta, as árvores não teriam folhas brilhantes. Tampouco se veria água na terra. As árvores da floresta são belas porque estão vivas, só morrem quando são cortadas e ressecam. É assim. Nossa floresta é viva, e se os brancos nos fizerem desaparecer para desmatá-la e morar em nosso lugar, ficarão pobres e acabarão sofrendo de fome e sede.

As folhas e as flores das árvores caem e acumulam-se no chão. É o que dá cheiro e fertilidade à floresta. Esse perfume desaparece quando a terra se torna seca demais, e os riachos se retraem nas suas profundezas. É o que acontece quando se corta e queima as grandes árvores, como as castanheiras, as sumaúmas e os jatobás. São elas que atraem a chuva. Só tem água na terra quando a floresta está com boa saúde. Quando ela está nua, desprotegida, *Mot^{h}okari*, o ente solar, queima os igarapés e os rios. Ele os seca com sua língua de fogo e engole seus peixes. E quando seus pés se aproximam do chão da floresta, ele endurece e fica ardendo. Nada mais pode brotar nele. Não tem mais raízes e sementes na umidade do solo. As águas fogem para muito longe. Então, o vento que as seguia e nos refrescava como um abano se esconde também. Um calor escaldante paira em todos os lugares. As folhas e flores que ainda estão no chão ressecam e encolhem. Todas as minhocas da terra morrem. O perfume da floresta queima e desaparece. Nada mais cresce. A fertilidade da floresta vai para outras terras.

A terra da floresta possui um sopro vital, *wixia*, que é muito longo. O dos seres humanos é muito menor: vivemos e morremos depressa. Se não a desmatarmos, a floresta não morrerá. Ela não se decompõe. É graças a seu sopro úmido que as plantas crescem. Quando estamos muito doentes, em estado de espectro, ele também ajuda na nossa cura. Vocês não veem, mas a floresta respira. Olhem para ela: suas árvores estão bem vivas e suas folhas brilham. Se ela não tivesse sopro, as árvores estariam secas. Esse sopro vem do fundo da terra, lá onde repousa seu frescor. Ele também está em suas águas.

[1] Os *xapiripë*, imagens (*utupë*) dos seres primordiais, são os espíritos auxiliares dos xamãs yanomami.

É assim. A floresta está viva. Não a ouvimos quando ela se queixa, porém ela sofre, como os humanos. Ela sente dor quando está queimada e geme quando suas árvores caem. É por isso que não queremos deixar que ela seja desmatada. Queremos que nossos filhos e netos possam crescer achando nela seus alimentos. Nossos antepassados foram cuidadosos com ela, por isso está até hoje em boa saúde. Desmatamos muito pouco para abrir nossas roças. Plantamos bananeiras, mandioca, cana-de-açúcar, inhame e taioba. Depois, deixamos a floresta crescer de novo. As roças antigas são logo tomadas por uma vegetação emaranhada, e as árvores brotam novamente. Quando se planta no mesmo lugar, nada cresce direito. A terra perde seu cheiro de floresta. Fica ressecada demais. Assim, as plantas ficam quentes e não se desenvolvem. Por isso, nossos antigos se deslocavam na floresta, de uma roça para outra, quando suas plantações enfraqueciam e a caça diminuía perto de suas casas.

A floresta não está morta, como pensam os brancos. Mas se eles a destruírem, ela morrerá, com certeza. Seu sopro vital fugirá para longe. A terra se tornará árida e só haverá poeira. As águas desaparecerão. As árvores ficarão secas. As pedras da montanha irão se aquecer e se partir. Quando o sopro da imagem da terra está presente, a floresta é bela, a chuva cai e o vento sopra. Ela vive com os *xapiripë*. Foram criados juntos. É assim. A floresta não é bela por acaso. Mas os brancos parecem pensar que é. Eles se enganam.

O que vocês chamam "natureza" é, em nossa língua, *urihi a*, a terra-floresta e sua imagem *utupë* vista pelos xamãs: *urihinari a*. É porque existe essa imagem que as árvores são vivas. O que chamamos *urihinari* a é o espírito da floresta, das suas árvores: *huu tihiripë*, das suas folhas: *yaa hanaripë*, e dos seus cipós: *t^{h}ot^{h}oxiripë*. Esses espíritos são muito numerosos e brincam no seu chão. Nós os chamamos também *urihi a*, "natureza", da mesma maneira que os espíritos animais *yaroripë* e mesmo os das abelhas, das tartarugas e dos caracóis. O poder de fertilidade da floresta, *në rope a*, também é "natureza" para nós: ele foi criado com a floresta, é sua riqueza.

Os *xapiripë* possuem a "natureza", o vento e a chuva. Quando os filhos e as sobrinhas dos entes do vento brincam na floresta, a brisa circula e não faz calor. Quando os seres da chuva descem sobre as colinas e as montanhas da floresta, a chuva cai. A terra se refresca e as doenças vão embora. É assim. Se os *xapiripë* ficam no peito do céu e não são chamados pelos xamãs, a floresta se aquece. As epidemias e os seres maléficos se aproximam. Os humanos, então, não param de ficar doentes.

Os *xapiripë* se movem sem parar dentro da floresta. Ela pertence a eles e isso os deixa felizes. Eles estão presentes em toda parte. Os filhos e as filhas dos espíritos das águas *yawarioma pë* brincam ali sem parar. Os brancos não sabem nada disso. Eles pensam que a floresta é bela, fresca e ventilada sem nenhum motivo. Para nós, "natureza" é *uruhi a*, a terra-floresta, é também os espíritos *xapiripë* que nos foram dados por *Omama*.[2] A floresta não existe sem razão. Os *xapiripë* vivem nela, e *Omama* quis que protegêssemos suas moradas.

Depoimento recolhido, traduzido da língua yanomami e editado por Bruce Albert.

[2] *Omama* é o demiurgo da mitologia yanomami, criador da humanidade atual e de suas regras sociais.

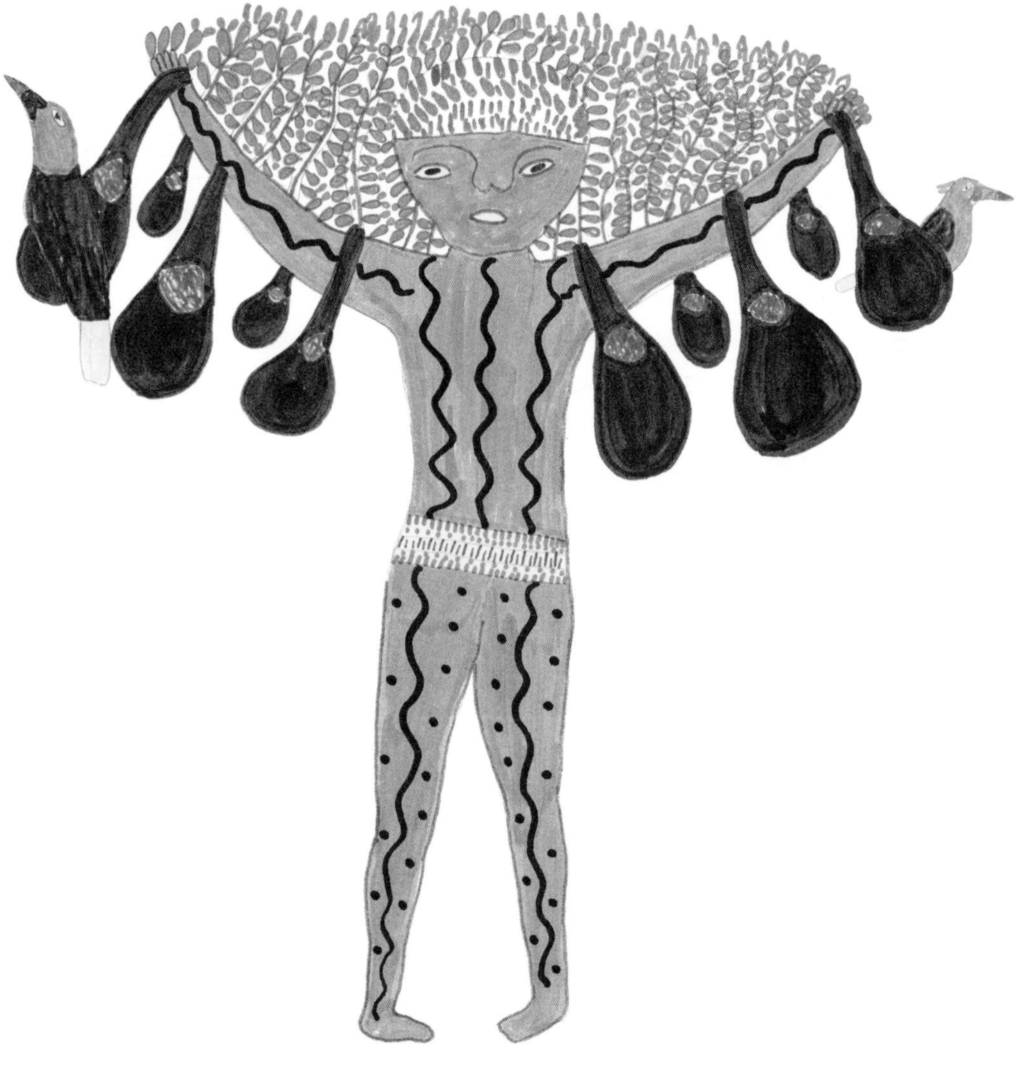

Espírito xamânico da árvore jatobá (*Hymenaea parvifolia*, *ãro kohi*),
com ninhos de pássaros japiim xexéu (*Cacicus cela, ayõkora*). (Joseca Yanomami, 2003)

Mapa 1. A Terra Indígena Yanomami no Brasil

Introdução

Os Yanomami

Os Yanomami[3] são um dos raros povos indígenas da Amazônia cujo nome atingiu um grau de exposição de tal intensidade, tanto nos países em que vivem (Brasil e Venezuela) quanto na mídia internacional. Desde o fim dos anos 1960 começaram a ficar conhecidos, a partir de estudos antropológicos sobre guerra e organização social conduzidos na Venezuela, por uma indevida e preconceituosa reputação de "povo feroz" (Chagnon, 1968a). A partir dos anos 1980, essa imagem pejorativa acabou se modificando paulatinamente, passando os Yanomami, a partir da invasão de suas terras por uma devastadora corrida do ouro (1987-1990),[4] de referência da primitividade sociobiológica (Chagnon, 1988) ao estatuto de vítimas emblemáticas da exploração desordenada da Amazônia. Finalmente, no começo da década de 2000, uma intensa polêmica acadêmica questionando a ética das pesquisas antropológicas e biomédicas conduzidas entre eles nas décadas de 1960 e 1970 na Venezuela, colocou novamente o grupo nas manchetes da imprensa internacional (Tierney, 2000; Borofsky, 2005).

Apesar de os Yanomami serem objetos de um número considerável de estudos científicos e, além disso, de uma quantidade ainda mais impressionante de reportagens, livros jornalísticos e documentários, a maioria sensacionalista e/ou altamente exotizante, essa imagem pública acabou desviando a atenção de aspectos fundamentais de seu modo de viver que, em outros grupos ameríndios, vêm recebendo muito mais atenção dos estudiosos e do público em geral. Um desses aspectos negligenciados, o que é paradoxal em vista do crescente interesse pela ecologia da Amazônia há duas décadas, é o profundo conhecimento que os Yanomami têm da floresta tropical em que vivem, das espécies vegetais nela existentes e das formas como essas espécies podem ser aproveitadas.

Os Yanomami constituem uma sociedade de caçadores-coletores e agricultores de coivara do norte da Amazônia. Ocupam, nas florestas tropicais do oeste do maciço guianense, um território de cerca de 192 mil km^2, em ambos os lados da fronteira entre o Brasil[5] e a Venezuela.[6] Formam um amplo conjunto linguístico e cultural, subdividido em quatro subgrupos falantes de línguas aparentadas e em parte mutuamente inteligíveis: *Yanõmamɨ*, *Yanomae* (ou *Yanomama*), *Sanöma* e *Ninam* (ou *Yanam*).[7] A população yanomami total (incluindo Brasil e Venezuela) pode ser estimada hoje em aproximadamente 33.100

[3] Yanoama, Yanomamö e Yanomama são nomes também usados na literatura para identificar este povo indígena desde os anos 1960. Guaharibos, Waika (Guaica), Xiriana (Xirianã, Shiriana) ou Xirixana (Sirishana), são designações frequentes num período anterior.

[4] *Vide* APC 1990 e CCPY 2001.

[5] Bacias do Alto Rio Branco e Rio Negro (margem esquerda).

[6] Bacias do Alto Orinoco e Cassiquiare.

[7] Usamos aqui uma classificação oriunda de Migliazza (1972: 4c) e corrigida, sob certos aspectos, pelo trabalho de Ramirez (1994: 25).

pessoas.[8] Os Yanomami ocidentais (*Yanõmamɨ*), situados em sua maioria na Venezuela, constituem 59% dessa população, seguidos pelos Yanomami orientais (*Yanomae* ou *Yanomama*), situados em maioria no Brasil, que constituem aproximadamente 21% dela. Os *Sanöma*, majoritários na Venezuela, representam cerca de 17% da etnia, e os *Ninam*, apenas 3% (no Brasil).

Mapa 2. As línguas yanomami no Brasil e na Venezuela

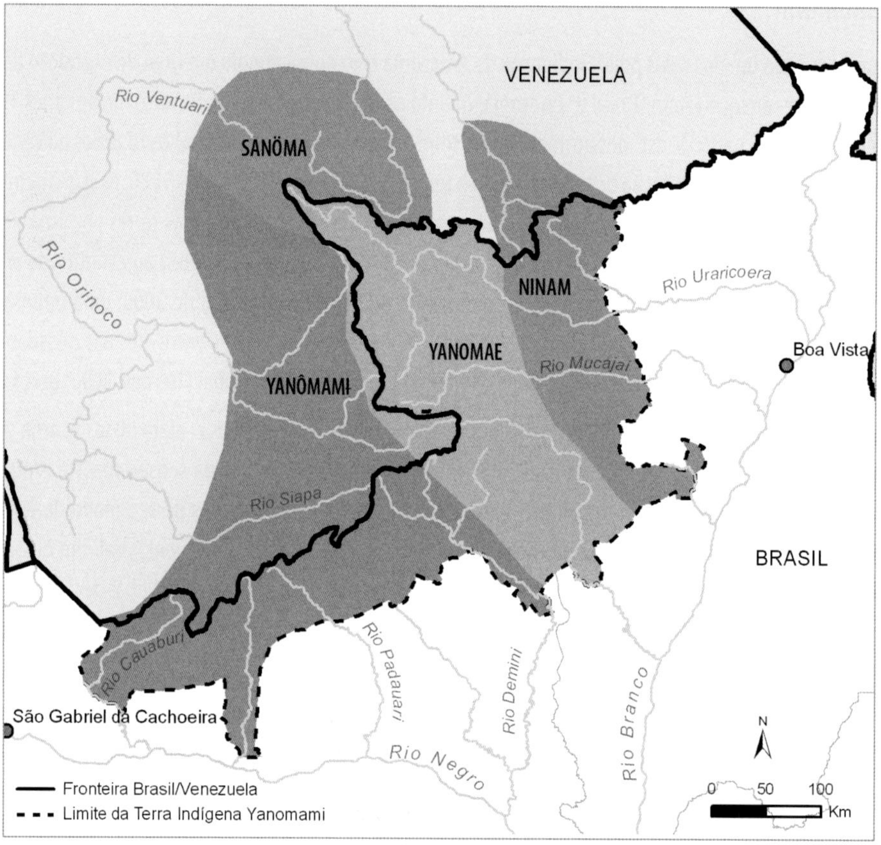

Os grupos locais yanomami são geralmente constituídos por uma vasta casa coletiva chamada *yano* ou *xapono*, com forma troncônica ou cônica. Podem ser também formados por várias casas coletivas menores ou uma casa coletiva maior e pequenas habitações de formato diverso e, mais raramente, apenas por um conjunto de pequenas casas retangulares de tipo

[8] Aproximadamente 17.600 na Venezuela (Censo Comunidades Indígenas, 2001) e 15.500 no Brasil (Funasa, 2006).

regional (*Sanöma*). Cada comunidade considera-se autônoma nos planos político e econômico, e seus membros preferem se casar entre si, desde que a demografia e as relações de parentesco o permitam. Apesar de seu ideal de autarcia, essas comunidades mantêm relações de troca matrimonial, cerimonial (ritos funerários) e econômica com vários grupos locais circunvizinhos, considerados aliados políticos. Assim, formam conjuntos multicomunitários (Albert, 1985)[9] que mantêm com outros conjuntos do mesmo tipo relações hostis, visíveis (incursões guerreiras) ou invisíveis (feitiçaria, xamanismo agressivo). Esses conjuntos de comunidades aliadas se superpõem parcialmente e formam, gradativamente, uma ampla e complexa rede sócio-política que liga a totalidade das aldeias yanomami de uma ponta a outra do território indígena.

Os Yanomami são genética, antropométrica e linguisticamente distintos dos povos ameríndios vizinhos, como os Ye'kuana, da família linguística caribe.[10] Por esse motivo, estudiosos dessas disciplinas admitiram a hipótese de que possam ser descendentes de um grupo indígena ("proto-Yanomami") que se estabeleceu há cerca de um milênio na Serra Parima, no interflúvio entre o Alto Orinoco e o Alto Parima, permanecendo relativamente isolado nesta região. Lá ter-se-ia iniciado, há mais ou menos setecentos anos, o processo de diferenciação interna que deu origem às quatro línguas yanomami hoje existentes, cada uma comportando vários dialetos.[11]

Conforme a tradição oral desse povo indígena e de acordo com as fontes históricas mais antigas que o mencionam (no fim do século XVIII), o centro histórico do território yanomami está, de fato, situado na Serra Parima, maciço montanhoso bastante acentuado (1.700 m de altitude) que delimita a fronteira entre Brasil e Venezuela. Até hoje essa área permanece a mais povoada da terra indígena.

Apesar da penetração colonial do curso superior dos rios Orinoco, Branco e Negro, na segunda metade do século XVIII, a cartografia dessa região permanece fantasiosa e apenas mostra uma vasta extensão deserta. No entanto, desde o início do século XIX, numerosos grupos yanomami, guerreando entre si e com seus vizinhos, haviam começado a espalhar-se da região da Serra Parima rumo às planícies circunvizinhas.

Essa expansão territorial desenvolveu-se ao longo da primeira metade do século XIX até meados do século XX, baseada num vigoroso dinamismo demográfico que vários estudiosos atribuem à adoção de novos cultivares e à aquisição de ferramentas de metal por meio de trocas e incursões guerreiras com e contra povos vizinhos (Caribe, ao norte e a leste, e Aruaque, ao sul e a oeste), eles próprios em contato direto com a fronteira de colonização "branca". O declínio progressivo desses grupos, dizimados pela escravidão e pelas epidemias desde a metade do século XVIII, proporcionou também condições favoráveis para a expansão territorial yanomami, abrindo a suas migrações vastos espaços vazios.[12]

[9] Para uma recente discussão comparativa dos conjuntos supralocais yanomami, *vide* Pateo (2005).

[10] Da dúzia de etnias que cercavam os Yanomami até o fim do século XIX, apenas os Ye'kuana sobreviveram até o presente (*vide* Albert, 1985: cap. I e Ramirez, 1994: cap. 1, sobre a história da expansão yanomami).

[11] *Vide* Holmes, 1995; Migliazza, 1982; Neel *et al.*, 1972; Spielman *et al.*, 1979.

[12] Sobre a história da expansão territorial yanomami e suas causas, *vide*: Albert, 1985 e 1990; Chagnon, 1966 e 1974 ; Colchester, 1984; Good, 1995; Hames, 1983a; Kunstadter, 1979; Lizot, 1988; Ramirez, 1994 e Smole, 1976.

A atual configuração do território yanomami é, portanto, o resultado de um longo processo de crescimento demográfico, de cisão de grupos locais e de expansão migratória em terras livres; processo finalmente contido, nas décadas de 1940 a 1960, pelo estabelecimento, no Brasil, dos primeiros postos do Serviço de Proteção aos Índios (SPI) e, sobretudo, na Venezuela e no Brasil, de diversas missões religiosas tanto evangélicas como católicas.

Os Yanomami no Brasil

Estima-se hoje a população yanomami no Brasil em aproximadamente 15.500 pessoas, distribuídas em 249 grupos locais.[13] Essa população ocupa a região do Alto Rio Branco (oeste do estado de Roraima) e a margem esquerda do rio Negro (norte do estado do Amazonas). Os Yanomami orientais (de língua *Yanomae* ou *Yanomama*), que forneceram a maior parte dos dados apresentados neste livro, predominam no Brasil, onde somam mais de 7 mil pessoas, ao passo que na Venezuela os falantes majoritários são de língua *Yanõmami* (Yanomami ocidental), com uma população de aproximadamente 14 mil indivíduos.

A demarcação das terras yanomami foi oficializada no Brasil em novembro de 1991 e definitivamente homologada, por um decreto presidencial, em maio de 1992.[14] Esse território de 96.650 km^2 – a Terra Indígena Yanomami – abriga uma grande diversidade de meios naturais, incluindo florestas tropicais densas de terras baixas, bem como florestas e savanas tropicais de altitude. Além disso, é considerado pela comunidade científica região prioritária para a proteção da biodiversidade da Amazônia brasileira (Capobianco, 2001: 398-399).

Até o fim do século XIX, os Yanomami do Brasil mantinham relações de guerra e troca com uma dúzia de grupos indígenas circunvizinhos, da família linguística Caribe, ao norte e a leste (Ye'kuana, Purukoto, Sapara, Pauxiana), da família linguística Aruaque, ao sul e a oeste (Bahuana, Mandawaka, Yabahana, Kuriobana, Manao, Baré), ou de línguas isoladas (Maku, Awaké, Marakana). Seus primeiros contatos, esporádicos, com os brancos foram travados nos limites de seu território, entre os anos 1910 e 1940: tratava-se de coletores de produtos florestais (balata, piaçaba)[15], militares das expedições de delimitação de fronteiras, sertanistas do SPI ou viajantes estrangeiros (Albert, 1985: cap. II).

Entre os anos 1940 e 1960, a abertura de postos do SPI e, em seguida, a vinda de missões evangélicas americanas (Novas Tribos do Brasil, Missão Evangélica da Amazônia) e católicas italianas (Salesianos, Consolata) criaram pontos de contato permanentes no território yanomami. Esses estabelecimentos rapidamente se tornaram focos de concentração populacional e de sedentarização, franqueando o acesso a bens manufaturados e a certa assistência paramédica. Foram também a porta de entrada de muitas epidemias devastadoras (sarampo, coqueluche, gripe, tuberculose), às quais os Yanomami, até então praticamente isolados, eram muito vulneráveis.

[13] O recenseamento do Distrito Sanitário Yanomami (Funasa, 2006) menciona 15.896 pessoas distribuídas em 36 regiões epidemiológicas, incluindo aproximadamente 400 índios Ye'kuana, distribuídos em quatro aldeias situadas ao longo dos rios Auaris e Uraricoera.

[14] Portaria nº 580 de 15/11/1991 e Decreto s/n de 25/05/1992.

[15] A balata é uma borracha de látex natural que outrora era usada para fabricar botas, isolante de cabos e bolas de golfe. Extrai-se da palmeira piaçaba uma fibra têxtil utilizada na fabricação de cabos, escovas, vassouras e capachos.

Mapa 3. A Terra Indígena Yanomami nos estados de Roraima e do Amazonas

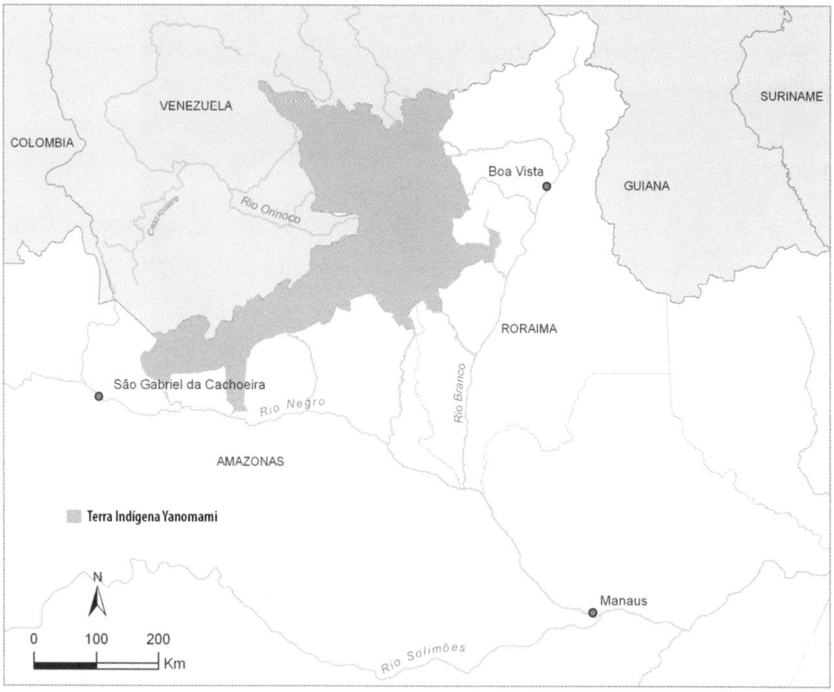

As duas formas de contato regular mantidas inicialmente pelos Yanomami – com os coletores de produtos florestais e com as missões – coexistiram até o início dos anos 1970 em todo seu território. A partir de 1973, contudo, os projetos geopolíticos amazônicos dos governos militares submeteram esses índios a formas de contato mais intensas, notadamente no oeste do estado (então território federal) de Roraima.

Em primeiro lugar, um trecho de 235 quilômetros da estrada Perimetral Norte (BR-210) começou a ser aberto, em 1973, no sudeste do território yanomami, no âmbito do Plano de Integração Nacional lançado em 1970 pelo governo do general Médici (1969-1974), vetor de uma nova política de controle e povoamento da região fronteiriça norte-amazônica. Nos anos seguintes, desta vez no quadro do projeto Polamazônia, criado pelo governo do general Geisel (1974-1979), começaram a ser implantados projetos de colonização agrícola no trecho inicial da BR-210 (1978-1979).

A abertura dos canteiros de obra da estrada e a chegada dos colonos foram responsáveis por um primeiro grande choque epidemiológico entre os Yanomami, que resultou em severas perdas demográficas. A Perimetral Norte foi abandonada em 1976, deixando atrás de si um rastro de degradação sanitária e de desestruturação social perceptível até os dias de hoje, em especial na região do rio Ajarani (Verdum, 1996), onde as obras foram iniciadas em 1973.

Foto 1. Yanomami da região do rio Catrimani na estrada Perimetral Norte. (B. Albert, 1975)

Paralelamente à abertura da estrada, tinha sido também empreendido um inventário sistemático dos recursos naturais da região (Projeto Radam), revelando o potencial minerário da Serra Parima. Em 1975, uma primeira invasão de garimpeiros em busca de minério de estanho (cassiterita) ocorreu na a área central do território yanomami, no Alto Rio Parima (Serra das Surucucus).[16]

A publicidade dada ao potencial minerário do território yanomami acabou desencadeando, na década seguinte, uma crescente invasão garimpeira que acabaria por se transformar, em 1987, em uma verdadeira corrida do ouro no estado de Roraima. Assim, entre 1987 e 1990, cerca de noventa pistas de pouso clandestinas foram abertas na região da Serra Parima, nas cabeceiras dos rios Uraricoera, Parima, Mucajaí e Catrimani. Estima-se que houvesse na época algo entre trinta a quarenta mil garimpeiros explorando sítios auríferos na área.[17] Durante esse período, as relações com os garimpeiros tornaram-se a forma dominante de contato dos Yanomami com a sociedade envolvente: o número de invasores estabelecidos em suas terras representava, no estado de Roraima, aproximadamente cinco vezes sua própria população.

Essa ocupação maciça teve um impacto epidemiológico e ecológico dramático, muito superior ao dos projetos rodoviários e agrícolas dos anos 1970. As epidemias de malária e de infecções respiratórias causaram, na época, a morte de aproximadamente 13% da população yanomami do Brasil. A destruição do leito dos rios e a poluição de suas águas acarretaram

[16] *Vide* Ramos e Taylor, 1979.

[17] *Vide* MacMillan, 1995; Albert e Le Tourneau, 2005.

prejuízos consideráveis para o meio ambiente explorado pelos índios.[18]

A partir de 1990, a maré de garimpeiros em território yanomami foi pouco a pouco contida por reiteradas operações de expulsão realizadas pela Fundação Nacional do Índio (Funai) e pela Polícia Federal. Apesar dessas iniciativas, pequenos grupos de garimpeiros não cessaram, até o presente, de retomar suas atividades nesses locais. Essas reinvasões, embora relativamente limitadas, têm continuado a submeter os Yanomami a doenças e a violências, cujo caso mais dramático foi o massacre, em 1993, de 16 pessoas – crianças, mulheres e anciãos – por garimpeiros em Haximu.[19]

Além desse persistente interesse dos garimpeiros pela região central das terras yanomami, outras atividades econômicas já existentes ou potenciais (colonização agrícola, pecuária, exploração florestal, mineração industrial) poderão constituir, em um futuro próximo, sérias ameaças para a preservação social e ambiental dessa área, apesar de sua homologação como Terra Indígena Yanomami em 1992. Cinquenta e quatro por cento de sua superfície já é coberta por 640 requerimentos e títulos de mineração registrados no Departamento Nacional de Produção Mineral (DNPM) por diversas empresas, públicas e privadas, brasileiras e multinacio-

Foto 2. O curso do Alto Rio Mucajaí devastado pelo garimpo, região de Homoxi. (I. Varga, 1989)

[18] *Vide* APC, 1990; Pithan *et al.* 1991; Milliken e Albert, 2002; Albert e Le Tourneau, 2005.

[19] Sobre o Massacre de Haximu, *vide* CCPY, 2001. De 1991 até 1998 o setor epidemiológico da então Fundação Nacional de Saúde (FNS) registrou o óbito de 1.211 Yanomami, a maioria por causa de malária e de infecções respiratórias trazidas por garimpeiros. Em maio de 2006 a Funai estimava ainda entre 700 e 800 o número de garimpeiros na Terra Indígena Yanomami (Boletim CCPY 78, maio de 2006).

Foto 3. Incêndios nos projetos de colonização no entorno da área yanomami. (R. Honorato/Folhapress, 1998)

nais (Ricardo e Rolla, 2005:50). Ademais, os projetos de colonização agrícola implantados em torno do leste do território yanomami desde 1978 por institutos fundiários federais e, posteriormente, locais – sem falar das ocupações ilegais que os prolongam, aumentando consideravelmente sua extensão – abriram uma frente de povoamento e de desmatamento que já atingiu os limites da área indígena (Le Tourneau, 2003; Albert e Le Tourneau, 2004).[20] Além do uso predador que fazem dos recursos naturais na área indígena limítrofe (caça, pesca, extração de madeira), esses invasores, recorrendo a queimadas indiscriminadas em uma região de secas cada vez mais acentuadas, provocam, como em 1998 e 2003, grandes incêndios que afetam de maneira direta e perene a biodiversidade da região (Elvidge *et al.*, 2001; Barbosa, 2003).

A etnobotânica e os Yanomami

Desde as primeiras pesquisas etnográficas realizadas entre os Yanomami na década de 1950 pelos antropólogos alemães O. Zerries e H. Becher, numerosos estudos foram dedicados aos mais diversos aspectos da sociedade e da cultura deste povo.[21] Entretanto, as informações etnobotânicas permaneceram bastante parcas nesta literatura.

[20] Em alguns casos, colonos e fazendeiros até ultrapassaram esse limite: na região do rio Ajarani, existem, assim, várias fazendas e cerca de 30 lotes incrustados no sudeste da Terra Indígena Yanomami (Levantamento da Funai, outubro de 2001).

[21] *Vide*, por exemplo, sobre os Yanomami no Brasil: Albert, 1985 (*Yanomae*); Becher, 1960 (*Yanõmamɨ*); Peters, 1998; Early e Peters, 2000 (*Ninam*); Ramos, 1995 e Taylor, 1974 (*Sanöma*) e mais recentemente: Smiljanic, 1999 e Pateo, 2005 (*Yanomae*); Ferreira Guimarães, 2005 e Souza Biserra, 2006 (*Sanöma*); sobre os Yanomami na Venezuela: Zerries, 1964; Zerries e Schuster, 1974; Chagnon, 1968 e 1974; Smole, 1976; Lizot, 1984 (*Yanõmamɨ*); Colchester, 1982 (*Sanöma*) e mais recentemente: Alès, 2006; Carrera Rubio, 2004 e Kelly Luciani, 2003 (*Yanõmamɨ*).

Vários estudos abordaram em detalhes a utilização de alucinógenos de origem vegetal pelos Yanomami, como Schultes e Holmstedt (1968). Foram também publicadas pesquisas relativas ao uso de fungos comestíveis (Fidalgo e Prance, 1976; Prance, 1984) e venenos de pesca (Gertsch *et al.*, 2004), bem como estudos sobre o aproveitamento das palmeiras por esse povo (Anderson, 1978; Gertsch *et al.*, 2002). Prance (1972a) publicou dados etnobotânicos gerais oriundos do seu extenso trabalho entre os Yanomami no Brasil; enquanto Fuentes (1980), Lizot (1984) e Finkers (1986) produziram os estudos mais abrangentes a respeito do conhecimento e do uso de plantas pelos Yanomami até recentemente (com base em pesquisas de campo realizadas na região do Alto Orinoco). Finalmente, Mattei-Muller publicou em 2007 na Venezuela um notável dicionário yanomami-espanhol cujo anexo intitulado "Flora Del Alto Orinoco" oferece uma nova e valiosa contribuição ao conhecimento etnobotânico yanomami. Contudo, apesar desses estudos importantes, resta ainda muito a aprender a respeito da extrema riqueza dos saberes botânicos yanomami, como demonstrado em recentes pesquisas sobre seu vasto, e até agora em grande parte desconhecido, conhecimento relativo às plantas medicinais (Milliken e Albert, 1996 e 1997a).

Este livro apresenta os resultados de estudos etnobotânicos conduzidos entre os Yanomami orientais (*Yanomae*) no Brasil. Seus dados remetem, principalmente, a pesquisas de campo realizadas entre 1993 e 1994 na aldeia de *Watorikɨ* (Demini, Amazonas), nas terras baixas do território yanomami (complementadas por uma estada na região de Parawa u, no Alto Rio Demini), e, em menor grau, em comunidades da área de Xitei (Roraima), nas terras altas. Foram acrescentadas a esses

Foto 4. Caçadores yanomami na floresta. (R. Depardon, 2002)

estudos dos anos 1990 informações etnobotânicas registradas em abril de 2002 na região de Homoxi (Alto Rio Mucajaí), igualmente nas terras altas, bem como alguns dados recolhidos anteriormente na região do rio Tootobi (Amazonas).

As pesquisas dos anos 1993-1995 em *Watoriki*, Parawa u e Xitei tinham como objetivo fundamental o resgate dos conhecimentos yanomami sobre plantas medicinais, ameaçados pelo desaparecimento progressivo das anciãs, que eram suas detentoras tradicionais, e pelo uso crescente de medicamentos industriais. Foram realizadas a pedido do projeto de saúde da Comissão Pró-Yanomami (CCPY), a fim de registrar e valorizar esses saberes etnomedicinais de forma que possam permanecer disponíveis tanto para as gerações futuras dos Yanomami quanto para os profissionais de saúde que trabalham com este povo, procurando limitar a dependência em relação aos remédios ocidentais.[22]

Mapa 4. Os locais de pesquisa

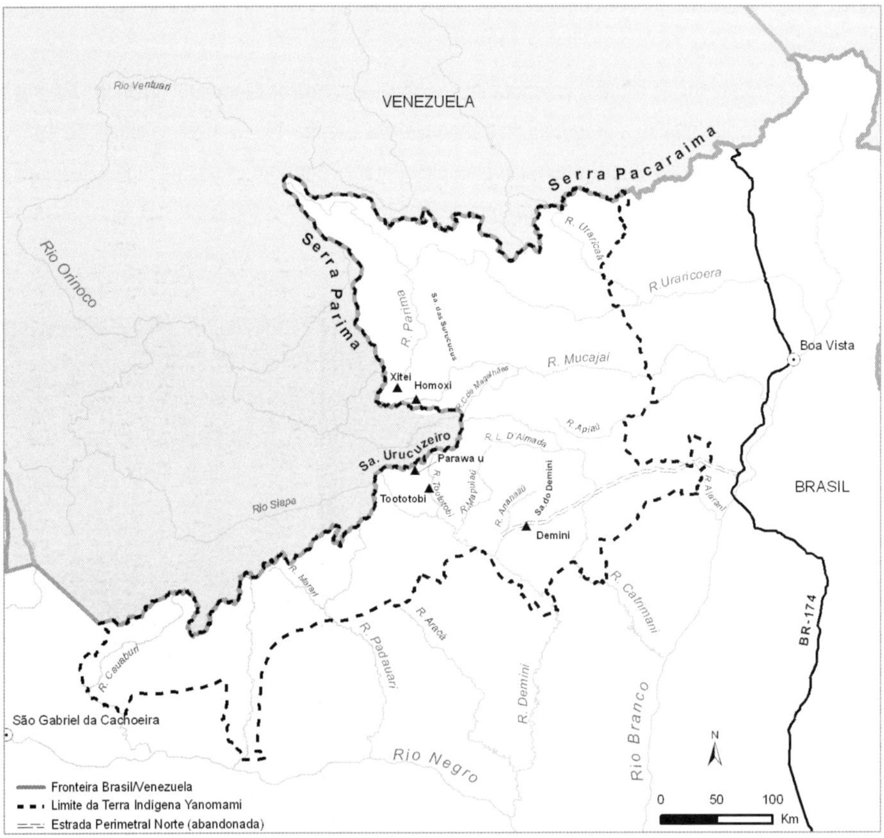

[22] Uma pesquisa anterior deu origem a um manual etnolinguístico para os profissionais de saúde que trabalham na Terra Indígena Yanomami (Albert e Gomez, 1997).

Os resultados dessas primeiras pesquisas sobre plantas medicinais foram publicados anteriormente (Milliken e Albert, 1996 e 1997a). O estudo de 2002 foi realizado no contexto de uma pesquisa multidisciplinar que, a pedido das ONGs CCPY e *The Nature Conservancy*, visava avaliar o impacto das atividades garimpeiras sobre o meio natural da região de Homoxi e elaborar um projeto de reflorestamento das áreas afetadas (Milliken e Albert, 2002).

Os trabalhos de campo realizados por ocasião de todas essas pesquisas possibilitaram, ainda, o registro de um importante conjunto de dados relativos a diversos aspectos do aproveitamento das plantas da floresta pelos Yanomami.[23] O presente livro oferece todas as informações etnobotânicas levantadas pelos autores na área yanomami de 1993 a 2002, contextualizando-as em relação aos dados já publicados sobre os Yanomami e, de maneira mais abrangente, à etnobotânica da região amazônica.

Os locais de pesquisa

A casa coletiva (*yano*) de *Watoriki*, comunidade a partir da qual foi levantada a maior parte dos dados apresentados neste livro, contava em 1993, no início do nosso estudo e no ano de sua construção, com 89 pessoas. A população desta casa-aldeia em forma de anel de 80 metros de diâmetro era, em 2006, de 149 pessoas.

Foto 5. A casa coletiva de *Watorikɨ*. (R. Depardon, 2002)

[23] Como o levantamento dos materiais utilizados na construção da grande casa comunal (*yano*) de *Watorikɨ* (Milliken e Albert, 1997b).

Encontra-se localizada próximo ao quilômetro 211 do antigo traçado da estrada BR-210, a Perimetral Norte, aberto em 1973 no sudeste das terras yanomami, abandonado em 1976, e hoje em grande parte coberto pela floresta.

Watorikɨ situa-se no extremo nordeste do estado do Amazonas, perto do seu limite com o estado de Roraima, entre as bacias dos rios Demini e Catrimani,[24] no início da planície do Rio Branco, que borda o sul da formação montanhosa da Serra Parima, fronteira entre Brasil e Venezuela. A aldeia está adossada a um conjunto de formações rochosas culminando a 700 metros de altura (a Serra do Demini). A geologia da área é formada por rochas metamórficas do complexo baixo pré-cambriano das Guianas, e os solos consistem, em geral, em latossolo vermelho-amarelo distrófico argiloso (Radambrasil, 1975), ainda que existam manchas de solos arenosos nos arredores da aldeia. A área de *Watorikɨ* é coberta por uma densa floresta tropical perenifólia de terras baixas, diversificada e mista, com estrutura e composição bastante característica para a região (Huber, 1995; Milliken e Ratter, 1989), incluindo espécies características da Amazônia e das Guianas.

A 2,5 quilômetros de *Watorikɨ*, um trecho da antiga estrada transformada em pista de pouso (1°30'48"N, 62°49'22"W, altitude 154 m) dá acesso, a partir de Boa Vista, capital de Roraima situada a 280 km, a um posto indígena da Funai (Posto Demini), chefiado por Davi Kopenawa, o conhecido líder yanomami, e um posto da Fundação Nacional de Saúde (Funasa).

Originários da região do Alto Mucajaí, os membros mais velhos de *Watorikɨ* e seus pais ocupavam a região do Alto Rio Lobo d'Almada (afluente do rio Catrimani) no fim dos anos 1960. Migraram para a bacia do Mapulaú (afluente do rio Demini) no início da década de 1970, a convite de uma missão evangélica próxima.[25] Após uma epidemia de doença infecciosa não identificada (1973), breves contatos com um subposto da Funai no rio Mapulaú (1974-1976) e uma segunda epidemia devastadora, desta vez de sarampo (1976), o grupo acabou aproximando-se gradativamente do Posto Demini, aberto pela Funai em 1977, até sua localização atual (1978-1993).[26]

O segundo local visitado, Parawa u, encontra-se no pé da Serra Urucuzeiro, a noroeste da aldeia de *Watorikɨ*, também no estado do Amazonas. No começo dos anos 1990 a CCPY abriu na região um posto de saúde e uma pista de pouso (1°48'13"N, 63°47'55"W, altitude: 60 m acima do nível do mar), hoje operados pela Funasa. A região contava, na época do nosso estudo, com uma população de 242 pessoas distribuídas em nove comunidades (368 pessoas em 2006). Trata-se da única área de língua *Yanõmamɨ* entre as regiões pesquisadas. A vegetação em Parawa u é, essencialmente, similar à da floresta de *Watorikɨ*, a não ser pela presença de algumas espécies, como *Piper francovilleanum* (*mosipoima hanakɨ*) e *Tabernaemontana macrocalyx* (*asokoma hi*), geralmente comuns nas florestas de terra alta.

A terceira região pesquisada, Xitei, está localizada nas terras altas do território yanomami, nas cabeceiras do rio Parima, e contava com 21 comunidades totalizando uma população conhecida de 754 pessoas na época da pesquisa (1.149 em 2006). Existe na área uma pista de pouso (2°36'40"N, 63°52'28"W, altitude: 620 m acima do nível do mar) aberta em 1988-

[24] Respectivamente tributários do rio Negro e do rio Branco.

[25] A ex-Missão Toototobi da organização Novas Tribos do Brasil.

[26] Para detalhes sobre a aldeia de *Watorikɨ*, *vide*: Albert e Kopenawa (2003), bem como Albert e Le Tourneau (2007).

1989 por garimpeiros de cassiterita.[27] No início dos anos 1990, uma missão católica e um posto da Funai foram estabelecidos perto dessa pista abandonada. Os dados de nosso estudo foram recolhidos em duas comunidades yanomami próximas: *Watatasi* e *Kuwai u*.[28]

A vegetação da região de Xitei é característica das florestas ombrófilas submontanas de terra firme da Serra Parima descritas em detalhe por Huber *et al.* (1984), que estabeleceu a cota de 600 m como limite de altitude inferior desse tipo de vegetação e caracterizou sua distinção em relação às florestas de terras baixas. Entretanto, ainda que a floresta de Xitei revele notáveis diferenças em comparação com a de *Watorikɨ*, tais como uma copa um pouco mais baixa, uma maior riqueza da flora epífita e a inclusão de espécies típicas do planalto da Guiana como *Psammisia guianensis* (*teosi hanakɨ*), ela apresenta também elementos comuns nas terras baixas, tais como: *Aspidosperma nitidum* (*hura sihi, poo hetʰohi*), *Bauhinia guianensis* (*tuwakarama tʰotʰo*) e *Cedrelinga cateniformis* (*apũru uhi*).

Foto 6. Casas coletivas da região de Homoxi. (F. M. Le Tourneau, 2002)

O quarto local de estudo, Homoxi,[29] situa-se na região das terras altas do curso superior do rio Mucajaí (afluente do rio Branco), próximo às cabeceiras do rio Orinoco. Na época de nossa pesquisa, encontravam-se na área três aldeias com uma população total de 359 pessoas (383 em 2006). A primeira, *Tirei*, estava estabelecida nas proximidades da pista de pouso[30] e do posto de saúde de Homoxi (2°29'52"N, 63°43'45"W, altitude: 794 m acima do nível do mar), então administrado pela ONG Urihi Saúde Yanomami (hoje pela Funasa), e a segunda, *Xere u*, a 7,2 km do posto em linha reta, próximo de um

[27] Minério de estanho.

[28] Para detalhes sobre a região de Xitei, *vide* Santos e Souza (2001).

[29] Para detalhes sobre a região de Homoxi, *vide* Milliken e Albert, 2002 e Albert e Le Tourneau, 2005.

[30] Esta pista de pouso foi aberta no fim dos anos 1980 por garimpeiros e denominada "Pista Jeremias".

afluente da margem direita do Alto Rio Mucajaí (2°27'37"N, 63°40'41"W, altitude: 951 m).[31] A terceira comunidade, *Yarit^ha*, estava (e ainda está) situada a 14,3 km do posto, na bacia de um tributário da margem esquerda do Alto Orinoco, o *Ruapë u* (2°22'20"N, 63°41'28"W, altitude 611 m).

A vegetação de Homoxi é similar à de Xitei, apresentando uma floresta submontana típica das regiões de terras altas da área yanomami. Entretanto, na área da comunidade de *Yarit^ha*, situada a uma altitude menor, apresenta uma floresta de transição entre terras altas e baixas, com espécies características de ambas, como *Caryocar pallidum* (*xoxo mohi*), *Micrandra rossiana* (*momo hi*) e *Micropholis* sp. (*nãi hi*) para as primeiras, e *Oenocarpus bacaba* (*hoko si*), *Theobroma bicolor* (*himara amohi*), *Anacardium giganteum* (*oruxi hi*) e *Pseudolmedia laevigata* (*hayi hi*) para as segundas.

A floresta da região de Homoxi é razoavelmente homogênea, com um dossel geralmente de 25 a 30 metros e árvores emergentes de 40 metros ou mais, como, por exemplo, *Cedrelinga cateniformis* (*apũru uhi*). A presença de lianas é frequente e o sub-bosque é bastante aberto. Essa área sofreu uma considerável degradação ambiental por ocasião da invasão maciça de garimpeiros no final dos anos 1980 e começo dos anos 1990. As intensas atividades de exploração de ouro aluvial na bacia do Alto Rio Mucajaí e seus tributários deixaram extensas cascalheiras que são lentamente recolonizadas por uma vegetação secundária esparsa.[32] Encontram-se também na região áreas extensivas de floresta secundária dominadas por espécies de *Cecropia* ou *Vismia*,[33] pistas de pouso abandonadas cobertas de gramíneas altas (principalmente *Paspalum* sp.), poças de garimpos (*oru pëka*, "buraco de ouro") com diversas espécies aquáticas e uma vegetação ribeirinha degradada. Todos estes ambientes estão descritos em detalhe em Milliken e Albert (2002).

As identificações botânicas

Os nomes de plantas citados na literatura etnobotânica consagrada aos Yanomami, especialmente quando os autores só mencionam termos indígenas, são reproduzidos aqui apenas quando pôde ser determinado, com razoável grau de confiança, o nome científico relevante. Para facilitar a leitura do texto, uma síntese dos nomes yanomami e científicos das espécies vegetais identificadas é apresentada separadamente nos Anexos I e II (ver págs. 160 e 183). Os nomes científicos foram geralmente atualizados conforme a taxonomia vigente.

[31] Em 2004, a aldeia de *Tirei* dividiu-se, e a maior parte de seus habitantes estabeleceu-se em duas aldeias na Venezuela situadas, também, na bacia do *Ruapë u*, a montante de *Yarit^ha*: *Wahapi u* e *Eheremaxipi u* (respectivamente, 2°23'42"N, 63°39'30"W, altitude: 728 m, e 2°24'30"N, 63°39'49"W, altitude: 704 m). Os habitantes de *Xere u* estabeleceram, por sua vez, uma segunda aldeia na Venezuela: *Arakɨ titiopë u* (2°24'37" N e 63°40'32"W, altitude: 710 m).

[32] Essas cascalheiras não possuem camada de solo superficial (*topsoil*) e são geralmente cobertas por uma vegetação rala, composta principalmente por ervas como *Axonopus purpusii*, *Digitaria* sp. e *Andropogon angustatus*, frequentemente em associação com um líquen comum (*Cladonia subradiata*). Além dessa vegetação, a mais importante família de plantas herbáceas nestas zonas de cascalho é a Asteraceae, incluindo, entre outras espécies, *Acanthospermum australe*, *Ageratum conyzoides*, *Bidens bipinnata*, *Conyza bonariensis*, *Elephantopus mollis*, *Emilia sonchifolia*, *Eupatorium odoratum*, *Piptocarpha triflora*.

[33] As áreas mais intensamente afetadas pelas atividades garimpeiras tendem a ser colonizadas por *Vismia* spp., enquanto as áreas de floresta em regeneração, onde o solo permanece relativamente intato, são dominadas por *Cecropia sciadophylla*. Já as áreas de florestas queimadas são, muitas vezes, dominadas por samambaias da espécie *Pteridium aquilinum* var. *arachnoideum*.

Métodos de pesquisa

Os dados sobre os nomes, as propriedades e os usos das plantas coletadas foram registrados e longamente discutidos em *Watorikɨ*, na língua yanomami, em 1993 e 1994 (e da mesma maneira em Homoxi, em abril de 2002). Em junho de 1995, durante visitas mais breves realizadas em Parawa u e Xitei, as informações etnobotânicas foram gravadas em áudio e, posteriormente, traduzidas e transcritas fora do campo. Os Yanomami das quatro regiões colaboraram generosamente com a pesquisa em três contextos:

- durante entrevistas sistemáticas realizadas com a finalidade de identificar espécies de plantas úteis;
- durante entrevistas linguísticas realizadas com a finalidade de elaborar um léxico temático yanomami;
- espontaneamente, nas aldeias ou na floresta, quando se identificava uma planta útil ainda não registrada e/ou coletada.

Os nomes indígenas das plantas foram transcritos conforme a ortografia da língua yanomami padronizada no Brasil pelo projeto de educação bilíngue da CCPY.[34] Em quase todos os casos (exceto quando a espécie pôde ser determinada sem nenhuma ambiguidade), o registro dos dados foi completado por coleta de amostras de herbário, inicialmente preservadas numa solução de etanol a 70% (técnica Schweinfurth). Essas amostras foram sistematicamente colhidas durante ou depois do registro das informações etnobotânicas. Espécimes férteis foram acrescentados ao acervo dos herbários do Museu Integrado de Roraima (Mirr), em Boa Vista, do Instituto Nacional de Pesquisas da Amazônia (Inpa), em Manaus, do *Royal Botanic Gardens*, Kew (K), e do *New York Botanical Garden* (NY). Um acervo completo de amostras coletadas durante a pesquisa, incluindo espécimes estéreis, está mantido em Kew.

As coletas foram realizadas na floresta, geralmente com a ajuda de colaboradores yanomami reputados por seus conhecimentos botânicos (como Justino e Antonio em *Watorikɨ*). As informações registradas a respeito da identificação e do uso das plantas foram, posteriormente, checadas na aldeia com o maior número de pessoas possível. Finalmente, tanto em 1993 quanto em 1994 foram também conduzidas em *Watorikɨ*, com um grupo de homens adultos,[35] discussões sistemáticas a

[34] A ortografia utilizada para a transcrição de palavras yanomami (apresentadas neste estudo em itálico) segue a notação do Alfabeto Fonético Internacional (IPA) com algumas adaptações. A língua *Yanomae* falada na aldeia de *Watorikɨ* (e nas regiões de Xitei e Homoxi) tem sete vogais (*i, e, ɨ, ë, a, u, o*) e doze consoantes (*p, t,* t^h*, k, s, x, h, r, m, n, w, y*). Das vogais, *ɨ* refere-se a uma vogal alta central tensa não arredondada, e *ë* refere-se a uma vogal média central semelhante à vogal chamada "schwa" [ə]. Todas as sete vogais podem ser nasalizadas e, neste caso, identificam-se pelo acréscimo de um til [~] sobreposto à vogal. Entre as consoantes, as oclusivas surdas [t] e [p] variam livremente com as oclusivas sonoras correspondentes [d] e [b]; t^h refere-se a uma oclusiva oral alveolar surda aspirada; *h* refere-se a uma fricativa glotal surda cuja variante regional é labializada [h^w]; *r* refere-se a uma consoante vibrante simples alveolar sonora; *x* refere-se a uma consoante fricativa palatal surda [ʃ]. A semiconsoante palatal [j] é representada pelo *y*, segundo o padrão fonético americano (Albert e Goodwin Gomez, 1997).

[35] Os dados primários apresentados nesta monografia foram, principalmente, coletados em *Watorikɨ* com informantes masculinos de mais de 40 anos, na falta de informantes femininos da mesma faixa etária. Consequentemente, é possível que o presente estudo não reflita devidamente o saber etnobotânico específico das mulheres mais velhas que, em certos aspectos, pode diferenciar-se do conhecimento dos homens (*vide* "Plantas medicinais", pág. 118)).

respeito do conjunto dos dados recolhidos (usando como base o nome das plantas). As identificações indígenas das espécies vegetais e as informações relevantes sobre suas características e uso foram registradas na pesquisa somente quando atingido o consenso do grupo. Nas pouquíssimas ocasiões em que, durante as discussões, dados incertos foram especificamente repudiados, optou-se por rejeitá-los.

A etnobotânica yanomami

O conhecimento das plantas silvestres e suas variações

O saber dos Yanomami sobre a determinação das plantas e das suas propriedades varia bastante entre indivíduos, tanto em termos qualitativos quanto quantitativos. Esse fato tornou-se especialmente evidente em relação ao conhecimento de plantas medicinais, principal enfoque dos trabalhos de campo que deram origem a esta monografia (Milliken e Albert, 1997a).

Encontramos em *Watoriki* pessoas com conhecimento muito maior sobre plantas medicinais que outras, da mesma faixa etária, e as plantas medicinais conhecidas por um indivíduo podiam ser, às vezes, bem diferentes daquelas conhecidas por outro. O número e o tipo de espécies vegetais úteis conhecidas por um indivíduo são, inevitavelmente, influenciados por diversos fatores. O primeiro desses fatores é a duração do período de transmissão dessas informações de pais para filhos, ou seja, o número de anos durante os quais uma pessoa pôde conviver com seus pais antes de sua morte. Outros fatores que podem influenciar o saber etnobotânico individual são a idade e o sexo (Phillips e Gentry, 1993b), a história migratória e, em alguns casos, a origem dos pais (quando pai ou mãe eram originários de outra aldeia ou área).

Variações no conhecimento das plantas podem ser também encontradas, ainda que em menor proporção, entre aldeias ou regiões. O saber etnobotânico geral pode variar de uma comunidade a outra, dependendo de influências externas (indígenas ou não), do número de sobreviventes das gerações mais velhas, do tempo em que o grupo vive na região que habita e de outros fatores sócio-históricos. Em alguns casos, verificou-se, assim, que uma árvore (por exemplo, *ãpuru uhi*, *Cedrelinga cateniformis*) encontrada em três regiões (*Watoriki*, Homoxi e Xitei), somente foi reconhecida como tendo propriedades medicinais em uma delas. Houve também situações em que uma árvore estava presente e reconhecida como tendo propriedades medicinais nas três áreas, porém com indicações terapêuticas diferentes em duas (por exemplo, *ixoa hi*, *Osteophloem platyspermum*). Observa-se, finalmente, no território yanomami, significativas diferenças qualitativas entre o acervo de plantas utilizadas em uma região em relação àquelas utilizadas em outra também em função da diversidade florística da área, causada principalmente por sua variação de altitude entre terras baixas (*yari a*) e terras altas (*horepë a*).[36]

[36] Entretanto, como observado por Shepard (2006) em um estudo conduzido na Serra Tapirapecó a partir da aldeia de Marari (Amazonas), os Yanomami pouco visitam as florestas montanhosas numa altitude superior a 800 m por considerá-las moradia de espíritos xamânicos. Em decorrência desse fato, eles não têm um grande conhecimento da sua composição florística.

Tabela 1. Nomes de plantas entre os Yanomami: exemplos de variações

H = registrado em Homoxi
P = registrado em Parawa u
T = registrado em Tootototobi
W = registrado em *Watorikɨ*
X = registrado em Xitei

G = registrado por Gertsch *et al.* (2002)
L = registrado por Lizot (1984, 2004)
MM = registrado por Mattei-Muller (2007)

Espécies	Famílias	Nomes yanomami
Anacardium giganteum	Anacardiaceae	*oruxi hi* (W,H), *wito hi* (P,MM), *witowito hi* (L)
Bauhinia guianensis	Leguminosae	*akanasima tʰotʰo* (H), *patepatema tʰotʰo* (X), *rasirima tʰotʰo* (L), *rasirasima tʰotʰo* (MM), *tuwakarama tʰotʰo* (W)
Chrysochlamys spp.	Clusiaceae	*mamo peima hi* (H,P), *mapeima hi* (H,X), *peima hi* (W)
Geonoma baculifera	Arecaceae	*kõmishi henakɨ* (L), *komishi kë si* (G), *paa hanakɨ* (W)
Herrania lemniscata	Malvaceae	*kãyuweshirimɨ hi* (L), *xiaxiri unahi* (H), *xuhuturi unahi* (H,W)
Ischnosiphon arouma	Marantaceae	*mokoroma henakɨ* (L), *mokoroma si* (MM), *mokuruma si* (W), *saraka si* (H)
Mauritia flexuosa	Arecaceae	*eteweshi kë si* (G), *eteweshi si* (L,MM), *haprua masi* (MM), *rio kosi* (W)
Oenocarpus bataua	Arecaceae	*haprua kë si* (G), *hoko masi* (L), *kõanari si* (W)
Phenakospermum guianense	Strelitziaceae	*ketipa kë si* (L), *rurua si* (W)
Piper francovilleanum	Piperaceae	*misipaima hanakɨ* (H), *mosipoima hanakɨ* (X,W), *yãpi mahekotokɨ* (P)
Protium fimbriatum	Burseraceae	*kururi hi* (H), *manimani a* (H), *mani hi* (X), *weyeri hi* (W)
Psychotria ulviformis	Rubiaceae	*ahete hanakɨ* (W,MM), *ahetema henakɨ* (P), *hura hanakɨ* (P,H), *rope henakɨ* (MM)
Renealmia floribunda	Zingiberaceae	*haro hanakɨ* (P), *hayayama si* (X), *mãokori sinakɨ* (W), *nini kɨkɨ* (W), *omoari si* (X)
Socratea exorrhiza	Arecaceae	*manaka kë si* (G), *manaka si* (L,H,W,MM)
Strychnos guianensis	Loganiaceae	*mamokori* (L), *mamokori sina* (P), *mãokori a* (T), *mãokori tʰoxi* (X), *mamokori tʰotʰo* (MM), *omama hanakɨ* (H)
Symphonia globulifera	Clusiaceae	*mai kohi* (L,W,X), *mai koxihi* (H)
Tabernaemontana macrocalyx	Apocynaceae	*ãkia hi* (W), *akiama hi* (H,X), *ãshãkãma hi* (MM), *asokoma hi* (X), *axokama hi* (P)
Uncaria spp.	Rubiaceae	*ërama tʰotʰo* (W), *kãmoarima namoku* (L), *yamara a tʰotʰo* (W,H), *yamara aka tʰotʰo* (X)
Urera baccifera	Urticaceae	*api nakɨ* (W), *api nasi* (MM), *apia nasikɨ* (L), *ɨra nakɨ* (H,W)

Além dessas diferenciações individuais e coletivas do saber etnobotânico, certa variabilidade pode ser igualmente encontrada na designação das espécies vegetais. Os nomes usados para uma mesma planta podem variar de uma região para outra do território yanomami, refletindo as diferenças linguísticas existentes entre subgrupos da etnia (Tabela 1). Assim, na aldeia de *Watorikɨ*, a árvore chamada *weyeri hi* (*Protium fimbriatum*) é conhecida na região de Xitei pelo nome de *mani hi*. É igualmente possível que mais de um nome seja mencionado para uma única planta numa mesma comunidade, isso em razão da heterogeneidade de sua composição sócio-histórica (caso de uma aldeia formada por grupos de falantes migrantes de regiões diferentes). Assim, em *Watorikɨ*, a árvore *Aspidosperma nitidum* é conhecida tanto por *hura sihi* quanto por *poo hetʰohi*.

De maneira inversa, os membros de uma mesma aldeia podem empregar, às vezes, um único nome yanomami para duas ou mais espécies vegetais superficialmente semelhantes, mesmo quando suas caracteristícas profundas são diferentes. Na região de Xitei, por exemplo, usa-se o nome *xitokoma hi* não só para *Swartzia schomburgkii* (Leguminosae) como também para *Chimarrhis* sp. (Rubiaceae). Ambas as árvores possuem troncos lobulados, porém não têm parentesco no sentido botânico, sendo suas propriedades bastante diferentes. Variações de nomenclatura desse tipo são comuns entre as comunidades indígenas da Amazônia (Bennett e Andrade, 1991).

Todos esses exemplos ilustram a variabilidade complexa do saber etnobotânico yanomami e os diversos fatores (sociais e históricos, ecológicos e geográficos, linguísticos e cognitivos) que dão origem à sua constante reorganização interna. Não existe, portanto, nenhum saber etnobotânico yanomami fixo, homogêneo no tempo e no espaço, potencialmente totalizável numa pesquisa. Existe, sim, uma imensa galáxia de conhecimentos yanomami sobre as plantas, em processo permanente – individual e coletivo, local e regional – de recomposição e experimentação. Inútil dizer que qualquer pesquisa etnobotânica só pode oferecer, por definição, uma fotografia limitada de tal processo.

Finalmente, apesar da nomenclatura das formações vegetais e das paisagens não ter sido abordada sistematicamente em nossas pesquisas, registramos incidentemente um conjunto de categorias ou expressões relevantes ao tema entre os Yanomami orientais (*Yanomae*) (Tabela 2). Tais designações ou caracterizações de zonas de floresta têm geralmente por embasamento critérios de morfologia, composição e história da vegetação. Contudo, o caráter fragmentário e a heterogeneidade linguística desse material só nos permitem apresentá-lo enquanto dados etnoecológicos preliminares. Em pesquisa recente na região do rio Marari (Amazonas), Shepard (2006) apresenta elementos de uma "terminologia de paisagens" dos Yanomami ocidentais (*Yanõmamɨ*). Além de alguns substantivos (como *pïrïsi*, "caatinga"), seus dados consistem, em grande maioria, em listas de expressões locativas formadas por substantivos seguidos de posposições marcando a direção (*-hamɨ*). O registro de tais expressões descritivas e contextuais enquanto "categorias" de uma "classificação" etnoecológica não deixa, porém, de ser problemático (por exemplo interpretar *hehuhamï*, "em direção à colina", como "floresta montanhosa"). Além disso, coloca-se a questão de avaliar o quanto essas expressões têm realmente um valor de convenção para o grupo em apreço ou se constituem apenas fórmulas idiossincráticas dependentes das circunstâncias de sua enunciação. Desse modo, tanto nosso estudo quanto o de Shepard devem ser considerados apenas como primeiros passos de um futuro estudo comparativo da(s) nomenclatura(s) etnoecológica(s) dos vários subgrupos yanomami.

Tabela 2. Alguns tipos de vegetação nomeados pelos Yanomami de *Watorikɨ* (W) e Homoxi (H)

Nome yanomami	Descrição
hutu kana	Vegetação indicadora de roça potencial, roça (W,H)
hutu a tiano	Roça recém plantada (W)
hutu pata a	Roça antiga (vegetação secundária) (W,H)
hutu tute a	Roça nova (W,H)
krakoa a	Área de floresta baixa com cipoais (W)
oxeoxe a	Área de floresta baixa, sem grande árvores (W)
prokeproke a	Área de clareira (W)
purusi a	Savana de Poaceae (W)
urihi a	Floresta (genérico) (W,H)
urihi a hoot^{h}ot^{h}opë	Floresta com cipoais (H)
urihi a ixokoremapë	Floresta inundável (W)
urihi a mãro	Floresta aberta ou desmatada (W,H)
urihi a rõxi	Floresta aberta ou desmatada (W,H)
urihi a oxe	Floresta "nova" (sem grandes árvores) (W,H)
urihi a paimi	Floresta "emaranhada" (W,H)
urihi a patia	Floresta retalhada (W)
urihi a wawëhë	Floresta esparsa (W)
urihi a yai	Floresta "verdadeira" (W,H)
urihi temiopëha	Floresta intocada pelo garimpo ("saudável") (H)
urihi totihiopëha	Floresta intocada pelo garimpo ("bonita") (H)
urihi wãriopëha	Floresta degradada pelo garimpo (H)
yarɨ t^{h}ë urihi	Floresta de terras baixas (W,H)
horepë t^{h}ë urihi	Floresta de terras altas (W,H)
wawëwawë a	Área de clareira, de vegetação esparsa (W,H)
wãra patarima kana	Roça antiga (vegetação secundária) (W)

Classificadores nominais na nomenclatura botânica yanomami

Os classificadores nominais utilizados para formar os nomes das espécies vegetais são palavras curtas (normalmente de uma ou duas sílabas) que vêm logo após o substantivo designando uma planta a fim de especificar a classe à qual ela pertence ou uma parte do vegetal descrito. Esses classificadores são bastante comuns nas línguas da Amazônia. Seu uso não se restringe geralmente à nomenclatura vegetal, mas vigora também em outros domínios como, por exemplo, na classificação de diversas espécies animais. Assim, dezenas desses "classificadores de características" (Borgman, 1990) foram evidenciadas nas diversas línguas yanomami.

Lizot (1996a e 2004) lista vários classificadores botânicos entre os Yanomami ocidentais de língua *Yanõmamɨ* e Fuentes (1980) fornece uma relação de palavras usadas pelo mesmo subgrupo para a anatomia e a morfologia das plantas. Mattei-Muller propõe em anexo do seu dicionário (2007: 598-602) um esboço dos princípios classificatórios da taxonomia botânica da língua *Yanõmamɨ* no qual descreve uma categorização das plantas de acordo com um conjunto de seis classificadores nominais (*hi*, *si*, *t^{h}ot^{h}o*, *këkɨ*, *mamoku* – ou *shikɨ* – e *henakɨ*).

Nossos estudos, dedicados a outras prioridades, não permitiram realizar um estudo sistemático da classificação das plantas na língua dos Yanomami orientais (*Yanomae*), tarefa para a qual seria necessário um novo esforço de pesquisa especificamente dedicado ao tema. Contudo, a partir dos dados etnobotânicos mais abrangentes coletados na aldeia de *Watorikɨ*, podemos evocar brevemente aqui os classificadores nominais mais comuns usados na língua *Yanomae* para agrupar formas vegetais que, na percepção indígena, possuem características comuns (propriedades morfológicas ou qualidades específicas). Esses dados são, de modo geral, condizentes com as observações de Mattei-Muller (2007) em relação ao significado e à designação dos classificadores nominais da nomenclatura vegetal dos *Yanõmamɨ*.

O classificador nominal observado com maior frequência em nossa base de dados etnobotânicos de *Watorikɨ*, num total de 349 itens, é *hi* (plural *hipë*, indeterminado, ou *hikɨ*, determinado), que aparece em 50,7% (177) das entradas e se agrega à maioria dos nomes de árvores. Esse classificador parece derivado da categoria genérica para árvore:[37] *huu tihi* (plural *tihipë* ou *tihikɨ*), que se subdivide em várias classes: *wamotima tihipë*, árvores frutíferas; *yaamotima tihipë*, árvores utilizadas como lenha e *yai tihipë*, árvores sem uso. Observa-se, além disso, uma grande variedade de classificadores complexos, tais como *ahi*, *uhi*, *usihi*, *unahi*, *nahi*, *xihi*, *axihi*, *kohi* etc., entrando na designação de diferentes tipos de árvore (*vide* Lizot, 2004:85). Esses classificadores são formados a partir da composição entre *hi* e um classificador do nome do fruto (por exemplo, *waiporo una* fruta da árvore *waiporo unahi*, *Theobroma subincanum*), de partes úteis (*raxa nat^{h}e* casca usada como tipoia de bebê tirada da árvore *raxa natihi*, *Sterculia pruriens*) ou de propriedades (*kahu usihi*, *Cecropia sciadophylla* onde *usi*, macio, remete a talo oco e mole)[38] das espécies em apreço (*vide* Perri Ferreira, 2009).

Outros classificadores muito usados especificamente para nomes de plantas são *t^{h}ot^{h}o*, *hanakɨ* e *si* com, respectivamente, 8%, 9,4% e 10% das entradas na base de dados de *Watorikɨ* (28, 33 e 35 ocorrências). O classificador *t^{h}ot^{h}o*, derivado do nome genérico *t^{h}oot^{h}ot^{h}o* que se refere a cipós, trepadeiras e lianas, compõe a maioria dos nomes de plantas que identificam esse tipo de vegetação.[39] Contudo, um classificador específico, *ãt^{h}e*, designa especificamente os cipós utilizados na pesca

[37] Segundo Perri Ferreira (2009), o classificador *hi* poderia ter sua origem na reduplicação da forma antiga do substantivo genérico **hii* na posição típica de classificador, o que pode ser observado com maior nitidez no Yanomami ocidental (*Yanõmamɨ*) onde *hii hi* é a expressão genérica que significa árvore.

[38] *Vide* Mattei-Muller, 2007:341.

[39] Como no caso de *hi* visto anteriormente, o classificador *t^{h}ot^{h}o* teria também sua origem na reduplicação da forma antiga do substantivo genérico **t^{h}oo*.

com timbó (por exemplo, *kutʰa ãtʰe*, *Lonchocarpus utilis*).[40] O classificador *hanakɨ* (*hana* 'folha' e *kɨ* 'plural') remete a plantas essencialmente formadas de folhas (por exemplo, *irokoma hanakɨ*, *Heliconia bihai*; *në wãri hanakɨ*, *Peperomia magnoliifolia* e *ahete hanakɨ*, *Psychotria ulviformis*). Também pode entrar na formação do nome de outros vegetais quando suas folhas são creditadas de propriedades medicinais, mágicas ou ornamentais (por exemplo, *kuxixima hanakɨ*, *Polybotrya caudata*, usada como remédio febrífugo). O classificador *si* (plural *sikɨ*) abrange uma vasta categoria de plantas monocotiledôneas, que inclui Arecaceae, Musaceae e Marantaceae, sendo algumas espécies deste grupo discriminadas pelo classificador derivado *asi* (por exemplo, *makerama asi*, *Calathea* aff. *mansonis* e *ruru asi*, *Phenakospermum guyannense*).

Três classificadores numéricos[41] – *a* (singular), *kɨ* (plural de conjuntos) e *kɨkɨ* (plural de agregados) – apesar de não serem específicos para plantas, também ocorrem com frequência na taxonomia vegetal, sendo encontrados respectivamente em 12, 66 e 15 entradas da nossa base de dados. O classificador *a*, que pode ser empregado com a maioria dos substantivos yanomami para designar o singular (objetos materiais, nomes de animais etc.), é bem menos comum no domínio da nomenclatura vegetal. É provável que seu uso em certos nomes de plantas reflita o fato de as espécies em questão serem assimiladas aos objetos, às substâncias ou aos alimentos confeccionados/preparados a partir desses vegetais. Nomeia-se, por exemplo, *xĩki a* uma espécie de *Cecropia* com a casca da qual é fabricada a corda de mesmo nome. Tubérculos selvagens comestíveis (por exemplo, *raɨ a*, *Dioscorea* sp.), substâncias de feitiçaria (por exemplo, *xõwa a*, *Caladium bicolor*), medicinais (*waxia a*, *Dieffenbachia cannifolia*) ou cosméticas (*tʰooro a*, *Solandra grandiflora*) podem apresentar o mesmo classificador. O plural genérico *pë* é, por sua vez, usado para algumas plantas herbáceas (por exemplo, *morɨmoripë*, *Begonia humilis*).

O classificador *kɨ* – plural aplicado a objetos semelhantes e pertencentes a um mesmo conjunto (Lizot, 2004: 163) – é usado na sufixação dos nomes de frutos: por exemplo, *aso asikɨ*, frutos da árvore *aso asihi*, *Pseudolmedia laevis*. Frutos com caroços duros e mesocarpos finos são geralmente identificados pelo classificador *makɨ*, que deriva possivelmente de *maa ma* (pedra).[42] Incluem-se nesta categoria especialmente os frutos de diversas palmeiras (por exemplo, *mai makɨ*, açaí, e *hoko makɨ*, bacaba). Já frutos muito pequenos (e variedades de milho) são categorizados pelo classificador *mokɨ*, que é também a palavra utilizada para sementes. Outros classificadores usando essa forma plural de conjunto designam também variedades de inhame (*akɨ*) e cana-de-açúcar (*ukɨ*) ou certos cogumelos (*amokɨ*).

Finalmente, o classificador de agregados *kɨkɨ* (que não deve ser confundido, nesse contexto, com *koko*, classificador associado às raízes de diferentes variedades de mandioca brava e doce) é usado para identificar plantas dotadas de pequenos tubérculos comestíveis (por exemplo, *aria kɨkɨ*, *Xanthosoma* sp.) ou de rizomas de uso medicinal ou mágico (por exemplo, *aroari kɨkɨ*, *Cyperus articulatus*).[43] Identifica ainda partes tuberosas de cipós (por exemplo, *hõkomo kɨkɨ*, *Ipomoea batatas*)

[40] *Ãtʰe* designa, curiosamente, também a inflorescência das Poaceae, Arecaceae e Musaceae.

[41] A qualificação desses morfemas de número enquanto classificadores numéricos, ainda provisória, deverá ser objeto de uma investigação mais aprofundada (*vide*, por exemplo, Perri Ferreira, 2009).

[42] *Vide* Lizot, 2004:188.

[43] Este classificador é usado também para conjuntos de objetos, pessoas ou animais (*yano kɨkɨ* designa um conjunto de casas coletivas; *xoae kɨkɨ*, um conjunto de antepassados; e *warë kɨkɨ*, uma manada de queixada).

cujo nome é formado com o classificador *tʰotʰo* (*hõkomo tʰotʰo*). Usa-se também para designar frutos que se apresentam na forma de pencas, tais como bananas (*koraha kɨkɨ*) ou pupunhas (*raxa kɨkɨ*).

A agricultura yanomami e a floresta

Os Yanomami, assim como a maioria dos povos indígenas da Amazônia, praticam na floresta uma agricultura de coivara sofisticada que atende a mais de 75% de suas necessidades energéticas (Lizot, 1978: 98). Existem, na literatura etnográfica consagrada à etnia, várias descrições detalhadas de suas técnicas agrícolas, em particular em Colchester (1982: cap. 4), Hames (1983b), Harris (1971), Lizot (1980) e Smole (1976, 1989).[44]

Nas suas roças, que são formadas por pequenas parcelas da floresta derrubadas e queimadas, a plantação faz-se, essencialmente, pela técnica de plantio de mudas (no começo das chuvas, a partir de março-abril), semeando-se unicamente algodoeiros, fumo, milho e mamão. Uma comunidade média de 50 pessoas (não sedentarizada) cultiva três ou quatro hectares de roças, que são usados durante aproximadamente três anos (Lizot, 1980; Colchester, 1982). Esta área cultivada forma uma ou várias grandes roças exploradas por grupos de famílias. Entretanto, não se trata de roças "coletivas", mas sim de conjuntos de pequenas roças familiares contíguas, ampliadas anualmente a fim de manter um nível de produtividade constante. Um novo sítio agrícola é geralmente aberto a cada cinco a sete anos, geralmente num raio de uma dezena de quilômetros do anterior, levando à construção de uma nova casa coletiva (Lizot, 1980).

Apesar do presente estudo não ter sido dedicado em detalhes à agricultura yanomami, pesquisas posteriores apresentaram um conjunto de dados etnogeográficos sobre o sistema agrícola da aldeia de *Watorikɨ (*Albert e Le Tourneau, 2007). Podem ser também encontrados dados sobre a agricultura na região de Xitei em Santos e Souza (2001). Finalmente, as principais plantas cultivadas nas roças yanomami (*hutu tʰëri tʰëkɨ*) e suas variedades são descritas na parte "Plantas comestíveis".

A escolha da localização das roças yanomami e suas mudanças históricas dependem inevitavelmente da tecnologia disponível para a derrubada e o cultivo da parcela, conforme já analisado por Colchester (1984) e Lizot (1980). A relativa ineficiência da tecnologia lítica comparada ao uso de machados de aço para o corte de árvores de grande porte já foi objeto de estudos e debates por parte de vários pesquisadores, entre os quais Carneiro (1979a, 1979b) cujo trabalho baseou-se em experimentos com os Yanomami. Alguns desses autores deduziram de tais pesquisas que a derrubada de áreas de floresta de alto porte com machado de pedra provavelmente jamais foi empreendida por grupos ameríndios, os quais privilegiavam, ao contrário, uma cuidadosa seleção da parcelas cultiváveis evitando grandes árvores, e usavam técnicas alternativas de derrubada de árvores geralmente menores (Denevan, 1992).

Essa hipótese certamente se aplica aos Yanomami, como o evidenciam as informações recolhidas em *Watorikɨ* confirmadas pelos dados de Alès (2003) sobre antigas técnicas agrícolas de comunidades das terras altas da Venezuela. Segundo nossos

[44] Diversos aspectos da agricultura yanomami são também analisados em Alès (2003), Chagnon (1968b), Colchester (1981) e Santos e Souza (2001). Um breve resumo da literatura sobre o assunto é apresentado em Albert e Gomez (1997: 36-38).

Foto 7. Uma roça yanomami: mamoeiros à frente, pés de mandioca atrás, bananeiras e banana-da-terra ao fundo. Fungos brancos comestíveis estão começando a brotar nos troncos derrubados. (W. Milliken, 1993)

colaboradores mais antigos, a vegetação rasteira costumava ser derrubada com bastões de madeira (*sihe enama*) de palmeiras *Bactris gasipaes* (*rasa si*), *Oenocarpus bacaba* (*hoko si*) e *Oenocarpus bataua* (*kõanari si*) – usados também para plantio ("paus de cavar"; *vide* foto em Biocca, 1966: 154) – e pequenos "facões" também da mesma madeira (*poo a* - Foto 8).[45] Só

[45] *Poo pë* (plural) designa hoje, em *Watoriki*, os facões, e *poo xiki* qualquer peça de metal. Os machados de pedra são chamados *maanamo koxi*, cuja etimologia poderia ser: *maa ma* (pedra), *namo* (ponta) e *koxi* (objeto chato e arredondado). Ao contrário, entre os Yanomami ocidentais, *poo* significa machado de pedra (Alès, 2003: 416, nota 9; Cocco, 1987: 181, nota 3 e 193; Lizot, 2004: 319).

Foto 8. Ferramentas utilizadas no passado para abrir roças: a *poo a* de madeira de palmeira (70 cm)e a *haowatima a*, uma machadinha feita de pedaço de lâmina de facão fixado num cabo de madeira. (B. Albert, 1981)

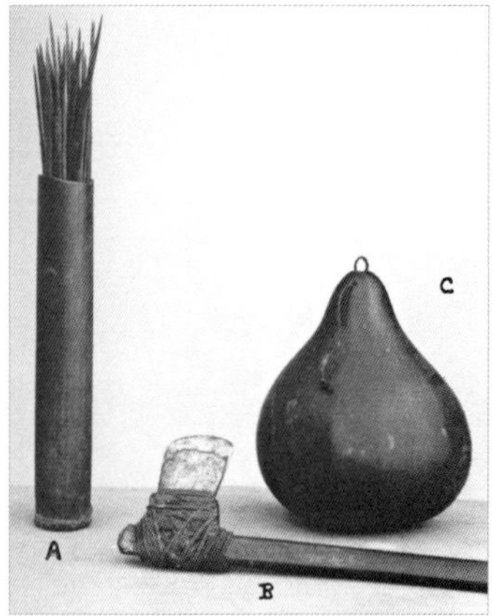

Foto 9. Machadinha (B) fabricada com fragmento de lâmina de machado. (CBDL, 1942, Alto Mucajaí)

as árvores menores (*oxe tihi* ou *hiya tihi*) eram derrubadas com machadinhas de pedra (e, mais tarde, por machadinhas fabricadas com fragmentos de metal, Fotos 8 e 9). As árvores maiores tinham seus galhos sistematicamente quebrados com gafas de madeira (*yopena pë*) e eram, ocasionalmente, desvitalizadas e dessecadas por meio de cortes de faixas de sua casca ou pondo fogo na sua base.

Nesse contexto, na seleção dos locais para a abertura das roças, optava-se por áreas com o mínimo possível de árvores de grande porte, onde fosse mais fácil derrubar a vegetação utilizando-se a tecnologia disponível. Assim, apesar de praticarem uma agricultura de coivara eficiente antes da chegada de ferramentas de aço, a introdução destas deu aos Yanomami principalmente a possibilidade de abrir suas roças numa maior variedade de formações vegetais, o que teria facilitado suas migrações e, assim, a expansão de seu território (além de aumentar a superfície e o número das parcelas cultivadas).[46]

Alès (2003) nota que, nas terras altas, os Yanomami avaliam a qualidade agrícola dos solos em relação à flora, preferindo as áreas abertas (*wawëwawë*) sem árvores de grande porte, onde crescem *Calathea variegata* e *Heliconia bihai*, que são muitas vezes roças antigas. Tal relação entre a escolha da localização das roças e formações vegetais foi observada por vários estudiosos dos Yanomami. Segundo Smole (1976), as áreas consideradas mais apropriadas para abertura de roças, também nas terras altas, são as dominadas por moitas de plantas das famílias das Heliconiaceae/Strelitziaceae, tais como *Heliconia* e *Phenakospermum*. Finkers (1986) observa, para as terras baixas, que a presença de *Ceiba pentandra*, *Martiodendron* sp., *Micropholis* sp. e *Theobroma bicolor* é considerada indício de que o solo será favorável para o cultivo de bananeiras. Já a presença de *Clathrotropis macrocarpa*, vista como desfavorável a esses cultivares, é tida como indicador da boa qualidade

[46] Shepard *et al.* (2001) apresentam uma observação semelhante entre os Matsigenka do Peru para os quais áreas de floresta com árvores de madeira dura (por exemplo Chrysobalanaceae) eram consideradas inacessíveis ao cultivo antes da chegada dos machados de aço.

do solo para o cultivo de mandioca e cará (inhame). Cocco (1987), que fornece uma breve descrição das práticas agrícolas yanomami das terras baixas, menciona também espécies de *Heliconia* e *Calathea* (entre outras) como indicadores positivos da fertilidade dos solos. Enfim, segundo Valero (1984), o grupo de Yanomami ocidentais com o qual ela conviveu de 1932 a 1956, ainda nas terras baixas, identificava a presença de inhame selvagem em solo amarelo como indicativo de terra de boa qualidade. Ela descreve igualmente a forma como as áreas de vegetação rasteira eram limpas com machadinhas de pedra e como, para determinar a fertilidade de uma futura parcela agrícola, recorria-se à semeadura experimental de tabaco.

As observações que acabamos de evocar são consistentes com os dados recolhidos durante nossas próprias pesquisas. Assim, segundo nossos colaboradores de mais idade em *Watoriki*, as áreas consideradas ideais para abertura de roça, na época em que ainda viviam nas terras altas, nos anos 1940, eram aquelas que possuíam vegetação rasteira, rica em *Heliconia*, com solo macio de granulometria fina, preto ou cinza, com poucas pedras e sem grandes raízes, coberto por uma vegetação fácil de derrubar e queimar. Apontaram, contudo, que o limite de ocorrência de tais áreas se situa próximo ao rio *Xopata u* (pequeno afluente do rio Couto Magalhães, na bacia do Alto Rio Mucajaí), limite este que, à época anterior à introdução de ferramentas metálicas, poderia ter apresentado certo obstáculo às migrações yanomami nas terras baixas.[47] A Tabela 3 apresenta uma relação das espécies vegetais comuns associadas a essas áreas de floresta propícias ao cultivo (*hutu kana*) por nossos colaboradores de *Watoriki*.

Tabela 3. Algumas espécies presentes em áreas escolhidas para roças nos anos 1940 pelos anciãos de *Watoriki*

Famílias	Espécies	Tipos	Nomes yanomami
Anacardiaceae	*Spondias mombin*	Árvore	*pirima ahit^h ot^h o*
Begoniaceae	*Begonia humilis*	Herbácea	*morimori pë*
Bignoniaceae	*Jacaranda copaia*	Árvore	*xitopari hi*
Caricaceae	*Jacaratia digitata*	Árvore	*rihuwari si*
Clusiaceae	*Garcinia macrophylla*	Árvore	*kotaki axihi*
Commelinaceae	*Buforrestia candolleana*	Herbácea	Nome desconhecido
Costaceae	*Costus* spp.	Herbácea	*naxuruma aki*
Dioscoreaceae	*Dioscorea piperifolia*	Cipó	*kaxetema a*
Euphorbiaceae	*Margaritaria nobilis*	Árvore	*yãpi mamohi*
Heliconiaceae	*Heliconia bihai*	Herbácea	*irokoma hanaki*
Lauraceae	Não determinada	Árvore	*pokara mamohi*
Leguminosae	*Acacia polyphylla*	Árvore	*kaihi anatihi*
	Inga edulis	Árvore	*krepu uhi*

[47] Esta parece ter sido a fronteira entre terras altas (*horepë a*) e planície (*yari a*).

Famílias	Espécies	Tipos	Nomes yanomami
Leguminosae	*Piptadenia* sp.	Árvore	*ërama kɨkɨ*
Malvaceae	*Apeiba membranacea*	Árvore	*taitai ahi*
	Theobroma bicolor	Árvore	*himara amohi*
	Theobroma cacao	Árvore	*poro unahi*
Marantaceae	*Calathea* aff. *mansonis*	Herbácea	*makerema asi*
	Calathea sp.	Herbácea	*saruma asi*
	Ischnosiphon arouma	Herbácea	*mokuruma asi*
Meliaceae	*Guarea guidonia*	Árvore	*mãri hi*
	Trichilia pleeana	Árvore	*h^{w}at^{h}oa hi*
	*Trichilia watorikensis**	Árvore	*akanaxi ahi*
Piperaceae	*Piper* sp.	Arbusto	*mahekoma hi*
Poaceae	*Olyra* sp.	Herbácea	*purunama usi*
	Orthoclada laxa	Herbácea	*t^{h}omɨ koxi*
	Pharus virescens	Herbácea	*xikirima hanakɨ*
	Não determinada	Herbácea	*wayapa pë*
Urticaceae	*Urera* sp(p).	Arbusto	*api nakɨ*

* Nova espécie a ser descrita numa revisão da família das Meliaceae por T.D. Pennington (Royal Botanic Gardens, Kew) e nomeada em homenagem ao saber botânico dos Yanomami de *Watorikɨ*.

Grande proporção das espécies relacionadas nessa tabela é de herbáceas que, conforme já discutido, representam um tipo de vegetação fácil de derrubar usando a antiga tecnologia agrícola yanomami. Contudo, é provável que algumas dessas espécies sirvam também como indicadores da composição química ou da fertilidade do solo. O cacaueiro *Theobroma cacao* é, por exemplo, segundo Smyth (1975), "excepcionalmente exigente quanto a solo" e "dotado de um sistema radicular particularmente sensível a fatores que dificultam o crescimento das suas raízes e de uma baixa capacidade para captar nutrientes e água, quando há carência dos mesmos nos solo". Por esses motivos, a presença dessa espécie é um bom indicador da fertilidade do solo. Da mesma forma, a presença de uma abundância de plantas Heliconiaceae/Strelitziaceae na vegetação rasteira (*Heliconia* e *Phenakospermum*) indica provavelmente não apenas que o terreno pode ser facilmente limpo, mas também que o solo é apropriado para a cultura de bananeiras, cultivares com os quais têm uma estreita relação botânica. Tal uso de plantas como indicador de fertilidade do solo e de locais adequados para cultivo na floresta já foi evidenciado em estudos anteriores sobre outros grupos da Amazônia (por exemplo, Milliken *et al.*, 1992), e é provável que o fenômeno seja comum.

Em muitas partes da Amazônia, solos antropogênicos pretos, ricos em fósforo, cálcio e carbono, conhecidos como "terra preta de índio", são considerados os locais prediletos para a abertura de roças. Esses solos marcam os locais de antigas aldeias indígenas, indicando ocupações repetidas que abrangem longos períodos (Balée, 1989; Smith, 1980). Esse tipo de solo não parece existir no território dos Yanomami. Contudo, as comunidades das planícies, como *Watorikɨ*, ocuparam ocasionalmente, ao longo de suas trajetórias migratórias a partir da Serra Parima, antigas roças de grupos locais que os precederam ou mesmo de outras etnias que viveram na região num passado remoto (Albert, 1985: I). Da mesma maneira, os Yanomami que permaneceram nas terras altas reocupam com frequência roças abandonadas na mesma área por seus antepassados (Alès, 2003; Pateo, 2005: cap. IV). Os solos dessas roças antigas, embora não apresentem a mesma qualidade encontrada em áreas de terra preta, são considerados bastante férteis, sendo os preferidos para novas atividades agrícolas. Correspondem muitas vezes às áreas de florestas de vegetação aberta (*wawëwawë*) antes descritas.

Plantas comestíveis

Plantas comestíveis cultivadas

À época deste estudo, as principais plantas comestíveis (*wamotima sikɨ*) cultivadas nas roças dos Yanomami na aldeia *Watorikɨ* eram a mandioca (*Manihot esculenta*) – o carboidrato-base da alimentação local, como o da maioria dos povos da Amazônia – a banana e a banana-da-terra (*Musa* spp.). Outros cultivares importantes eram: mamão (*Carica papaya*), milho (*Zea mays*), cana-de-açúcar (*Saccharum officinarum*), pupunha (*Bactris gasipaes*), cará (*Dioscorea trifida*), batata-doce (*Ipomoea batatas*) e taioba (*Xanthosoma* sp.). Nas proximidades da aldeia cultivavam-se várias árvores frutíferas e arbustos, tais como: pimenta-malagueta (*Capsicum frutescens*), ingá (*Inga edulis*), abacate (*Persea americana*), caju (*Anacardium occidentale*), limão (*Citrus aurantiifolia*), laranja (*Citrus sinensis*), manga (*Mangifera indica*), abacaxi (*Ananas comosus*), acerola (*Malpighia punicifolia*), coco (*Cocos nucifera*) e goiaba (*Psidium guajava*), sendo as últimas oito introduzidas na aldeia a partir dos anos 1980 por meio de contatos com a estrutura de assistência local (notadamente a Funai).[48] Também era cultivada em *Watorikɨ* a espécie silvestre *Calathea* cf. *allouia* (*kumama si*) por seus pequenos tubérculos,[49] da mesma maneira que Finkers (1986) registrou o cultivo de *Calathea altissima* nas comunidades com as quais trabalhou na Venezuela. Enfim, foi observado em Xitei o cultivo de cana-da-índia (*Canna indica, makerema asi*) como alimento. O consumo de tubérculos desta planta foi também registrado por Lizot (2004, *makoarimɨ ãsikɨ*) entre os Yanomami ocidentais da Venezuela.

Os Yanomami de *Watorikɨ* mantêm uma ampla base genética no cultivo de suas plantas comestíveis. Apesar de não ter sido realizado um estudo sistemático das variedades cultivadas nas roças de *Watorikɨ*, nossa base de dados linguísticos registra os nomes de 12 variedades de bananeira, sete de mandioca, cinco de batata-doce, quatro de pupunha, dois de cará, dois de taioba, dois de milho e dois de cana-de-açúcar (Tabela 4). Um levantamento anterior, realizado na região de Toototobi

[48] Deve-se notar que grande parte dessas espécies introduzidas eram cultivadas por um único indivíduo.

[49] Identificação de J.-L. Guillaumet (Muséum d'Histoire Naturelle, Paris). Esta espécie, também registrada por Cocco (1987) e Lizot (2004), era cultivada pelos Shuar do Equador bem antes da Conquista (Bennett *et al.*, 2002).

Tabela 4. Algumas variedades de cultivares registradas em *Watorikɨ* (1993-95) e na região de Toototobi (1981)

Cultivares	Nomes das variedades *Watorikɨ* (37)	Nomes das variedades Toototobi (47)
Mandioca-brava *kõaimirima koko*	*aurima kõaimirima koko** *hutupore koko* *nanaema koko*	*aurima koko** *hayokoari koko* *hutu wisasi koko* *puuxirima koko* *wakërima koko* *yanaema koko*
Mandioca-doce (macaxeira) *witatirima koko*	*aurima koko* *haya koko* *poyoa koko* *yãhihirima koko**	*raparima koko* *uxirima koko* *yãhihirima koko**
Banana *koraha kɨkɨ*	*manito kɨkɨ** *paixima kɨkɨ** *reepraa kɨkɨ** *rokoa kɨkɨ** *uxipirima aurima kɨkɨ** *xiahima kɨkɨ**	*manito kɨkɨ** *paixima kɨkɨ** *reeprare kɨkɨ** *rokoa kɨkɨ** *rokoma kɨkɨ* *uxipirima kɨkɨ** *xiahima kɨkɨ** *yarimɨna kɨkɨ* *kõhitarima kɨkɨ*
Banana-da-terra *koraha kɨkɨ*	*koraha kɨkɨ yai** *yawerema kɨkɨ ** *mat^{h}opërima kɨkɨ* *monakarima kɨkɨ** *monapirima kɨkɨ* *pareama kɨkɨ**	*koraha kɨkɨ yai** *yawere kɨkɨ** *monakarima kɨkɨ** *monapirima kɨkɨ** *pareama kɨkɨ** *piriko kɨkɨ* *yatopra kɨkɨ*
Milho *yõno mokɨ*	*aurima mokɨ** *uxirima mokɨ**	*aurima mokɨ** *hrare mokɨ* *uxirima mokɨ**
Cará (inhame) *waha akɨ*	*aurima akɨ** *uxirima akɨ** *wana akɨ*	*aurima akɨ** *keteterima akɨ* *uxirima akɨ**

Cultivares	Nomes das variedades *Watoriki* (37)	Nomes das variedades Toototobi (47)
Taioba *aria kɨkɨ*	*uxirima kɨkɨ** *yawari kɨkɨ*	*aurima kɨkɨ* *h^waxoma kɨkɨ* *ixaro kɨkɨ* *krokohorima kɨkɨ* *uxirima kɨkɨ**
Batata-doce *hõkoma kɨkɨ*	*ãkõtarima kɨkɨ** *aurima kɨkɨ* *h^waxima kɨkɨ* *iro kɨkɨ* *omonama axi kɨkɨ*	*ãkõtarima kɨkɨ** *õsimõhõrima kɨkɨ* *wakërima kɨkɨ*
Pupunha *raxa kɨkɨ*	*kori kɨkɨ* *tixo kɨkɨ* *waka kɨkɨ* *wakarai kɨkɨ**	*araasi kɨkɨ* *paxo kɨkɨ* *apia kɨkɨ* *roa kɨkɨ* *wakarai kɨkɨ**
Cana-de-açúcar *puu ukɨ*	*uxirima ukɨ** *xoreranarima ukɨ*	*aurima ukɨ* *uxirima ukɨ** *mayëpë ukɨ*

*Variedades registradas em *Watorikɨ* e Toototobi.

em 1981,[50] também de maneira não sistemática, revela um grau de diversidade um pouco superior (nove variedades de mandioca e 16 de bananeira), sugerindo uma possível perda em *Watorikɨ*. Nota-se também um baixo grau de coincidência entre os nomes de variedades levantadas em *Watorikɨ* e Toototobi (25%), sendo as variedades comuns de bananeira bem superior (40%) às de mandioca (12%).[51]

A dieta das comunidades yanomami, assim como outros aspectos de sua cultura material, vem se adequando às mudanças sociais, técnicas e ambientais conhecidas ao longo de sua história de contatos e migrações, antiga e recente. A maior dessas adaptações tem sido provavelmente, num passado relativamente remoto, a passagem de uma subsistência quase totalmente baseada em recursos silvestres para uma alimentação altamente dependente de espécies cultivadas (Colchester,

[50] Região do território yanomami situada a oeste de *Watorikɨ*, ao longo do rio Toototobi (afluente do alto Demini).

[51] Santos e Souza (2001) apresenta uma tabela de variedades de cultivares levantadas nas roças de Xitei. Este registro apresenta dez tipos de bananeira (todas incluídas na Tabela 4), quatro de mandioca (só uma correspondendo à lista da Tabela 4), três de batata-doce, de cará e de taioba; dois de pupunha, uma de milho.

1984).[52] Outras transformações do sistema agrícola yanomami ocorreram posteriormente, mudando consideravelmente o peso relativo dos cultivares na dieta do grupo.

A tradição oral e a mitologia da comunidade de *Watoriki* indicam que seus antepassados costumavam alimentar os convidados de suas festas *reahu* (cerimônia de aliança entre comunidades e ritual funerário) com grandes quantidades de milho (*vide* também Valero, 1984 e Cocco, 1987) e de frutos da árvore *momo hi*, *Micrandra rossiana* (*vide* a seguir a parte "Plantas na mitologia"); uma árvore típica das terras altas, associada a solos impróprios para a agricultura (Alès, 2003) cujos frutos tóxicos necessitam um tratamento cuidadoso para poderem ser consumidos (*vide* a seguir a parte "Plantas comestíveis silvestres"). Num período mais recente, tudo indica também que a banana-da-terra e o milho costumavam ser bem mais importantes na dieta dos Yanomami do que são atualmente. Assim, o cultivo dominante de variedades de bananeira, ainda vigente nas terras altas (Santos e Souza, 2001), cedeu lugar a uma dominância crescente da mandioca com a migração de uma parte da população yanomami em direção às terras baixas, e muitas das antigas variedades de milho indígena perderam-se, sendo substituídas aos poucos por espécies oriundas da agricultura ocidental (*napë yõno mosi* ou "milho-do-branco").

A banana e a banana-da-terra não são nativas do Novo Mundo, e supõe-se que sua aquisição pelos Yanomami (*vide* a seguir a parte "Plantas na mitologia"), ao longo de sua história de contatos com grupos vizinhos, possa ter induzido uma intensificação das atividades agrícolas do grupo. Foi sugerido que essa mudança possa ter contribuído para a expansão demográfica dos Yanomami (Harris, 1974) e ter sustentado o processo de fissões e migrações que levou à ocupação das terras baixas das bacias do Alto Orinoco e rio Branco (Colchester, 1984). Os habitantes mais velhos de *Watoriki* afirmaram que seus ancestrais possuíam principalmente variedades de mandioca-brava (*kõaimirima si*) e que suas variedades de mandioca-doce (*witatirima si*) foram adquiridas posteriormente de outros grupos indígenas. Contudo, variedades de mandioca-doce (macaxeira) de alta produtividade constituem hoje a principal fonte de carboidrato em *Watoriki*.

Num passado remoto, o aproveitamento da mandioca-brava foi certamente facilitado para os antigos Yanomami pelo acesso à tecnologia de seus vizinhos Caribe e Aruaque, em particular ao cesto cilíndrico (tipiti), que permite extrair o ácido hidrociânico da massa da mandioca-brava. Tal técnica substituiu antigos métodos de processamento menos sofisticados e foi emprestada, provavelmente no século XIX, por meio de contatos com os Ye'kuana, os Guinau e outros grupos circunvizinhos, agora extintos ou assimilados. Antes desses empréstimos, os tubérculos de mandioca-brava eram ralados em placas ásperas de granito (*vide* fotos em Zerries e Schuster, 1974). A massa da mandioca era espremida à mão (Colchester, 1984) num tipo de "bolsa-tipiti" tecida com entrecasca (*vide* a seguir a parte "Plantas de uso técnico diverso", "Cestaria"), antes de ser assada no fogo em fragmentos de cerâmica ou em espessas folhas verdes de *Phenakospermum*, ou simplesmente cozidas na brasa em forma de bolas, embrulhadas em folhas de *Heliconia* ou *Calathea*. O uso dessas técnicas rudimentares, comparadas com as das etnias vizinhas, parece confirmar uma aquisição também relativamente tardia da mandioca pelos Yanomami.

[52] Lizot (1978) estimou que a agricultura das comunidades yanomami das terras baixas da Venezuela, por ele estudadas, contribuía com mais de 73% (por peso) da sua alimentação, bem como 77% da energia e 26% da proteína da sua dieta.

Apesar do fato de ser hoje tributária de um sistema agrícola bem mais sofisticado que no passado, a sociedade yanomami permanece alicerçada sobre uma tradição de mobilidade e de dependência dos recursos da floresta (Colchester, 1984; Good, 1995). Assim, os grupos locais yanomami "isolados", além de mudarem regularmente de sítios agrícolas, costumam passar entre um terço e a metade do ano longe de suas casas coletivas, percorrendo longas distâncias pela floresta, acampando em abrigos temporários e dependendo quase exclusivamente de alimentos silvestres (Lizot, 1986; Good, 1989).[53] Durante essas temporadas, os carboidratos da mandioca e da banana são substituídos por uma grande variedade de sementes de frutos e tubérculos silvestres. Lizot (1984: cap. IV, 1996b) analisa a disponibilidade sazonal dessas espécies silvestres e sua importância relativa para a dieta dos Yanomami, enquanto Zerries e Schuster (1974) apresentam um calendário do seu aproveitamento. As atividades de caça e coleta levadas a cabo durante essas expedições são descritas em detalhes por Fuentes (1980).

Contudo, observa-se que a mobilidade das comunidades yanomami diminuiu fortemente nas últimas décadas em função do aumento, no seu território, de estabelecimentos brancos dos quais ficam cada vez mais dependentes para ter acesso a objetos manufaturados e a remédios (missões, postos indigenistas e, sobretudo hoje, postos de saúde). Assiste-se, assim, a uma forte sedentarização e crescimento populacional, sobretudo dos grupos locais situados na órbita imediata destes postos; situação da qual decorrem novas mudanças do sistema agrícola yanomami analisadas em alguns estudos recentes.[54]

Plantas comestíveis silvestres

Entre as sementes de frutos silvestres ricas em carboidratos aproveitadas como alimentos pelos Yanomami estão as das árvores e dos cipós *Clathrotropis macrocarpa* (*wapo kohi*), *Dioclea malacocarpa* (*kuapara* t^h*ot*^{h}*o*), *Inga paraensis* (*toxa hi*), *Inga pezizifera* (*kãi hi*), *Micrandra rossiana* (*momo hi*) e *Plukenetia polyadenia* (*xõra het*^{h}*ot*^{h}*o*, Foto 10). As espécies *M. rossiana* e *D. malacocarpa*, assim como *kãi hi*, não são encontradas nas proximidades da aldeia *Watorikɨ*, mas são comuns nas terras altas do território yanomami. De alguma forma, todas essas sementes são tóxicas e precisam ser processadas para tornarem-se comestíveis. Dependendo da espécie, devem ser raladas, colocadas de molho, lavadas, cozidas etc., da mesma forma que é preciso espremer a massa da mandioca-brava para eliminar seus componentes cianogênicos. A origem do uso alimentar destas sementes tóxicas tem um certo destaque na mitologia yanomami (*vide* a seguir a parte "Plantas na mitologia").

Suas formas de processamento são descritas em detalhe por Fuentes (1980), inclusive a preparação de sementes tóxicas de *Pouteria* sp., que, de tão amargas, precisam ser aferventadas por seis horas antes do consumo (ver também Cocco, 1987). Há registros de aproveitamento semelhante de sementes tóxicas como fonte de carboidrato entre diversos outros povos da

[53] O tamanho reduzido das roças dos antigos Yanomami induzia uma dependência, por exemplo, de diversas variedades de inhames silvestres, *Dioscorea* spp. (Alès, 2003). Recolhemos na região de Toototobi um mito relatando a domesticação dos inhames silvestres (Wilbert e Simoneau, 1990: [M92]).

[54] *Vide* Albert e Le Tourneau, 2007; Alès, 2003 e Santos e Souza, 2001.

Foto 10. Frutos de *Plukenetia polyadenia* (*xõra het^{h}ot^{h}o*) abertos, mostrando suas grandes sementes comestíveis. (W. Milliken, 1993)

Amazônia. As sementes de *Clathrotropis macrocarpa* são, por exemplo, também consumidas pelos Waimiri Atroari (Milliken *et al.*, 1992); as de *Plukenetia polyadenia* servem de alimento no Peru (Altschul, 1973); e os Quíchua do Equador consomem sementes de *Inga ilta*, após aferventá-las por 20 a 30 minutos (Pennington, 1997). A toxicidade das sementes de *Inga* é também registrada pelos Waorani do Equador (Davis e Yost, 1983).

Nem todas as sementes dos frutos silvestres aproveitadas pelos Yanomami são tóxicas, mas a maior parte exige algum tipo de preparo antes do consumo. As exceções mais notáveis são a castanha-do-pará, *Bertholletia excelsa* (*hawari hi*), e as sementes de piquirana, *Caryocar pallidum* (*xoxo mohi* - Foto 11).[55] As sementes da "banana-brava" *Phenakospermum guyannense* (*ruru asi*) são assadas na brasa antes do consumo. O aproveitamento desta espécie como alimento não parece ser muito comum na Amazônia, mas já foi registrado entre os Andoque, na Colômbia (La Rotta, 1983). Entre as raízes e os rizomas silvestres ricos em carboidratos, que também devem ser cozidos antes do consumo, incluem-se *Calathea* aff. *mansonis* (Foto 12); várias espécies de inhame silvestre, como *waha urihit^{h}eri akɨ* (*Dioscorea trifida*),[56] *kaxetema a* (*Dioscorea piperifolia*), *raɨ a* (*Dioscorea* sp.) e (segundo Fuentes, 1980) *Dioscorea* cf. *triphylla*; *Dracontium asperum* (*kãtãrã si*) e uma batata-doce silvestre (*Ipomoea* cf. *batatas*, *hõkomo urihit^{h}eri a*).[57]

[55] Observou-se o consumo de sementes da árvore *xoxomo hi* em Xitei, mas amostras desta espécie não puderam ser coletadas na ocasião. Espécimes das árvores *xoxomo hi* e *ruamoxi hi* foram coletados posteriormente em Homoxi (2002) e identificados, respectivamente, como *Caryocar pallidum* e *C.* aff. *glabrum*. Entretanto, na ausência de flores, essas identificações não puderam ser confirmadas. Como observaram Prance e Silva (1973), ao rever o gênero *Caryocar*, "as três espécies *C. glabrum*, *C. montanum* e *C. pallidum* compõem um grupo de espécies afins, muitas vezes difíceis de diferenciar".

[56] Uma forma selvagem da espécie extensamente cultivada.

[57] Segundo Fuentes (1980), as raízes de *Iryanthera ulei* (uma árvore silvestre) também devem ser cozidas para então poderem ser consumidas. O aproveitamento destas raízes como alimento, também mencionado por Mattei-Muller (2007), é surpreendente.

Foto 11. Fruto de *Caryocar pallidum* (*xoxo mohi*). (W. Milliken, 2002)

Foto 12. Tubérculos comestíveis de *Calathea* aff. *mansonis* (*makerema asi*). (W. Milliken, 1993)

As folhas têm pouca participação na dieta yanomami, apesar de várias plantas por eles cultivadas possuírem folhas consumidas por outros povos, e de numerosas espécies silvestres abundantes no seu território terem também folhagem comestível. Só registramos, assim, o uso alimentar de folhas novas de *Heliconia bihai* (*irokoma hanakɨ*) e *Monotagma* sp. (*kopari hanakɨ*), enquanto Cocco (1987) relata o consumo de brotos de folhas assadas das palmeiras *Astrocaryum* sp. (*paha si*) e *Iriartea deltoidea*. De maneira geral, em notável contraste com a etnobotânica do sudeste asiático, encontram-se poucos registros do consumo de folhagens de qualquer espécie entre os povos indígenas da Amazônia, embora Barfod e Kvist (1996) tenham registrado o consumo de folhas de, pelo menos, 24 espécies de samambaias e de outras "verduras" entre os Cayapa da floresta tropical do litoral pacífico do Equador.

Por outro lado, os frutos têm uma grande importância na dieta dos Yanomami, que consomem uma considerável variedade deles. Entre os mais importantes estão os frutos dos gêneros *Inga*, *Hymenaea*, *Pourouma*, *Pouteria* e *Theobroma*. Frutos de grandes palmeiras, entre elas *Astrocaryum aculeatum* (*ërɨ si*), *Attalea maripa* (*okorasi si*), *Euterpe precatoria* (*maima si*), *Oenocarpus bataua* (*kõanari si*), *Mauritia flexuosa* (*rio kosi*), *Oenocarpus bacaba* (*hoko si*) e de diversas outras espécies menores (Anderson, 1978; Gertsch *et al.*, 2002) também têm uma participação significativa na dieta dos Yanomami. Os mesocarpos dos frutos dessas palmeiras são ricos em óleos, proteínas e vitaminas e constituem um complemento dietético importante, especialmente em situações de escassez de caça. O mesocarpo dos frutos de *O. bataua*, por exemplo, é rico em proteínas que, em termos de aminoácidos, são comparáveis às proteínas da carne animal de alta qualidade, com um "valor biológico" 40% mais alto que a soja (Balick e Gershoff, 1981). Os frutos de *M. flexuosa* contêm também um alto teor de vitamina A (Aguiar *et al.*, 1980).

Os frutos de *Euterpe*, *Oenocarpus* e *Mauritia* são aproveitados para a preparação de sucos. São geralmente aquecidos na água até que seu mesocarpo amoleça e possa ser separado do seu caroço quando socados com um pedaço de pau (uma prática comum na Amazônia).[58] Além disso, uma grande proporção dessas espécies de palmeiras também oferece palmitos nutritivos e de agradável paladar (*vide* Tabela 5, pág. 49). Em Homoxi, a presença garimpeira teve grande impacto sobre os recursos vegetais e sobre sua disponibilidade para as comunidades yanomami, exercendo um efeito negativo sobre vá-

Foto 13. Frutos caídos de *Theobroma bicolor* (*himara amohi*), muito apreciados pelos Yanomami. (W. Milliken, 1993)

[58] Outros frutos como *Pseudolmedia* spp. e *Anacardium giganteum* podem também ser usados na preparação de sucos.

rias espécies nativas, particularmente nas zonas ribeirinhas, além de introduzir novas plantas na região. Muitas árvores de ingá-cipó, *Inga edulis* (*krepu uhi*), outrora abundantes na beira dos rios, foram assim destruídas pela mineração de ouro aluvial.[59] Contudo, essas árvores foram substituídas pela disseminação natural de variedades cultivadas da mesma espécie, introduzidas durante a época do garimpo, que parecem ter preenchido o mesmo nicho ecológico que seus predecessores selvagens. Foram também introduzidos frutos de goiaba e, assim, propagadas sementes de goiabeiras (*Psidium guajava*) em extensas áreas de vegetação degradada. Os frutos desses arbustos são hoje muito consumidos pelos Yanomami que os apreciam particularmente.

Fungos e flores

Apenas sete tipos de fungos comestíveis foram colhidos na região de *Watorikɨ*, apesar de nossos colaboradores yanomami terem citado outros seis nomes. Foram coletadas as espécies *Favolus brasiliensis* (*xokopë amokɨ*), *F. spathulatus* (*uxirima amokɨ*), *Filoboletus gracilis* (*pihi wayorema amokɨ*) (Foto 14), *Lentinus tephroleucus* (*haya kasikɨ*), *Marasmius cubensis* (*moka uku*), *Pleurotus flabellatus* (*pokara amokɨ*) e *Polyporus grammocephalus* (*ara amokɨ*). De forma geral, os fungos são pouco aproveitados como alimento pelos povos indígenas da Amazônia (Fidalgo, 1965).[60] Os Waimiri Atroari, por exemplo,

Foto 14. *Filoboletus gracilis* (*pihi wayorema amokɨ*), um fungo comestível. (W. Milliken, 1993)

[59] As palmeiras *Socratea exorrhiza* (*manaka si*), usadas na construção das casas, e os cipós *Lonchocarpus* spp., utilizados como veneno de pesca, sofreram também uma severa depleção. O impacto sobre a caça foi ainda muito mais grave (*vide* Milliken e Albert, 2002).

[60] Os Hotï (Jotï) da Amazônia constituem outra notável exceção a esta tendência geral, sendo consumidores de pelo menos oito espécies de cogumelos (Zent *et al.*, 2004; Zent, 2008), coletados principalmente na floresta. Seis espécies são aproveitadas por suas propriedades medicinais (os Yanomami recorrem também a seis espécies), e outras são utilizadas para magia de caça ou de proteção.

admitem consumir somente uma espécie e, mesmo assim, com pouca frequência (Milliken *et al.*, 1992). Entre diversas outras etnias da região, foi registrado o consumo apenas de uma ou duas espécies, porém somente em situações de escassez e fome (Fidalgo e Hirata, 1979; Prance, comunicação pessoal).

Os Yanomami constituem, nesse contexto, uma notável exceção, pois Prance (1984) registrou 21 espécies de fungos considerados comestíveis em uma única aldeia e sua participação significativa na dieta dos seus habitantes.[61] Geralmente, esses fungos são embrulhados em folhas e assados antes do consumo. A maioria das espécies comestíveis cresce em troncos caídos e em decomposição (muito comuns nas roças), propiciando, assim, a disponibilidade de um recurso alimentar de "segunda colheita" nas roças abandonadas. Entre os fungos colhidos durante nossa pesquisa, apenas a espécie *Favolus brasiliensis* havia sido observada por Prance, que a encontrou nos três locais que estudou na área yanomami. Segundo ele, essa é a espécie predileta do grupo. Prance registrou, porém, a presença de outras espécies dos gêneros *Lentinus*, *Pleurotus* e *Polyporus*. Não observamos um grande consumo de fungos em *Watorikɨ*, provavelmente por causa da abundância de caça à época do nosso estudo, o que tornou dispensável a procura de tais suplementos alimentares. Contudo, nas terras altas do território yanomami, onde, de forma geral, a caça é mais escassa, parece ser mais comum o aproveitamento de fungos comestíveis e de outras fontes de proteína, como camarões, cupins, lagartos, rãs, sapos etc. (o que foi confirmado por nossa pesquisa em Homoxi, *vide* Milliken e Albert, 2002).[62]

Em relação ao consumo de flores, de acordo com relatos de habitantes mais velhos de *Watorikɨ*, era comum consumir flores da árvore *nãɨ hi* quando o grupo residia nas terras altas (Foto 15). Apesar de a flor não ter sido coletada durante nossa breve pesquisa em Xitei, seu consumo foi posteriormente observado em Homoxi, e a espécie foi identificada como *Micropholis* sp.[63] Cocco (1987) e Lizot (2004) observaram também o consumo de inflorescências assadas de *Calathea* sp. (*pisha hena*), e Mattei-Muller (2007) faz menção a um arbusto (não identificado) com flores comestíveis nomeado *kurara aka hi*. Em geral, o consumo de flores parece ser incomum entre os povos indígenas da Amazônia. Entretanto, Barfod e Kvist (1996), em seu estudo etnobotânico entre os Cayapa do litoral pacífico do Equador, registraram – o que é uma notável exceção na floresta

[61] Segundo Prance, as mulheres são as maiores detentoras de conhecimento a respeito de fungos comestíveis. O presente estudo confirma essa afirmação.

[62] *Vide* Araujo e Beserra (2007) para um estudo comparativo sobre o consumo de invertebrados entre os Yanomami e os Ye´kuana na região do Alto Orinoco (Venezuela). Esse estudo, que seus autores consideram não exaustivo, registra o consumo de três espécies de aranha, seis de cupim, cinco de vespa, uma de formiga, três de besouro e dois de mariposa. Seus autores observaram ainda uma notável diferença entre os invertebrados consumidos pelos Yanomami e pelos Ye´kuana. Outros dados sobre o consumo de crustáceos pelos Yanomami no Brasil podem ser encontrados em Magalhães *et al.* (2006).

[63] Fuentes (1980) e Lizot (1984: cap. IV) identificam *nãɨ hi* como *Manilkara bidentata*. Contudo trata-se, provavelmente, de um erro de registro (*Micropholis* e *Manilkara* são gêneros da família Sapotaceae e possuem folhas semelhantes). Os dados de Fuentes e Lizot foram levantados em sua maioria na planície do Alto Orinoco, embora a árvore *nãɨ hi* só cresça nas terras altas do território yanomami. Sua presença é até considerada (com a de *Micrandra rossiana*) um marcador do limite das terras altas (*horepë a*)/terras baixas (*yari a*). Na região de Homoxi (Alto Rio Mucajaí), a árvore *Manilkara huberi* (maçaranduba) é conhecida, como em *Watorikɨ*, pelo nome yanomami de *xaraka ahi*. A espécie de *Micropholis* cujas flores são consumidas em Homoxi foi identificada a partir de fotografias por T. D. Pennington (Royal Botanic Gardens, Kew), especialista em Sapotaceae. Trata-se provavelmente, do ponto de vista da botânica ocidental, de uma espécie ainda desconhecida. Outras Sapotaceae (*Madhuca* spp.) com flores carnudas e açucaradas são consumidas na Ásia (T.D. Pennington, comunicação pessoal).

Foto 15. Flores comestíveis da árvore *nãɨ hi* (*Micropholis* sp.). (B. Albert, 2006)

tropical da América Latina – o consumo de flores e botões de pelo menos dez espécies. Já os vizinhos desta etnia, os Colorado e os Coiaquer, não consomem nenhuma espécie de flor.

Diversidade das plantas comestíveis

Muitas das plantas aproveitadas como alimentos pelos Yanomami são utilizadas também para outras finalidades (remédios, construção, tecnologia etc.). A Tabela 5 a seguir apresenta uma relação global de plantas silvestres (excluídos os fungos) consideradas comestíveis pelos Yanomami. Deve-se notar aqui que nem todas essas espécies são uniformemente presentes ou consumidas em todo o território yanomami, pois as diferenças de altitude da região condicionam sua distribuição relativa. As espécies *Bertholletia excelsa* (*hawari hi*), *Caryocar villosum* (*ruapa hi*) e *Phenakospermum guyannense* (*ruru asi*), bem como várias palmeiras comestíveis, não são, por exemplo, encontradas nas terras altas da área yanomami (Huber *et al.*, 1984).

Esta tabela foi elaborada com base em dados recolhidos no quadro da nossa pesquisa e dos estudos publicados por Anderson (1978), Fuentes (1980), Finkers (1986), Gertsch *et al.* (2002), Lizot (2004), Shepard (2006) e Mattei-Muller (2007).[64] As famílias vegetais que se destacam pelo número de espécies que contribuem para a dieta yanomami – Arecaceae, Leguminosae, Moraceae e Sapotaceae – correspondem estreitamente às registradas por Phillips e Gentry (1993a) em seu levantamento botânico sistemático em um hectare de floresta na Amazônia peruana.[65]

[64] Os dados de Anderson foram coletados na região do Alto Rio Toototobi, a noroeste de *Watorikɨ*, no Brasil (estado do Amazonas). Os dados dos demais autores foram coletados na região do Alto Orinoco, na Venezuela.

[65] Essas famílias, mencionadas em ordem decrescente de "valor de aproveitamento familiar" são Arecaceae, Leguminosae (Mimosideae), Sapotaceae e Moraceae.

Em seus estudos, realizados entre os Yanomami ocidentais (*Yanõmamɨ*) das terras baixas da região do Orinoco, Fuentes (1980) e Lizot (1984: cap. IV) registram, respectivamente, 60 e 65 espécies de plantas silvestres comestíveis. Das 60 espécies mencionadas por Fuentes, 22 eram consumidas regularmente, sendo consideradas componentes significativos da dieta. Essas espécies pertencem aos seguintes gêneros: *Anacardium*, *Astronium*, *Bertholletia*, *Brosimum*, *Caryocar*, *Clathrotropis*, *Dacryodes*, *Dioscorea*, *Hymenaea*, *Inga*, *Mauritia*, *Attalea*, *Micropholis*, *Oenocarpus*, *Phenakospermum*, *Pouteria*, *Pseudolmedia*, *Sorocea* e *Theobroma*. Anderson (1978), por sua vez, menciona 17 tipos de palmeira que produzem frutos comestíveis na região de Tootobi, localizada a aproximadamente 90 a 100 km ao noroeste da aldeia *Watorikɨ*.[66] Além disso, os pesquisadores citados (Finkers, Gertsch e Mattei-Muller), que trabalharam posteriormente na mesma região estudada por Lizot e Fuentes, mencionam várias espécies que não foram registradas nem por esses últimos autores nem em nossa pesquisa. Agregando-se todos os dados disponíveis, chega-se a mais de 160 espécies que, provavelmente, estão longe de representar a totalidade das espécies comestíveis aproveitadas pelos Yanomami.[67]

É interessante comparar esses números com os fornecidos em outros estudos etnobotânicos realizados entre os grupos indígenas da Amazônia, mesmo sabendo que esse tipo de comparação é meramente indicativo, sendo o levantamento das plantas comestíveis da região ainda bastante incompleto. Por incluir plantas oriundas de várias áreas de altitudes diferentes do território yanomami e, portanto, áreas de composições florísticas diferentes, nossa lista é, em geral, mais extensa que as demais. Contudo, é provável que as discrepâncias quanto aos números de plantas silvestres comestíveis apresentados nas publicações especializadas reflitam mais as variações dos graus de aprofundamento das pesquisas e de seus enfoques do que reais diferenças quanto a níveis de utilização pelos grupos indígenas (Balée, 1994) .

La Rotta (1983, 1988) registrou, respectivamente, 38 e 46 plantas silvestres comestíveis entre os Andoque e os Miraña da Colômbia. Davis e Yost (1983) mencionam 44 plantas silvestres consumidas com certa regularidade entre os Waorani da Amazônia equatoriana. Glenboski (1983) listou 73 plantas silvestres comestíveis entre os Tikuna da Colômbia, e Boom (1987) listou 75 entre os Chácobo da Bolívia. Finalmente, Balée (1994), em seu abrangente relato da etnobotânica dos Ka'apor do Estado do Maranhão, registrou 179 plantas comestíveis não domesticadas, das quais 13 espécies são categorizadas como "fontes primárias de alimento", incluindo nove espécies de *Eugenia*, 21 de *Inga*, 14 de *Pouteria* e nove de *Protium*.

Espécies limítrofes

Nem todas as espécies de plantas silvestres comestíveis antes listadas são consumidas com frequência ou mesmo especialmente apreciadas pelos Yanomami. O critério de comestibilidade de certas plantas pode variar, individual ou coletivamente, em função do gosto ou das circunstâncias. Os frutos do *Astrocaryum murumuru* (*maha si*), considerados comes-

[66] Entretanto, no começo dos anos 1970, os habitantes de *Watorikɨ* viviam às margens do rio Mapulaú, tributário do rio Demini, situado imediatamente à jusante do rio Tootobi.

[67] Os nomes de outras 27 plantas silvestres comestíveis ainda não identificadas foram registrados, por exemplo, durante nossas pesquisas linguísticas em *Watorikɨ*.

Tabela 5. Algumas plantas silvestres comestíveis aproveitadas pelos Yanomami

Nota: O *x* e o *ɨ* utilizados na transcrição dos nomes yanomami de plantas registrados no presente estudo correspondem ao *sh* e ao *ï* usados em publicações relativas aos Yanomami da Venezuela.

A	= registrado por Anderson (1978)
F	= registrado por Fuentes (1980)
FI	= registrado por Finkers (1986)
G	= registrado por Gertsch *et al.* (2002)
L	= registrado em Lizot (2004)
M	= registrado neste estudo
MM	= registrado por Mattei-Muller (2007)
S	= registrado por Shepard (2006)

Espécie	Nome yanomami	Partes consumidas	Fonte
ANACARDIACEAE			
Anacardium giganteum	*oru xihi*	Pedicelo carnudo	M
Astronium lecointei	*[õponi]*	Fruto	F
Spondias mombin	*pirima ahɨt^{h}ot^{h}o*	Fruto	M
Tapirira guianensis	*[wateoma na hi]*	Fruto	MM
ANNONACEAE			
Fusaea longifolia	*h^{w}apoma hi*	Fruto	M
Guatteriopsis blepharophylla	*moina tihi*	Fruto	M
APOCYNACEAE			
Ambelania acida	*[momi hi]*	Fruto	MM
Couma macrocarpa	*operema axihi*	Fruto	M
Tabernaemontana sananho	*t^{h}oru h^{w}ãtemohi*	Fruto	M
ARACEAE			
Dracontium asperum	*kãtãrã si*	Rizoma (fervido)	M
ARECACEAE			
Astrocaryum aculeatum	*ërɨ si*	Fruto, palmito	M
Astrocaryum chambira	*[paha kë si]*	Fruto	G
Astrocaryum gynacanthum	*xoo mosi*	Fruto (torrado), palmito	M
Astrocaryum jauari	*[mosho kë si]*	Palmito	G
Astrocaryum murumuru	*maha si*	Fruto, palmito	M
Attalea butyracea	*[yei kë si]*	Fruto, palmito, semente	G, MM
Attalea maripa	*okorasi si*	Fruto, palmito	M
Bactris aff. *balanophora*	*[yohõma]*	Fruto, palmito	G

Espécie	Nome yanomami	Partes consumidas	Fonte
Bactris bidentula	*[hoashi mo si]*	Semente	MM
Bactris corossilla	*mɨrɨkɨrɨ hanakɨ*	Fruto	M
Bactris maraja	*moka mosi*	Fruto	M
Bactris simplicifrons	*[miyõma kë si]*	Fruto	G
Bactris spp.	*yarimo si, yoroa si, yoyoma si*	Fruto, palmito	A
Desmoncus polyacanthos	*[miamo si]*	Fruto, palmito	MM
Euterpe catinga	*[hayakawë]*	Palmito	G, MM
Euterpe precatoria	*maima si*	Fruto, palmito	M
Geonoma deversa	*warama si*	Fruto	M
Geonoma maxima	*[t^{h}õmït^{h}õmï si]*	Fruto, palmito	MM
Hyospathe elegans	*[maharawë]*	Fruto, palmito	G
Iriartea deltoidea	*[konopo kë si]*	Palmito	G
Leopoldinia piassaba	*[raea kë si]*	Semente	G
Manicaria saccifera	*[yawatoa kë si]*	Fruto	G
Mauritia aculeata	*torea si*	Fruto, palmito	A
Mauritia carana	*[moyenarimɨ kë si]*	Fruto	G
Mauritia flexuosa	*rio kosi*	Fruto	M
Mauritiella armata	*kuai si*	Fruto, palmito	M
Oenocarpus bacaba	*hoko si*	Fruto, palmito	M
Oenocarpus bataua	*koanari si*	Fruto, palmito	M
Socratea exorrhiza	*manaka si*	Fruto	M
ASTERACEAE			
Wulffia baccata	*[totori mamokɨ]*	Semente (semimadura)	FI
BORAGINACEAE			
Cordia nodosa	*xiho xihi*	Fruto	M
BROMELIACEAE			
Aechmea sp.	*[reorima sikɨ]*	Fruto	FI
Bromelia tarapotina	*[sitio kë sikɨ]*	Fruto	F
BURSERACEAE			
Dacryodes peruviana	*mõra mahi*	Fruto	M
Dacryodes roraimensis	*mõra mahi*	Fruto	M
Protium polybotryum	*h^{w}axima kohosihi*	Fruto (arilo)	M

Espécie	Nome yanomami	Partes consumidas	Fonte
Tetragastris altissima	*xoko h^{w}akahi*	Fruto (arilo)	M
CARICACEAE			
Jacaratia digitata	*rihuwari si*	Fruto	M
CARYOCARACEAE			
Caryocar aff. *glabrum*	*rua moxihi*	Semente	M
Caryocar microcarpum	*[rua mo hi]*	Semente	MM
Caryocar pallidum	*xoxomo hi*	Semente	M
Caryocar villosum	*ruapa hi*	Fruto (mesocarpo), semente (torrada/fervida)	M
CECROPIACEAE			
Cecropia sciadophylla	*kahu usihi*	Fruto	M
Pourouma bicolor ssp. *digitata*	*õema ahi*	Fruto	M
Pourouma cf. *cucura*	*maxitema ahi*	Fruto	M
Pourouma cecropiaefolia	*[shõrõshõrõ ã hi]*	Fruto	MM
Pourouma guianensis	*hayamasi hi*	Fruto	M
Pourouma melinonii	*waraka ahi*	Fruto	M
CHRYSOBALANACEAE			
Couepia caryophylloides	*wãro uhi*	Fruto	M
CLUSIACEAE			
Garcinia benthamiana	*oru hehi/karaka uremisihi*	Fruto	M
Garcinia macrophylla[68]	*kotakɨ axihi*	Fruto	M
Garcinia madruno	*[pãxoate mohi]*	Fruto	S
CONVOLVULACEAE			
Ipomoea cf. *batatas*	*hõkomo urihit^{h}ëri a*	Tubérculo (fervido)	M
Ipomoea squamosa	*[warakoama t^{h}ot^{h}o]*	Tubérculo (fervido)	MM
CUCURBITACEAE			
Posadaea sphaerocarpa	*pora axit^{h}ot^{h}o*	Semente (torrada)	M
CYCLANTHACEAE			
Asplundia sp.	*yopomori kɨkɨ*	Fruto	M

[68] O consumo excessivo desta espécie é considerado perigoso pelos Shuar do Equador (Bennett *et al.*, 2002).

Espécie	Nome yanomami	Partes consumidas	Fonte
DIOSCOREACEAE			
Dioscorea piperifolia	*kaxetema a*	Tubérculo (fervido)	M
Dioscorea trifida	*wãha urihit^{h}ëri a*	Tubérculo (fervido)	M
Dioscorea trifoliata	*[kashit^{h}emɨ t^{h}ot^{h}o]*	Tubérculo (torrado)	MM
Dioscorea cf. *triphylla*	*[yayomi]*	Tubérculo (fervido)	F
Dioscorea sp.	*raɨ a*	Tubérculo (fervido)	M
EUPHORBIACEAE			
Micrandra rossiana	*momo hi*	Semente (processada)	M
Plukenetia polyadenia	*xõra het^{h}ot^{h}o*	Semente (processada)	M
HELICONIACEAE			
Heliconia bihai	*irokoma hanakɨ*	Folha nova enrolada (e inflorescência)	M [MM]
Heliconia densiflora	*[shirakawë henakë]*	Semente (torrada)	MM
LAURACEAE			
Nectandra pichurim	*[yamoi hi]*	Fruto	MM
Persea americana[69]	*ãhuari hi*	Fruto	M
LECYTHIDACEAE			
Bertholletia excelsa	*hawari hi*	Semente	M
Eschweilera spp.	*[hõkõtõ mari ut^{h}ã hi]*	Semente	MM
Gustavia sp.	*[arima posika hi]*	Semente	MM [FI]
LEGUMINOSAE			
Clathrotropis macrocarpa	*wapo kohi*	Semente (processada)	M
Dialium guianense	*paro koxihi*	Fruto	M
Dioclea malacocarpa	*kuapara t^{h}ot^{h}o*	Semente (processada)	M
Hymenaea courbaril	*hatohato koxihi*	Fruto	M
Hymenaea parvifolia	*ãro kohi*	Fruto	M
Inga acreana	*pahi hi*	Fruto (arilo)[70]	M
Inga acuminata	*ria moxiriri mahi*	Fruto (arilo)	M
Inga alba	*moxima hi*	Fruto (arilo)	M

[69] Este dado é baseado em informação oral, já que a árvore não foi observada diretamente pelos autores. Não se sabe se abacateiros ocorrem naturalmente na floresta ou se foram cultivados e propagados pelos povos indígenas.

[70] De acordo com Mattei-Muller (2007) as sementes de *pahi hi* são comestíveis depois de processadas para livrá-las de seus componentes tóxicos.

Espécie	Nome yanomami	Partes consumidas	Fonte
Inga edulis	*krepuu hi*	Fruto (arilo)	M
Inga lateriflora	*[wãkama hi]*	Fruto (arilo)	MM
Inga myriantha	*[õkiõkirimi]*	Fruto (arilo)	F
Inga nobilis	*[wãkama]*	Fruto (arilo)	F
Inga paraensis	*toxa hi*	Fruto (arilo), semente (processada)	M
Inga pezizifera	*kãi hi*	Fruto (arilo), semente (processada)	M
Inga pilosula	*poata hi*	Fruto (arilo)	M
Inga rhynchocalyx	*poata hi*	Fruto (arilo)	M
Inga sarmentosa	*poo kohi*	Fruto (arilo)	M
Inga scabriuscula	*kasha nafi*	Fruto (arilo)	F
Inga thibaudiana	*[shititi]*	Fruto (arilo)	MM
Parkia pendula	*[moshiriwë si hi]*	Goma ao redor das sementes	MM
MALPIGHIACEAE			
Byrsonima aerugo	*atama asi*	Fruto	M
Byrsonima crispa	*[atapa na hi]*	Fruto	MM
MALVACEAE			
Catostemma commune	*xapu uhi*	Semente	M
Catostemma fragrans	*[shãpre u hi]*[71]	Semente	MM
Herrania lemniscata	*xuhuturi unahi*	Fruto	M
Theobroma bicolor	*himara amohi*	Polpa do fruto, semente	M
Theobroma cacao	*poro unahi*	Fruto	M
Theobroma microcarpum	*prõõ masihi*	Fruto	M
Theobroma subincanum	*waiporo unahi*	Fruto	M
MARANTACEAE			
Calathea variegata	*pisa asi*	Semente (torrada)	M
Calathea aff. *mansonis*	*makerema asi*	Tubérculo (fervido)	M
Calathea cf. *allouia*	*kumama si*	Tubérculo (fervido)	M
Monotagma sp.	*kopari hanakɨ*	Folha nova enrolada	M

[71] É possível que só uma espécie de *Catostemma* seja consumida e que essa diferenciação de duas espécies seja atribuível a um erro de identificação do espécime.

Espécie	Nome yanomami	Partes consumidas	Fonte
MELASTOMATACEAE			
Bellucia grossularioides	*pitɨma hi*	Fruto	M
Loreya spruceana	*pitɨma hi*	Fruto	M
Miconia sp.	*[hehuri hi]*	Fruto	MM
MEMECYLACEAE			
Mouriri sp.	*[shiashirimɨ hi]*	Fruto	MM
MENISPERMACEAE			
Abuta grandifolia	*itahi mosihi*	Fruto	M
Cissampelos pareira[72]	*[kashitemɨ]*	Raiz (cozida)	FI
MORACEAE			
Bagassa guianensis	*hapakara hi*	Fruto	M
Brosimum acutifolium	*kãri axihi*	Fruto	M
Brosimum cf. *alicastrum*	*[rimo mofi]*	Fruto, semente	F [MM]
Brosimum guianense	*ihuru makasi hi*	Fruto	M
Clarisia ilicifolia	*hihõ unahi*	Fruto, semente (torrada)	M
Helicostylis tomentosa	*xopa hi*	Fruto	M
Maquira calophylla	*teria hi*	Fruto	M
Perebea angustifolia	*rëxë hi*	Fruto[73]	M
Perebea guianensis	*peesisima hi*	Fruto	M
Pseudolmedia laevigata	*hayi hi*	Fruto, semente (processada)	M
Pseudolmedia laevis	*aso asihi*	Fruto, semente (processada/torrada)	M
Sorocea guayanensis	*yïpï hi*	Fruto (torrado)	MM
Sorocea muriculata ssp. *uaupensis*	*yɨpɨ hanakɨ*	Fruto	M
Trymatococcus amazonicus	*potahi amohi*	Fruto	M
MYRISTICACEAE			
Iryanthera ulei	*[hãihãiyõmï natʰa hi]*	Raiz (cozida)[74]	MM

[72] Pode ter sido identificado incorretamente. O nome Yanomami em *Watorikɨ* (*kaxitema a*) refere-se à *Dioscorea piperifolia*, um inhame silvestre superficialmente semelhante à *Cissampelos pareira* em seu estado estéril.

[73] De acordo com Mattei-Muller (2007), as sementes de uma espécie de *Perebea* (*rëshë hi*) são torradas para serem consumidas.

[74] Essa informação é surpreendente (e possivelmente errada) já que *Iryanthera ulei* é uma árvore.

Espécie	Nome yanomami	Partes consumidas	Fonte
MYRTACEAE			
Eugenia flavescens vel aff.	*pore hi*	Fruto	M
Myrcia sp.	*totori mamohi*	Fruto	M
PASSIFLORACEAE			
Passiflora coccinea	*naxuruma t^hot^ho*	Fruto	M
Passiflora vitifolia	*[oroshomi]*	Fruto	Fl
POLYGALACEAE			
Moutabea guianensis	*wakara ãsi hi*	Fruto	MM
QUIINACEAE			
Lacunaria jenmani	*paari makasihi*	Fruto	M
Quiina florida vel aff.	*naxuruma ahi*	Fruto	M
RHAMNACEAE			
Zizyphus cinnamomum	*mɨrama asihi*	Fruto	M
RUBIACEAE			
Duroia eriopila	*hera xihi*	Fruto	M
Duroia micrantha	*[koteko hi]*	Fruto	MM
Genipa americana	*[tana hi]*	Fruto	MM
Isertia hypoleuca	*yãpi uhi*	Fruto	M
SAPINDACEAE			
Paullinia cf. *ingifolia*	*hopu ahu t^hot^ho*	Fruto (arilo)	M
Paullinia cf. *pinnata*	*[shuu funakɨ]*	Fruto (arilo)	F
Talisia chartacea	*makoa ahi*	Fruto	M
SAPOTACEAE			
Ecclinusa guianensis	*yãre hi*	Fruto	M
Manilkara huberi	*xaraka ahi*	Fruto	M
Micropholis melinoniana	*apia hi*	Fruto	M
Micropholis sp.	*nãɨ hi*	Flor	M
Micropholis sp.	*yawara hi*	Fruto	M
Pouteria caimito	*paxo h^wãtemohi*	Fruto	M
Pouteria cladantha	*hõromana hi*	Fruto	M
Pouteria hispida	*yãwa xihi*	Fruto	M
Pouteria sp.	*poxe mamokasihi*	Fruto	M

Espécie	Nome yanomami	Partes consumidas	Fonte
Pradosia surinamensis	*werihi sihi*	Fruto	M
SOLANACEAE			
Physalis sp.	*[shãã hi]*	Fruto	MM
STRELITZIACEAE			
Phenakospermum guyannense	*ruru asi*	Semente (torrada)	M
THEOPHRASTACEAE			
Clavija lancifolia	*horikima hi*	Fruto	M
ULMACEAE			
Trema micrantha (L.) Blume	*[hapakawë shihi]*	Fruto	L
ZINGIBERACEAE			
Renealmia alpinia	*[ayayuma si]*	Semente (com sal)	MM

tíveis por um de nossos colaboradores yanomami, foram rejeitados como impróprios para alimentação por outro. Os frutos do *Brosimum guianense* (*ihuru makasi hi*) são consumidos, porém geralmente pouco valorizados e, às vezes, francamente desprezados como "comida de papagaio". Foi-nos indicado que os frutos de *Bagassa guianensis* (*hapakara hi*) só podem ser comidos logo quando caem da árvore, pois rapidamente adquirem um gosto desagradável. Mesmo assim, outras pessoas recusaram com desdém a possibilidade de comer esses frutos, qualificando-os também de alimentação de animais de caça. Os frutos de *Geonoma deversa* (*warama si*) e *Socratea exorrhiza* (*manaka si*) são considerados alimentos de tempo de fome, na falta de melhores alternativas. O mesmo ocorre com as folhas novas de *Heliconia bihai* (*irokoma hanakɨ*), *Monotagma* sp. (*kopari hanakɨ*), e provavelmente várias outras espécies afins, que podem ser apanhadas e comidas, o que acontece normalmente só quando há escassez alimentar.

O consumo de certos frutos pode também ser ocasionalmente restringido por receio de diversas enfermidades. Diz-se, assim, que a ingestão de frutos de *Theobroma bicolor* (*himara amohi*) por uma lactante pode produzir candidíase bucal ("sapinho") no seu bebê[75] e que o consumo de muitos frutos caídos de *Bagassa guianensis* (*hapakara hi*), *Helicostylis tomentosa* (*xopa hi*) ou *Spondias mombin* (*pirima ahɨtʰotʰo*), entre outros, pode causar dermatobiose ("berne").[76] É interessante observar aqui que os Ka'apor consideram que os frutos de *Bagassa guianensis* podem provocar o mesmo tipo de infestação parasitária (Balée, 1994). Finalmente, segundo Finkers (1986), os Yanomami ocidentais consideram que ingerir em excesso castanhas-do-pará pode provocar alergias e inflamações cutâneas em algumas pessoas mais sensíveis. Lizot (2004) registra diversas observações

[75] Micose provocada por fungos do gênero *Candida*.

[76] Infestação por larvas da mosca *Dermatobia hominis*. É possível que o fato desses frutos serem rapidamente invadidos por larvas de moscas tenha induzido a elaboração desta etiologia.

semelhantes em relação ao consumo excessivo de frutos específicos, incluindo *Micropholis melinoniana* (efeitos soporíficos), *Clarisia ilicifolia* (sangramento da gengiva) e *Dacryodes* sp. (*morã mahi* – causa de uma afecção chamada *morã masi*, que se manifesta na forma de manchas escuras na pele).[77] De acordo com Mattei-Muller (2007) são também tomados cuidados ao comer frutos de *Herrania lemniscata* já que suas sementes são consideradas venenosas. Esse autor relata também que transtornos digestivos são atribuídos a certos tipos de inhame selvagem (*Dioscorea* spp.) quando consumidos quentes.[78]

Plantas fontes de sal e água

Antes de usar o sal obtido por trocas com os brancos, os antigos Yanomami temperavam seus alimentos com um sal vegetal obtido das cinzas de uma árvore gigante da floresta, *Couratari guianensis* (*hotorea kosihi*),[79] ou do caule de um cipó da família das Cyclanthaceae (*Asplundia* sp., *yopo unahi*). De acordo com dados levantados em Xitei, é igualmente possível obter sal das cinzas de *Sanchezia* sp. (*ata hi*).[80] Mattei-Muller (2007) menciona também o uso ocasional das espécies *Gustavia* e *Eschweilera* para o mesmo fim entre os Yanomami da Venezuela. Ambas pertencem à mesma família botânica (Lecythidaceae) que o gênero *Couratari*. Pimenta-malagueta (*Capsicum frutescens*) era, às vezes, misturada a esse condimento salino (Alès, 1987b).

O uso de sal vegetal é muito difundido entre as sociedades indígenas das regiões de floresta tropical, e as espécies utilizadas para este fim são selecionadas em função de seu aporte mineral. As cinzas do cipó *Asplundia* sp. contêm, por exemplo, cálcio e (em menor grau) sais de magnésio e de potássio.[81] Os Taiwano da Colômbia adicionam cinzas de outra espécie de *Asplundia*, *A. ponderosa*, à alimentação das mulheres gestantes, possivelmente como suplemento nutricional (Schultes e Raffauf, 1990). A árvore *Couratari guianensis* também é aproveitada como fonte de sais pelos Bora do Peru (Flores Paitán, 1987). Já os Waimiri Atroari queimam a casca da castanheira *Bertholletia excelsa* (parente da *Couratari*) para produzir um condimento salgado.

Algumas plantas também podem servir como fonte de água, especialmente durante longas viagens em épocas de estiagem. Existem, assim, alguns cipós da família das Dilleniaceae, cujos caules linhosos, uma vez cortados, proporcionam consideráveis quantidades de água potável. É bastante comum em toda a Amazônia o uso desses cipós e pelo menos um deles, *Pinzona coriacea* (*maari tʰotʰo*), é habitualmente utilizado pelos Yanomami de *Watoriki*. Lizot (2004) e Mattei-Muller (2007) registraram sob o mesmo nome outra espécie (*Vitis tiliifolia*) também usada por vários povos da Amazônia para o mesmo

[77] Trata-se provavelmente da espécie chamada *mõra mahi* em *Watoriki* (*D. peruviana*).

[78] Mattei-Muller (2007) acrescenta que uma dessas espécies, *D. trifoliolata*, é consumida ocasionalmente por mulheres para resistir ao cansaço, porém em pequena quantidade em razão de sua amargura.

[79] Nossos colaboradores yanomami indicaram que para obter essas cinzas a madeira dessa árvore era queimada mesmo quando verde. Valero (1984) descreve a fabricação de sal vegetal entre os Yanomami ocidentais, e Cocco menciona o uso de cinzas de *korori hi*, identificado como *Couratari multiflora* em Lizot, 2004.

[80] Lizot (2004) menciona o mesmo uso de *ata hi* na Venezuela.

[81] Uma amostra deste sal vegetal foi analisada no Inpa (Manaus) graças a J.-L. Guillaumet (Muséum National d´Histoire Naturelle, Paris). Uma análise química do sal vegetal yanomami pode ser também encontrada em Biocca (1966: 213).

fim. De acordo com este segundo autor, essa espécie está também associada ao ritual de menarca das mulheres yanomami. Assim, se esse cipó for coletado durante fortes chuvas considera-se que as meninas recém menstruadas podem ficar estéreis e envelhecer rapidamente.

Plantas usadas na caça e na pesca

Arcos e flechas

A principal arma de caça empregada pelos Yanomami é o arco e flecha. Os arcos, que podem ter entre dois metros e dois metros e meio de comprimento,[82] são normalmente feitos na madeira de troncos de palmeiras, especialmente das espécies *Bactris gasipaes* (*rasa sihi*), *Oenocarpus bacaba* (*hoko sihi*) e *Oenocarpus bataua* (*kõanari sihi*), ou, com menor frequência, da madeira dura de *Swartzia* sp., uma grande árvore da floresta (*paira sihi*). Um dos nossos colaboradores yanomami de *Watorikɨ* citou ainda a utilização, no passado, da madeira de uma palmeira de tronco "inchado" chamada *kripɨ si* (possivelmente a *Iriartea deltoidea*) e de outra árvore de madeira resistente chamada *hixa ahi* (Leguminosae ?). Fuentes (1980) registra o uso de uma espécie de *Geonoma* para confeccionar arcos de pequeno porte, e Gertsch (2002) menciona ainda o uso de *Astrocaryum chambira* e *Bactris bidentula* entre os Yanomami do alto Orinoco. Finalmente, segundo Anderson (1978), a espécie *Socratea exorrhiza* também pode ser usada na confecção de arcos. Apesar de a madeira da espécie *B. gasipaes* ser reconhecida como a mais resistente, esta palmeira cultivada, cujos frutos são muito apreciados, é apenas excepcionalmente derrubada para esta finalidade em roças abandonadas, muito antigas e longínquas. Os anciãos de *Watorikɨ* mencionaram também o uso, num passado remoto, dessa madeira para a fabricação de um tipo de lança (*rasa sihi h^{w}aro*).[83] A madeira de *B. gasipaes* é igualmente utilizada pelos Waorani do Equador na fabricação de lanças e zarabatanas (Davis e Yost, 1983) e, em outros lugares no Brasil, na confecção de arcos para a caça (Frechione *et al.*, 1989).

Tradicionalmente, os arcos yanomami são alisados utilizando-se os dentes caninos de uma mandíbula de caititu, *poxe nakɨ* (*Tayassu tajacu*) e a beira afiada de uma concha de um grande caramujo terrestre, *sinokoma aka* (*Megalobulimus oblongus*). Esse processo ainda é utilizado, mas tende hoje a ser substituído pelo uso de facas. O polimento final é feito com folhas ásperas de *Pourouma bicolor* ssp. *digitata* (*õema ahi*) ou, de acordo com Mattei-Muller (2007), *P. guianensis*.[84] As cordas dos arcos são geralmente feitas com fibras resistentes de um planta cultivada, *Ananas* sp. (*yãma asikɨ*).[85] Elas podem ser fortalecidas e coloridas por meio de um tratamento com a resina vermelha pegajosa extraída da entrecasca de *Inga alba* (*moxima*

[82] Ver Cocco (1987:119) para um estudo técnico sobre o arco yanomami.

[83] Valero (1984) menciona o uso de uma secção de arco (*rasha husi*) como arma e como pau de cavar em atividades agrícolas (*vide* também Cocco, 1987).

[84] As folhas de *Pourouma* são também usadas para polir artefatos de madeira como remos e cabos de machados na Guiana (Andel, 2000a).

[85] Lizot (2004) identifica esta planta como *Ananas parguazensis*. Segundo um de nossos colaboradores yanomami em *Watorikɨ*, uma variedade dessa espécie, denominada *marokorima asikɨ*, também serve para confeccionar cordas e barbantes.

[86] Cocco (1987) indica que essa substância podia servir também como verniz para arcos.

hi).[86] Na Guiana Francesa, para um uso semelhante é aproveitada a seiva da entrecasca de *Licania macrophylla* (Grenand e Prevost, 1994).

No passado, antes da aquisição de *Ananas*, essas cordas eram feitas de tiras torcidas da entrecasca fibrosa de *Cecropia obtusa* (*xiki a*).[87] Sendo a *Ananas* uma espécie cultivada que pode não estar disponível durante longas expedições de caça ou migrações, as cordas de *Cecropia* são ainda utilizadas (são frequentes na região de Homoxi). Fuentes (1980) também menciona o uso de casca de *Ficus* na confecção de cordas para os arcos.

Asflechas excepcionalmente compridas utilizadas pelos Yanomami (cerca de 2 metros), são confeccionadas a partir dos pedúnculos das inflorescências da cana-do-rio *xaraka si* (*Gynerium sagittatum*),[88] cultivada em suas roças. Uma cana silvestre (não identificada), *hwaya si*, também pode ser utilizada. As flechas geralmente recebem penas de asa de mutuns (*Crax* spp.), que são amarradas à haste com um fino fio de algodão cultivado, *Gossypium barbadense* (Foto 16). Esse fio de algodão pode ser tingido de roxo com um extrato de folhas de *Picramnia spruceana* (*koe axihi* ou *hapaka axihi*), ou de vermelho com arilos

Foto 16. Uma flecha yanomami e um macaco cuatá por ela abatido. A foto mostra o detalhe da afixação das penas. (W. Milliken, 1993)

[87] Lizot (2004) identifica essa planta como *Cecropia metensis*. Duas espécies de *Cecropia* são usadas de maneira semelhante para fabricar cordas de arco entre os Matsigenka do Peru (Shepard *et al.*, 2001).

[88] Três variedades dessa planta são reconhecidas pelos Yanomami de *Watorikɨ*: *xaraka si yai* (cana-de-flecha verdadeira), *xuhutima si* (cana-de-flecha de coceira) e *napë si* (cana-de-flecha "estrangeira"/dos brancos).

[89] Trata-se de uma espécie cultivada, sendo pelo menos três variedades reconhecidas em *Watorikɨ*: *nara ɨrepërima xikɨ* ("de cabelo branco"), *nara marokorima xikɨ* ("calvo"), *nara wakërima xikɨ* ("vermelho").

de urucum, *Bixa orellana*, *nara xihi*[89] (Foto17). Normalmente, utiliza-se algodão também para amarração do encaixe (pequena peça de madeira com o entalhe que recebe a corda do arco) na haste das flechas. Entretanto, fibras mais resistentes de *Ananas* sp., untadas com a resina de *Symphonia globulifera* ou *Moronobea* sp. (*mai kohi*) (Foto 18) são geralmente usadas para fixar as pontas de flecha. Essa resina (*mai koko*), que também serve como cola, é sangrada e coletada em forma sólida de fendas feitas na casca do tronco das árvores e, em seguida, depurada por um processo de queima, aproveitando-se os pingos da resina derretida. Essa mesma resina, misturada com fuligem, pode também ser utilizada para tingir os arcos.

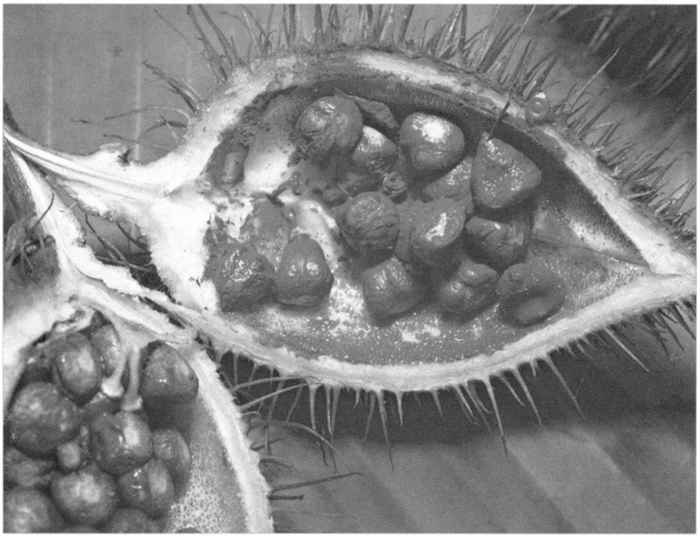

Foto 17. Um fruto de urucum (*Bixa orellana*) aberto. (W. Milliken, 1994)

A madeira densa de *Rinorea lindeniana* (*okoraxi hi*) foi apontada como a mais usada para a confecção do encaixe das flechas (*xaraka monapë*). Mesmo sendo apenas um dos gêneros apropriados para tal finalidade, a utilização de *Rinorea* para este uso já foi registrada entre outros grupos Yanomami (Finkers, 1986; Cocco, 1987; Lizot, 1984), seja por ser a mais adequada, seja simplesmente por tratar-se de uma prática tradicional.

A forma das pontas de flecha varia de acordo com o tipo de presa procurada. Biocca, (1966: II e III) apresenta fotos de alguns tipos de pontas de flecha confeccionadas pelos Yanomami (*vide* também ilustrações em Cocco, 1987: 197 e Lizot, 1984: IV). Para a caça de aves, peixes e animais de pequeno porte, encaixa-se nas flechas uma ponta de flecha-arpão (*atarihi*) formada por uma fina haste de madeira resistente (por exemplo, arbustos e pequenas árvores do gênero *Mouriri*), à qual é afixada uma farpa de osso longo de macaco (*paxo onamo*). Ocasionalmente é utilizado como ponta de flecha improvisada somente um segmento afiado da haste de tais arbustos. Fuentes (1980) menciona *Mouriri myrtifolia* e a *Mouriri sagotiana* como as espécies escolhidas, sendo a última utilizada da mesma forma pelos Waiãpi da Guiana Francesa (Grenand, 1980).

Gravetos com três ou mais ramificações brotando bem próximas umas das outras em forma de várias forquilhas são também improvisadas pontas de flecha para a caça de pequenas aves (*ɨhara kikɨ*). Essa característica faz com que sirvam também

Foto 18. Bloco de resina *mai koko* e penas de mutum, utilizados para a fabricação de flechas. (W. Milliken, 1993)

como hélice de "liquificador" manual para misturar mingau de banana-da-terra nas panelas (outrora de barro, hoje de alumínio). Não coletamos espécimes desses arbustos durante o presente estudo, porém é provável que se trate de *Mabea* sp.[90]

Para caça de grande porte e para guerrear, os Yanomami empregam pontas lanceoladas de bambu (*rahaka*). Diversos tipos de bambu (*Guadua* spp.) podem ser utilizados para confecção dessas lâminas afiadas, sete dos quais foram registrados em *Watorikɨ*.[91] Fuentes (1980) menciona quatro e Lizot (2004), seis. A decoração dessas pontas de flecha usando tinta de urucum (*Bixa orellana*) ou folhas de *Picramnia spruceana* é descrita por Cocco (1987), enquanto Mattei-Muller (2007) relata o uso de uma mistura de fuligem com o látex de *Tabernaemontana macrocalyx* ou *T. heterophylla*. Na caça de macacos, são geralmente utilizadas pontas de flecha confeccionadas com lascas de madeira das palmeiras *Iriartella setigera* (*horoma namo*), *Oenocarpus bataua* (*kõanari namo*) e *Socratea exorrhiza* (*manaka namo*). Anderson (1978) e Lizot (1984) mencionam também a madeira da palmeira *Bactris gasipaes* para a fabricação de pontas de flecha, enquanto Gertsch *et al.* (2002) registraram o uso de *Mauritiella aculeata*.

Essas pontas recebem vários pequenos entalhes para que possam quebrar-se no corpo das presas atingidas. São untadas por várias camadas de uma resina extraída por exsudação de tiras de casca da árvore *Virola elongata* (*yãkoana hi*) expostas ao fogo; esse processo foi descrito por Chagnon (1968). Tal substância, conhecida como *yãkoana a*, é um potente alucinógeno

[90] De acordo com Mattei-Muller (2007), espécies do gênero *Rinorea* são igualmente utilizadas na fabricação desses "batedores".

[91] Estas variedades são: *rahaka poapoa kɨkɨ* (jacaré-açu), *rahaka si hrakarima a* (casca lisa), *rahaka katana si*, *rahaka si koropërima a* (casca áspera), *rahaka wana a* (aljava), *rahaka yapuru kɨkɨ*, *rahaka yuri kɨkɨ* (peixe). De acordo com Mattei-Muller (2007), a variedade conhecida como *si koropirimï* é considerada venenosa e, portanto, tida como a melhor espécie para fabricar pontas de flecha.

que age no corpo dos macacos feridos como um relaxante muscular e permite que eles caiam facilmente das árvores. Por isso, essas pontas são genericamente conhecidas como *yãkoana namo*, "pontas de *yãkoana a*".

Finalmente, as crianças yanomami, desde muito pequenas, utilizam para fabricar flechinhas (*ruhu masikɨ*), as fibras do pecíolo das palmeiras *O. bataua* (*kõanari masikɨ*) e *Attalea maripa* (*õkaraxi masikɨ*) com as quais brincam e adquirem prática. Gertsch *et al.* (2002) registraram o uso de *Attalea butyracea* e *Bactris* aff. *balanophora* para o mesmo fim na região do Alto Orinoco, enquanto Mattei-Muller (2007) menciona o uso de *Iriartella setigera* e *Heliconia* sp. Para imitar as pontas de flecha usadas para abater macacos, usam espinhos do tronco de pupunheira (*B. gasipaes*), enfiados na ponta de umas gramíneas rígidas encontradas na floresta.

À época em que ocupavam as terras altas, os antepassados dos habitantes atuais de *Watorikɨ* utilizavam o curare em suas pontas de flecha para a guerra, preparado principalmente com a casca de cipós do gênero *Strychnos*. O processo de preparo do curare yanomami foi descrito em detalhes por Biocca (1966), Cocco (1987) e Lizot (1972). Foi coletada durante nossas pesquisas em Homoxi e Parawa u uma espécie conhecida como *mãokori* (*Strychnos guianensis*) que, segundo nossos colaboradores yanomami, é usada como ingrediente de base para tal preparo.[92] Vários aditivos (*mãokori hʷëripë*) podem ser utilizados para aumentar a potência do veneno, tais como a casca de *Tabernaemontana sananho* (*tʰoru hʷatemohi*) e lianas da família das Menispermaceae, como *Abuta imene*, *A. grisebachii* e *Curarea candicans* (todas nomeadas *mãokori sinatʰotʰo*). Essas lianas contêm alcalóides e foram também registradas em outras regiões da Amazônia como componentes para o preparo de curare: *A. imene* é utilizada pelos Taiwano e Makuna da Colômbia; *A. grisebachii*, pelos Tukano (Schultes e Raffauf, 1990), e *C. candicans*, pelos Warrau da Guiana (Krukoff e Barneby, 1970).

Segundo Fuentes (1980), *Clathrotropis macrocarpa*, *Geissospermum argenteum*, *Paragonia pyramidata*[93] e *Piper dilatatum* são igualmente empregadas pelos Yanomami no preparo do curare. Finkers (1986), que também descreve em detalhes o preparo deste veneno, menciona a utilização de *Strychnos guianensis* e *Tabernaemontana* sp.,[94] além de algumas das espécies relacionadas por Fuentes. Lizot (1984) também relata o uso de *Anomospermum* sp. e de uma espécie de Malpighiaceae (não identificada) como aditivos.[95] Cocco (1987) registra a adição de *Virola elongata*, *Piper dilatatum* (*mahekotoma hi* em Lizot, 2004) e de uma planta denominada *yoawë sihi* (não identificada).[96] A utilização de *Piper* é bastante comum na fabricação do curare (Schultes e Raffauf, 1990), bem como o uso de diversas lianas Bignoniaceae (*Arrabidaea*, *Callichlamys*, *Distictella*, *Martinella* e *Schlegelia*), assinalado em várias regiões da Amazônia (Gentry, 1992). Além disso, apesar de a lite-

[92] Essa espécie não é encontrada na área de terras baixas onde está situada hoje a aldeia de *Watorikɨ*.

[93] Nossos colaboradores yanomami nomearam essa espécie de *mamokori*, sendo este o mesmo nome usado para *Strychnos* pelos Yanomami ocidentais.

[94] O uso de *Tabernaemontana heterophylla* (*ãshokãma ke hi*) na fabricação do curare é também mencionado em Valero (1984). Nomes similares (*asokoma hi* em Xitei e *axokoma hi* em Parawa u) foram registrados para *T. angulata* e *T. macrocalyx*.

[95] Esses dados correspondem provavelmente ao registro em Mattei-Muller (2007) do uso de *Anomospermum steyermarkii* e *Malpighia glabra*.

[96] O uso de *yoawë sihi* na fabricação do curare é também mencionado em Valero (1984:547). Essa planta foi identificada por Fuentes (1980) e Lizot (2004) como *Geissospermum argenteum*. Shepard (2006) registra o uso de outra espécie (*G. urceolatum*) com nome semelhante (*yoawë sihi*) entre os Yanomami de Marari (Amazonas).

ratura não documentar o uso de *Clathrotropis macrocarpa* e de *Geissospermum argenteum* para esta finalidade, sabe-se que tais espécies são também ricas em alcalóides.

As pontas de flecha podem ser rapidamente substituídas na haste das flechas pelos caçadores yanomami em função das presas perseguidas, e suas amarrações são deixadas para serem facilmente desatadas quando necessário. Quando não estão sendo utilizadas, são carregadas numa aljava (*wana a*), confeccionada numa seção curta de bambu *Guadua* (cerca de 30 cm) decorada com desenhos geométricos e fechada com tampa de couro animal (*vide* Lizot, 1984:69). Carrega-se essa aljava nas costas, presa ao pescoço por um barbante de *Ananas* sp. É comum os caçadores yanomami carregarem nessas aljavas três tipos de pontas de flecha (*atarihi*, *rahaka* e *yãkoana namo*), o que multiplica suas opções de caça. Os Waorani do Equador utilizam aljavas semelhantes para portar os dardos usados em suas zarabatanas (Davis e Yost, 1983).

As técnicas e os materiais descritos para a confecção das flechas yanomami são, essencialmente, variações de práticas indígenas presentes em toda a bacia Amazônica. A utilização de cana de *Gynerium sagittatum*, de fibras de *Bromelia* ou *Ananas*, fios de algodão, resinas de *Symphonia* ou *Moronobea*, lâminas de bambu, madeira de palmeiras e madeiras densas é praticamente universal em toda a região, ainda que haja uma grande variação no tamanho e no formato das flechas e de suas pontas, bem como dos estilos de decoração, amarração de penas e pontas etc. Um resumo desses estilos e técnicas é apresentado em Chiara (1987).

Cães e caçadores

Nas suas caçadas, os Yanomami costumam usar cães e, para aprimorar o desempenho desses animais, utilizam certas plantas, tais como *Clathrotropis macrocarpa* (*wapo kohi*) e *Zingiber officinale* (*amatʰa kɨkɨ*).[97] O emprego de plantas para estimular cães de caça, seja pela prática de esfregar neles vegetais macerados, seja obrigando-os a comê-los ou cheirá-los, é comum em todo o mundo e bastante difundido entre os povos indígenas da Amazônia.[98] Atribui-se a essa prática o fato de o cheiro dessas plantas aumentar a sensibilidade olfativa dos cães, ou de ajudar a disfarçar ou ocultar o cheiro dos próprios animais, facilitando assim sua aproximação da presa. As duas espécies mencionadas são empregadas pelos Yanomami no preparo dos cães para a caça à cutia (*Dasyprocta* sp.), pois a casca de *C. macrocarpa* tem cheiro forte de um dos seus principais alimentos (as sementes dessa árvore), enquanto o rizoma de *Z. officinale* tem o cheiro do próprio animal.

Pelo menos uma planta é empregada pelos Yanomami, ainda que de maneira indireta, para aprimorar seu desempenho como caçadores. Assim, segundo Finkers (1986), os Yanomami ocidentais usam, para este fim, cortar ramos de *Tachigali paniculata* e se expor a picadas das formigas *Pseudomyrmex* que residem nas raques de suas folhas. Da mesma forma e com a mesma finalidade, foi-nos mencionado em *Watorikɨ* que os caçadores infelizes podem arranhar seus braços com ferrões

[97] Os Yali das serras de Nova Guiné (Papua Ocidental) utilizam gengibre (*Z. officinale*) de forma semelhante aos Yanomami (W. Milliken, observação pessoal).

[98] *Vide* Balée (1994), Milliken *et al.* (1992) e Schultes e Raffauf (1990).

do rabo de escorpiões mortos.[99] O uso da dor provocada por picadas de insetos para estimular caçadores (tanto cães quanto humanos) não se restringe apenas aos Yanomami, pois há registro dessa prática também entre diversos povos indígenas, como, por exemplo, certas tribos das Guianas (Im Thurn, 1883). Empregam-se também várias plantas com o objetivo de assegurar o êxito das caçadas por meios rituais. Os rituais e as plantas utilizados variam conforme os tipos de presas a serem caçadas e receberão maior detalhamento na seção deste estudo sobre "Plantas na cosmologia".

Caça e plantas

Os caçadores Yanomami têm um conhecimento excepcional da ecologia do seu *habitat*, competência de vital importância para seu êxito na caça. O conhecimento sobre as plantas das quais suas presas se alimentam, aliado ao conhecimento sobre a fenologia[100] e a distribuição desses vegetais, faz, assim, com que os caçadores yanomami possam prever, com certa segurança, quais os animais propensos a ser encontrados em determinados lugares e em diferentes estações do ano.[101] Em certos casos as plantas têm propriedades que afetam diretamente os animais que as ingerem e, assim, modificam seu comportamento frente aos caçadores. Desse modo, segundo o relato de Mattei-Muller (2007), grandes aves são mais fáceis de caçar depois que comem frutos de *Guarea guidonia* (*mokomoko hi*) que as enfraquece. Já os cães de caça são impedidos de consumir suas vísceras para não serem envenenados.

Lizot (1984:90-91) fornece uma lista de plantas que servem de alimento para algumas categorias de animais caçados pelos Yanomami. Informações do mesmo tipo foram coletadas na comunidade de *Watoriki* durante nossa pesquisa e algumas são apresentadas a seguir (Tabela 6). Contudo, uma análise sistemática desse domínio do saber botânico dos Yanomami – isto é, seu conhecimento dos inter-relacionamentos entre plantas e animais – requereria um trabalho de pesquisa considerável. A seleção de dados apresentados a seguir representa, portanto, apenas uma amostra limitada.

Esse conhecimento – fruto de uma experiência individual íntima das interações entre os componentes do ecossistema da floresta tropical e os saberes tradicionais repassados de geração em geração – abrange muito mais que uma simples familiaridade com os hábitos dos animais de caça. Constitui um domínio fundamental do saber etnobotânico dos Yanomami, assim como dos outros povos da floresta tropical. Contudo, trata-se de domínio infelizmente negligenciado pelos cientistas especializados que, muitas vezes, passam suas vidas tentando, por meio de custosas observações e experimentações, desvendar informações de conhecimento comum entre os caçadores indígenas.

O caráter fragmentário e disperso dos dados sobre conhecimentos dos inter-relacionamentos entre plantas e animais na literatura etnobotânica dificulta qualquer comparação significativa. No entanto, existe certo grau de correlação entre as

[99] O escorpião preto *Tityus bahiensis* (*sihi*) é, na mitologia yanomami, dotado de um enorme arco e de uma exímia pontaria (Wilbert e Simoneau, 1990: M140). Os nomes dos diferentes tipos de arcos yanomami são todos formados com a palavra *sihi*, que designa o escorpião.

[100] Estudo do ciclo biológico das plantas que compreende o acompanhamento de fases como a floração, a frutificação e a mudança foliar.

[101] Plataformas de caça (tocaias) são às vezes montadas em árvores frutíferas que atraem pássaros cuja plumagem é valorizada para a confecção de ornamentos.

Tabela 6. Espécies de plantas que servem de alimento para animais de caça: uma pequena amostra do conhecimento ecológico Yanomami

Famílias	Espécies	Consumido por
Anacardiaceae	*Anacardium giganteum*	Tartarugas, antas, mutuns, macacos, juritis
	Spondias mombin	Tartarugas, antas, caititus, queixadas, veados, macacos, araras
Apocynaceae	*Couma macrocarpa*	Antas, tatus-galinha, iraras
Arecaceae	*Astrocaryum murumuru*	Tartarugas, pacas, caititus, queixadas, antas, cutias
	Euterpe precatoria	Tucanos, araçaris, jacamins
Caryocaraceae	*Caryocar villosum*	Veados, cutias, antas, esquilos, tatus gigantes
Cecropiaceae	*Pourouma bicolor* ssp. *digitata*	Macacos, araras, papagaios,
	Pourouma minor	Macacos (guaribas e cuatás)
	Pourouma ovata	Papagaios
Chrysobalanaceae	*Licania heteromorpha*	Papagaios e macacos
Euphorbiaceae	*Margaritaria nobilis*	Várias espécies de aves
	Sagotia racemosa	Papagaios e araras
Lecythidaceae	*Couratari guianensis*	Araras (frutos não maduros)
	Eschweilera coriacea	Araras
Leguminosae	*Clathrotropis macrocarpa*	Cutias
	Elizabetha leiogyne	Macacos (guaribas) e araras
	Hymenaea parvifolia	Macacos, araras, caititus, queixadas
	Inga alba	Papagaios, araras, macacos
	Inga paraensis	Araras e macacos
Malvaceae	*Theobroma subincanum*	Iraras e macacos-prego
Melastomataceae	*Bellucia grossularioides*	Tartaruga e antas
Meliaceae	*Guarea guidonia*	Tucanos, araçaris e pequenos pássaros
	Trichilia pleeana	Tucanos e jacus
Moraceae	*Bagassa guianensis*	Tartaruga, antas, veados, mutuns, inhambus, jacamins
	Brosimum guianense	Papagaios
	Brosimum lactescens	Várias aves e cutias
	Clarisia ilicifolia	Pequenos pássaros
	Helicostylis tomentosa	Tartarugas, antas, caititus, queixadas, mutuns, juritis e inhambus
	Pseudolmedia laevigata	Tucanos, papagaios, várias aves
	Pseudolmedia laevis	Muitas espécies de aves

Famílias	Espécies	Consumido por
Myristicaceae	*Iryanthera juruensis*	Macacos, pássaros, caititus
Sapotaceae	*Chrysophyllum argenteum*	Macacos, papagaios, araras, várias aves
	Manilkara huberi	Macacos, antas, juparás
	Micropholis melinoniana	Antas, macacos, veados, caititus, queixadas, pacas, cutias

informações levantadas durante o presente estudo e os dados publicados anteriormente. Por exemplo, todas as espécies listadas na Tabela 6 foram também registradas por Balée (1994)[102] e/ou por Milliken *et al.* (1992) como alimentos de animais de caça, respectivamente entre os Ka´apor e os Waimiri Atroari na Amazônia brasileira.[103]

Insetos e plantas

Certas espécies de plantas, silvestres ou cultivadas, são conhecidas por abrigar insetos comestíveis e são exploradas pelos Yanomami para sua coleta. São consumidas, assim, as lagartas *mamoahupë* e *wayawayapë*, que infestam as folhas das ramas de mandioca e, segundo alguns de nossos colaboradores de *Watoriki*, era também o caso, no passado, das lagartas *yoroporipë*, que destroem os pés de tabaco. Os frutos (sementes) caídos das palmeiras *Attalea maripa* (*okarasi si*) muitas vezes contêm gordas larvas brancas de pequenos besouros da família Bruchidae, muito nutritivas e com sabor de coco.[104] Os troncos de *Mauritia flexuosa* (*rio kosi*) em decomposição, assim como algumas outras palmeiras, podem abrigar grandes larvas comestíveis (*mapiapë*) do coleóptero *Rhynchophorus palmarum* (conhecida praga das palmeiras), bem como larvas de um pequeno besouro (*kuyuhumapë*) podem ser colhidas dos troncos de *Oenocarpus bacaba* (*hoko si*). Essas palmeiras são, às vezes, derrubadas unicamente para coletar tais larvas.[105] O tronco da *Jacaratia digitata* (*rihuwari si*) possui um miolo macio que apodrece rapidamente quando derrubado, e também fica infestado de larvas comestíveis *mapiapë*.[106] (Foto 20). Para evitar que tatus entrem e comam essas larvas, é confeccionada uma barreira de paus na extremidade cortada do tronco.

Várias espécies de lagartas comestíveis – que podem ser sistematicamente coletadas nas árvores nas quais costumam abrigar-se – desempenham também papel significativo na dieta dos Yanomami em épocas de escassez de outras fontes de proteína. Entre essas espécies, nas terras altas do território yanomami, destacam-se as lagartas *kaxapë* (larva de borboleta

[102] Balée (1994) registra que, de acordo com os Ka´apor, 170 espécies de plantas silvestres servem como fonte de alimento para três ou mais espécies de animais de caça.

[103] O fato de os animais citados nem sempre serem os mesmos nos diferentes estudos decorre, provavelmente, do caráter incompleto dos dados mais do que de contradições entre eles.

[104] Tais larvas são aproveitadas pelos índios Makuxi de Roraima como isca para a pesca de peixes pacu (W. Milliken, observação pessoal).

[105] De acordo com Gertsch *et al.* (2002), as palmeiras *Attalea butyracea*, *Bactris gasipaes*, *Euterpe precatoria* e *Manicaria saccifera* servem também de fonte para essas larvas.

[106] Larvas oriundas do tronco desta espécie são também consumidas pelos Shuar do Equador (Bennett *et al.*, 2002).

Foto 19. Frutos da palmeira tucumã (*Astrocaryum aculeatum*, *ëri si*) parcialmente roídos por cutias. (W. Milliken, 1987)

Foto 20. Tronco de uma árvore de *Jacaratia digitata* (*rihuwari si*) em decomposição. A extremidade cortada foi obstruída por uma barreira de paus para impedir que tatus entrem e comam as larvas que estão se desenvolvendo no seu interior. (W. Milliken, 1995)

da família dos Nymphalidae, da subfamília dos Brassolinae) que são colhidas em grandes quantidades no tronco de uma ávore de nome derivado, *kaxa nahi* (*Inga* aff. *scabriuscula*, segundo Lizot, 2004). Outras espécies são coletadas em cipós *Gouania frangulaefolia* (*wayawaya tʰotʰo*) e árvores *Protium fimbriatum* (*weyeri hi*) e *Vismia guianensis* (*siiriama sihi*), bem como em várias outras espécies vegetais, conforme a época. Os nomes de 12 lagartas comestíveis foram coletados durante nossa pesquisa em *Watorikɨ*. Lizot (1984:90-91) menciona 28 árvores cujas folhas servem de alimento para cinco tipos destas lagartas comestíveis de Lepidópteros. A lista inclui espécies dos gêneros *Anacardium*, *Ceiba*, *Licania*, *Micropholis*, *Pourouma*, *Protium*, *Sterculia*, *Swartzia*, *Talisia*, *Theobroma*, *Touroulia* e *Virola*.[107]

O mel proveniente de várias espécies de abelhas nativas sem ferrão, da subfamília dos Meliponini, é muito apreciado pelos Yanomami, não apenas pela variedade de sabores que oferece, mas também, em certos casos, por suas propriedades medicinais. Os nomes de 28 espécies de abelhas foram registrados em *Watorikɨ* durante nossa pesquisa,[108] e os habitantes da comunidade demonstraram possuir um conhecimento preciso a respeito do seu comportamento e dieta, associando cada uma a diversas espécies vegetais. Foi comentado, por exemplo, que as abelhas *õi* (*Trigona* sp.) visitam especialmente as árvores *Couratari guianensis* (*hotorea kosihi*), enquanto *Acacia polyphylla* (*kaihi anatihi*) atrai as abelhas *õi* e *yoi* (*Scapotrigona* sp.), e *Swartzia* sp. (*paira ahi*) tem a preferência das abelhas *yoi* e *maxopoma* (*Melipona* sp.). Contudo, a lista de abelhas nativas registrada em *Watorikɨ* está longe de ser exaustiva. Durante nossa pesquisa posterior na região de Homoxi foram coletados, novamente com colaboradores Yanomami e de maneira não sistemática, quarenta tipos de Meliponini.[109]

Informações mais recentes, fornecidas por Davi Kopenawa, confirmam a grande riqueza do conhecimento ecológico Yanomami neste contexto. As flores das árvores *Swartzia* sp. (*paira ahi*) e *Manilkara huberi* (*xaraka ahi*) foram, assim, mencionadas como as preferidas pelas abelhas *maxopoma*, *yoi*, *hʷaxiaxi* (*Tetragona* sp.), *tima* (*Trigona* sp.) e *koxoro* (*Trigona* sp.). Outras árvores associadas a espécies de abelhas particulares incluem *Inga acreana* (*pahi hi* – seis espécies), *Martiodendron* sp. (*rapa hi* – cinco espécies), *Aspidosperma* sp. (*rahaka mahi* – cinco espécies) e *Bombacopsis* sp. (*makuta asihi* – quatro espécies). As inflorescências de várias árvores são também consideradas atrativas para todos os tipos de abelhas como fonte de mel e pólen, como é o caso das flores de *Hymenaea parvifolia* (*ãro kohi*), *Helicostylis tomentosa* (*xopa hi*), *Inga edulis* (*krepu uhi*), *I. sarmentosa* (*pooko hi*) e *Pseudolmedia laevigata* (*hayi hi*). Outras ainda, como *Oenocarpus bacaba* (*hoko si*), *Mauritia flexuosa* (*rio kosi*), *Micropholis melinoniana* (*apia hi*) e *Protium fimbriatum* (*weyeri hi*) foram citadas como fonte de cera para favos, enquanto *Anacardium giganteum* (*oruxi hi*), *M. flexuosa* (*rio kosi*) e *Spondias mombin* (*pirima ahɨtʰotʰo*) foram mencionadas como fonte de mel amargo ou azedo.

[107] Outra árvore, *Vochysia ferruginea*, é ainda mencionada em Lizot (2004) como planta hospedeira de uma espécie de lagarta (*kraya*) e, segundo Mattei-Muller (2007), *Tapirira guianensis* hospeda também lagartas comestíveis de uma espécie chamada *wãteoma*. Shepard (2006), por sua vez, menciona *Brosimum rubescens* como fonte de lagartas comestíveis entre os Yanomami de Marari (Amazonas).

[108] Vinte dessas abelhas foram apontadas como produtoras de um mel "doce" e seis de um mel "azedo" (duas não foram objeto de comentários).

[109] Relatório inédito de E. Souza Pereira, então coordenador do Projeto ambiental da CCPY (abril de 2002).

Esses dados preliminares deixam claro, portanto, que as pesquisas etnoentomológicas aprofundadas entre os Yanomami resultariam certamente em informações de grande valia para entomologistas, ecologistas e biólogos especialistas em polinização.

Pesca

Não existe nenhum rio de grande porte nas proximidades imediatas da aldeia de *Watorikɨ* e a maior parte dos peixes consumidos é capturada em pequenos igarapés e áreas pantanosas.[110] Os peixes são pequenos e sua captura é efetuada com linha e anzol ou pelo uso de timbó (veneno vegetal) lançado nas águas (técnica descrita em Lizot, 1972). Os Yanomami fazem uso de uma considerável diversidade de espécies vegetais como venenos de pesca (ao menos 23), e a diferença entre as plantas usadas numa comunidade ou em outra relaciona-se com a sua disponibilidade regional e com preferências locais. Os homens mais velhos da comunidade relatam que antes da introdução de anzóis de aço se pescava com anzóis de osso de tatu-galinha (*Dasypus novemcinctus*) ou dos espinhos curvos de *Uncaria guianensis* (Foto 21) e linhas de fibras de *Ananas* sp. ou de *Cecropia* sp. Segundo Mattei-Muller (2007), os frutos de certas plantas, como *Spondias mombin*, podem ser usados como iscas para espécies frugívoras. Nos igarapés, a colocação de timbó na estação da seca é uma atividade normalmente realizada por grupos de mulheres e é bastante produtiva.[111] Contudo, o uso indiscriminado de venenos de pesca nos mesmos lugares poderia comprometer as populações de peixes; assim, os Yanomami zelam para manter períodos de repouso entre as aplicações dessa técnica.

Foto 21. Espinhas curvas de *Uncaria guianensis* (*ërama tʰotʰo*), um cipó comum, utilizadas no passado como anzóis para pesca. (W. Milliken, 1993)

Nove espécies de plantas usadas como venenos de pesca foram registradas na aldeia de *Watorikɨ* e, posteriormente, uma no Tootobi[112] e quatro em Homoxi. A planta de uso mais comum é *Clibadium sylvestre*, *koaaxi hanakɨ* (Foto 22), cultivada nas roças e nos arredores da casa coletiva. Grandes quantidades de suas folhas são levadas pelas mulheres até as proximidades dos igarapés, onde são,

[110] Entretanto, expedições coletivas de pesca de longa duração são ocasionalmente conduzidas num afluente do rio Demini, o Ananaliú, situado a 19 km de *Watorikɨ*, onde são encontrados peixes de grande porte que são moqueados e trazidos de volta para a aldeia (*vide* Albert e Le Tourneau, 2007).

[111] Só alguns homens participam dessa pesca com venenos vegetais, principalmente no bater e no amassar dos vegetais, cipós ou folhas usados para este fim.

[112] Maria-Inês Smiljanic, comunicação pessoal.

então, socadas com um bastão num buraco aberto no solo a fim de liberar o suco que contém seu agente químico ativo. A polpa resultante (misturada com terra) é colocada num cesto, transportada para o igarapé e agitada na correnteza pelos homens. Mais a jusante, em fila, as mulheres aguardam para retirar os peixes asfixiados da água com cestas em ponto aberto, enquanto outros são flechados por homens e crianças. A potência deste veneno de pesca pode ser intensificada com a adição da casca rica em látex de *Tabernaemontana sananho* (*tʰoru hʷatemohi*) ou *T. angulata* (*ãkia hi*). A *T. angulata* não é encontrada na floresta ao redor da aldeia *Watorikɨ*, mas é bastante comum na região das terras altas antes habitada pelo grupo. Outra espécie cultivada comumente utilizada como veneno na pesca é *Phyllanthus brasiliensis* (*parapara hi*).[113] Além disso, em Toototobi, folhas e frutos da pimenta-malagueta (*Capsicum frutescens*) são frequentemente utilizados em associação com *Clibadium sylvestre*.

Além dessas plantas cultivadas, várias espécies silvestres são também utilizadas como veneno de pesca pelos Yanomami, sendo a maioria cipós, como *Abuta rufescens* e *A. imene* (ambas denominadas *paari makasi tʰotʰo* em Homoxi),[114] *Banisteriopsis lucida* (*xirixiri ãtʰe*), *Lonchocarpus* cf. *chrysophyllus* (*xina ãtʰe*), *L. utilis* (*kutʰa ãtʰe*) e *Serjania grandifolia* (*xokopë ãtʰe*). A casca de *Cedrelinga cateniformis* (*ãpuru uhi*), grande árvore da floresta, também é empregada para esta finalidade, bem como *Licania* cf. *kunthiana* (*pesi a*), na região de Homoxi. Todos esses vegetais lenhosos são batidos e amassados com um pau sobre um tronco abatido até liberarem seus sucos ativos. Gertsch *et al.* (2004) observaram também o uso da casca de *Annona* sp. como veneno de pesca no Alto Orinoco.[115] Já Mattei-Muller (2007) menciona outras quatro espécies usadas pelos Yanomami da Venezuela entre as quais *Parkia pendula* (casca pulverizada), *Guarea pubescens* (casca misturada com *Lonchocarpus negrensis*) e *Tephrosia sinapou* (uma planta cultivada na região do rio Padamo).[116]

Lizot (1984), por sua vez, relata a utilização de frutos não maduros (ricos em saponinas) de *Caryocar pallidum* para envenenar peixes, apesar de, segundo Mattei-Muller (2007), se tratar de um veneno considerado como relativamente fraco e, por isso, usualmente utilizado em combinação com *Phyllanthus piscatorum*. Registramos, durante a pesquisa em Homoxi,

[113] Gertsch *et al.* (2004) registraram o uso de *Phyllanthus piscatorum*, uma espécie muito próxima, entre os Yanomami do Alto Orinoco. Várias precauções rituais são associadas nesta região à preparação e ao uso deste veneno de pesca a fim de garantir sua eficácia, incluindo a proibição de urinar na água ou de ter relações sexuais na véspera de uma expedição de pesca. Esta planta tem, além disso, vários usos medicinais, como o tratamento das afecções cutâneas e de feridas de flechas infectadas (sobre o uso de veneno de pesca em feridas *vide* também Valero, 1984). As mulheres, às vezes, até imergem na água envenenada dos igarapés durante as expedições de pesca para se livrar de candidíase vaginal. Extratos desta planta demonstraram ter significativas propriedades fungicidas que comprovam a validade deste uso.

[114] *Abuta rufescens* (*werehe tʰotʰo*) é usada como antimalárico em Xitei, e *Abuta imene* (*mãokori sinatʰotʰo*) é mencionada como ingrediente na preparação do curare em *Watorikɨ*.

[115] Várias espécies de *Annona* são usadas como veneno de peixe em diversas regiões do mundo. Considera-se que seu efeito ictiotóxico é causado pelos alcalóides que contêm (Acevedo-Rodríguez, 1990).

[116] A maior parte desses registros corresponde a usos similares observados em outras regiões. A *Tephrosia sinapou*, que contém rotenona e tefrosina, é amplamente usada como veneno de pesca no noroeste da Guiana (Andel, 2000b). Algumas espécies de *Parkia* (por exemplo, *P. biglobosa*) são utilizadas para a mesma finalidade na África (Igoli *et al.*, 2005) e várias espécies de *Guarea* são conhecidas por ter propriedades tóxicas, entre elas *Guarea macrophylla*, usada pelos Jarawara e Jamamadi da Amazônia ocidental no Brasil como veneno para pontas de flecha (Prance, 1978).

um uso similar dos frutos e da casca de *Caryocar glabrum* (*ruamoxi hi*).[117] Esse procedimento corresponde ao uso de diversas outras espécies de *Caryocar* para este mesmo fim pelos Maku, Tukano e outros grupos do noroeste da Amazônia (Prance, 1990; Kawanishi e Raffauf, 1996). Finalmente, Valero (1984) e Cocco (1987) mencionam, na mesma região estudada por Lizot, o uso de frutos de liana *Clusia* sp. (*kree* ou *kreema natoshi* em Lizot, 2004).

O uso como venenos de pesca de *Clibadium sylvestre*, *Phyllanthus brasiliensis*, *Lonchocarpus* spp. e *Serjania grandiflora* é bastante difundido por todo o norte da Amazônia e nas Guianas. A exploração continuada e maciça dos cipós de gênero *Derris* (*Lonchocarpus*) pelos Ka'apor da Amazônia oriental vem, aliás, provocando o esgotamento dessas plantas silvestres nas imediações das aldeias mais antigas, o que tende a estimular o uso mais intenso da espécie cultivada *Clibadium sylvestre* (Balée, 1994). Num abrangente levantamento realizado por Acevedo-Rodríguez (1990), foi registrado um total de 935 espécies de plantas utilizadas como veneno de pesca, 10 de *Clibadium*, 12 de *Phyllanthus*, 33 de *Lonchocarpus* e 57 de *Serjania*.

Foto 22. Plantação numa roça nova. No primeiro plano à direita da foto, o veneno de pesca *Clibadium sylvestre* (*koaaxi hanakɨ*). (W. Milliken, 1998)

Os cipós *Lonchocarpus* produzem uma classe de substâncias isoflavonóidicas relacionadas à rotenona, citotóxico que perturba o processo respiratório dos peixes no nível mitocondrial (Fukami *et al.*, 1967). No caso do gênero *Serjania*, o efeito é provocado pela atividade de saponinas encontradas no caule, que alteram a tensão da superfície das águas e, assim, bloqueiam

[117] Foi mencionada também, neste contexto, a possibilidade de misturar frutos verdes de *ruamoxi hi* com cipó *Abuta rufescens* (*paari makasi tʰotʰo*) triturado. A prática de misturar vários venenos de pesca é bastante comum: Mattei-Muller (2007) relata também o uso de uma mistura de frutos de *Caryocar microcarpum* com casca de *Cedrelinga cateniformis* e de outra de *Cedrelinga* com *Lonchocarpus negrensis*.

a respiração nas brânquias. De maneira geral, as saponinas são encontradas em abundância em plantas da família das Sapindaceae, e muitas delas são aproveitadas como veneno de pesca. O princípio ictiotóxico de *Clibadium sylvestre* deve-se à presença de ácidos poliacetilênicos do tipo ictiotereol (Czerson *et al.*, 1979), enquanto o de *Phyllanthus brasiliensis* é, mais provavelmente, associável a lignanas (Grenand *et al.*, 1987). *Capsicum frutescens* é utilizada como ingrediente de um veneno aplicado em pontas de flecha pelos Waiãpi, da Guiana Francesa (Grenand *et al.*,1987).

O levantamento de Acevedo-Rodríguez não inclui espécies do gênero *Banisteriopsis* e é possível que o presente estudo constitua o primeiro registro do seu uso como veneno de pesca. Assim sendo, o mecanismo de sua atuação é ainda desconhecido. Sabe-se, porém, que este gênero é rico em compostos bioativos, tais como alcalóides, polifenóis e saponinas, e que várias de suas espécies são utilizadas como alucinógenos (Schultes e Raffauf, 1990).[118]

Tabela 7. Plantas usadas como veneno de pesca pelos Yanomami

Família	Espécie
Leguminosae (6)	*Cedrelinga cateniformis*
	Lonchocarpus negrescens/utilis/chrysophyllus
	Parkia pendula
	Tephrosia sinapou
Caryocaraceae (3)	*Caryocar pallidum/microcarpum/glabrum*
Apocynaceae (2)	*Tabernaemontana sananho/angulata*
Menispermaceae (2)	*Abuta imene/rufescens*
Phyllanthaceae (2)	*Phyllanthus brasiliensis/piscatorum*
Annonaceae (1)	*Annona* sp.
Asteraceae (1)	*Clibadium sylvestre*
Chrysobalanaceae (1)	*Licania* cf. *kunthiana*
Clusiaceae (1)	*Clusia* sp.
Malpighiaceae (1)	*Banisteriopsis lucida*
Meliaceae (1)	*Guarea pubescens*
Sapindaceae (1)	*Serjania grandiflora*
Solanaceae (1)	*Capsicum frutescens*

São poucas as referências ao uso do gênero *Tabernaemontana* como veneno na pesca. A *Tabernaemontana muelleriana*, uma espécie bem próxima às usadas pelos Yanomami, é empregada pelos Bora do Peru (Denevan e Treacy, 1987), e uma outra espécie do mesmo gênero é utilizada nas Ilhas Canárias (Acevedo-Rodríguez, 1990). Sabe-se também que o gênero contém um amplo espectro de alcalóides e outras substâncias químicas bioativas (inclusive glicosídeos cardíacos) e que a várias dessas espécies são atribuídas propriedades tóxicas ou medicinais (Schultes e Raffauf, 1990). Glicosídeos cardíacos de outras fontes vegetais são usados como venenos de pesca em outras regiões (Acevedo-Rodríguez, 1990).

Apesar de não constar qualquer referência na literatura acerca do uso da casca de *Cedrelinga cateniformis* na pesca com timbó, há menção do uso pelos Waimiri Atroari de uma grande árvore leguminosa (não identificada) para essa finalidade (Milliken *et al.*, 1992). Essa árvore foi posteriormente identificada como *C. cateniformis*;[119] entretanto seus princípios ativos

[118] Fonte do potente alucinógeno conhecido como *ayahuasca*.

[119] R. Miller, comunicação pessoal.

ainda não foram identificados. O uso do cipó *Abuta* como veneno de pesca também não é comum, ainda que exista um registro do uso de *Abuta imene* para este fim entre os Patamona da Guiana (Tiwari, 1999). Não achamos outros registros de uso de espécies de *Licania* ou *Clusia* como venenos de pesca.

Plantas usadas para construção

Abrigos temporários

O tipo mais básico das construções yanomami é o abrigo temporário *naa nahi*, montado na floresta por grupos em viagem durante expedições de caça e/ou coleta de longa duração ou perto num sítio agrícola novo, na espera de construção de uma casa coletiva. Tais estruturas provisórias sempre tiveram um papel fundamental para os Yanomami que, como vimos, passavam tradicionalmente entre dois terços e metade do ano acampados na floresta. O *naa nahi* consiste de um teto formado de uma grade inclinada de varas finas coberta de folhas, sustentada por uma estrutura triangular de postes e vigas amarrados com cipós ou laços de cascas fibrosas.[120] Tem tamanho suficiente para dar abrigo a uma pequena família em volta de uma fogueira. O caráter temporário desse abrigo dispensa a escolha cuidadosa de materiais para sua construção. Dessa forma, são geralmente utilizadas como material de cobertura grandes folhas de *Phenakospermum guyannense* (*ruru asi*), de *Heliconia* spp. e de *Calathea* spp. (e, mais raramente, pequenas folhas de *Geonoma baculifera* (*paa hanakɨ*), usadas para a cobertura da casa coletiva).[121] Para estruturas de maior porte e durabilidade, as grandes folhas de Heliconiaceae, Marantaceae e Strelitziaceae seriam inadequadas por causa de sua tendência de enrolar, rachar e se degradar rapidamente. O material usado na amarração das vigas destes abrigos temporários pode também ser de qualidade inferior, como é o caso do cipó *Bauhinia guianensis* (*tuwakarama tʰotʰo*). Finalmente, são colocadas nos seus telhados folhas de palmeiras e galhos (*hõrohõro kɨkɨ*) para manter as folhas da cobertura juntas.

Estrutura e composição da casa coletiva

As casas coletivas tradicionais dos Yanomami (*yano* ou *xapono*) são usualmente de forma cônica (*yano komi*), de telhado praticamente fechado, quando menores, ou troncônica (*yano matʰa*), quando maiores, e o tamanho da abertura central (a "boca da casa", *yano kahikɨ*) varia proporcionalmente ao diâmetro da construção. Nas casas coletivas menores, a abertura na parte superior do telhado (*yano a oraka*) pode ser reduzida ao mínimo de uma pequena abertura (ou mesmo fresta) para deixar escapar a fumaça ou elaborada na forma de um tipo de chaminé de palha (Foto 23). Nas casas maiores,

120 Lizot (1984) apresenta um desenho detalhado com medidas e nomes yanomami de seus componentes. *Vide* também Gasparini e Margolies (2004: Fig. 5 e 7).

121 Mattei-Muller (2007) menciona também o uso ocasional de palmeiras *Iriartea deltoidea* e *Desmoncus polyacanthos* na cobertura desses abrigos temporários e aponta especificamente para a utilização de madeira de *Lindackeria paludosa*, uma árvore comum do sub-bosque, para a construção de sua estrutura.

Foto 23. Uma casa coletiva yanomami em Palimiú, Alto Rio Uraricoera. (W. Milliken, 1993)

essa abertura pode tomar a forma de uma praça central (*yano a mɨamo*). A configuração típica das casas coletivas yanomami troncônicas já foi descrita em detalhes por Chagnon (1968), Cocco (1987), Fuerst (1967) e Lizot (1984), bem como, mais recentemente, por Gasparini e Margolies (2004). A casa de *Watorikɨ* é uma variante deste modelo (Foto 24).

Efetuamos em 1994 um levantamento sistemático dos materiais e das técnicas empregados na construção da casa de *Watorikɨ*. De fato, apesar de as casas "fechadas" serem mais comuns entre os Yanomami orientais, sobretudo nas terras altas, a estrutura deste grande *yano* proporciona um excelente exemplo da arquitetura yanomami. Consiste de uma vasta estrutura anular coberta de aproximadamente 80 m de diâmetro, com uma pequena parede externa e uma vasta praça central. Foi edificada em uma clareira ampla o suficiente para garantir sua proteção contra uma eventual queda de grandes árvores da mata adjacente (*yano a roxi*).

A parede externa, de cerca de 1,25 m de altura, comporta quatro aberturas principais para o exterior da casa, isoladas das áreas adjacentes de convivência por pequenas paredes de pranchas de paxiúba (*Socratea exorrhiza*, *manaka si*), formando, assim, pequenos corredores. Essas portas principais (*pata yoka*), designadas de acordo com os lugares para onde dão acesso, são *poriyo yoka*, "portas de caminho" (Figura 1, pág. 76). Assim, *hutu yoka* é uma "porta da roça", *mãu uka yoka*, uma "porta-da-água" (que leva ao igarapé), *rama yoka* uma "porta de caça", *h^{w}ama yoka* uma "porta de convidado" (onde chegam os visitantes de aldeias aliadas), *napë yoka* é uma "porta de estrangeiro" (que leva ao posto de saúde). Existe ainda, ao redor do *yano*, um grande número de portas menores (*wai yoka*), usadas no dia-a-dia das famílias que vivem próximas a elas para ter

Foto 24. A casa coletiva de *Watorikɨ* e afloramento granítico ao fundo. (W. Milliken, 1993)

acesso à clareira que circunda a casa. O piso da casa é de terra batida, e a considerável quantidade de água que pode se acumular na área da praça central durante as fortes tempestades é escoada para fora por meio de dois canais de drenagem.

O telhado do anel que forma o yano é constituído de duas vertentes: uma vertente principal que cobre a área de habitação e se inclina para a clareira externa e outra, secundária, que se inclina para a praça interior, no centro da casa. O teto externo sobrepõe-se um pouco ao interno (culmina a cerca de 5 m de altura), prevenindo a entrada de chuva pelo pequeno espaço que os separa e permitindo que a fumaça das fogueiras escape livremente (Foto 25).

A área coberta pelo telhado principal (externo) tem aproximadamente 10 m de largura, dos quais um pouco menos da metade é usada como espaço residencial, ocupado por conjuntos de redes no entorno das fogueiras e por moquéns e prateleiras nos quais comidas e pertences são guardados. Essa área de habitação é subdividida em três faixas concêntricas (Figura 1).

A primeira é o espaço situado entre as redes das mulheres e a parede externa da casa (*yano a xikã*): trata-se de uma área onde se armazenam lenha, água, cestos e alimentos a serem processados e onde se encontram prateleiras de pranchas de *Euterpe precatoria* com os utensílios e objetos de uso cotidiano da família (*maima sikɨ*). A área contígua constitui o espaço familiar propriamente dito onde são amarradas as redes dos casais e de seus filhos ao redor da fogueira (*nahi a*) e, acima, plataformas para guardar bananas (*koraha ɨrakɨ*) e objetos mais volumosos (como cana-de-flechas e bastão de cavar). O espaço entre as fogueiras e a praça central (*yano a heehã*) é, por sua vez, mantido livre a fim de ser usado para atividades

Figura 1. A casa de *Watorikɨ*, seus espaços concêntricos, portas e trilhas principais

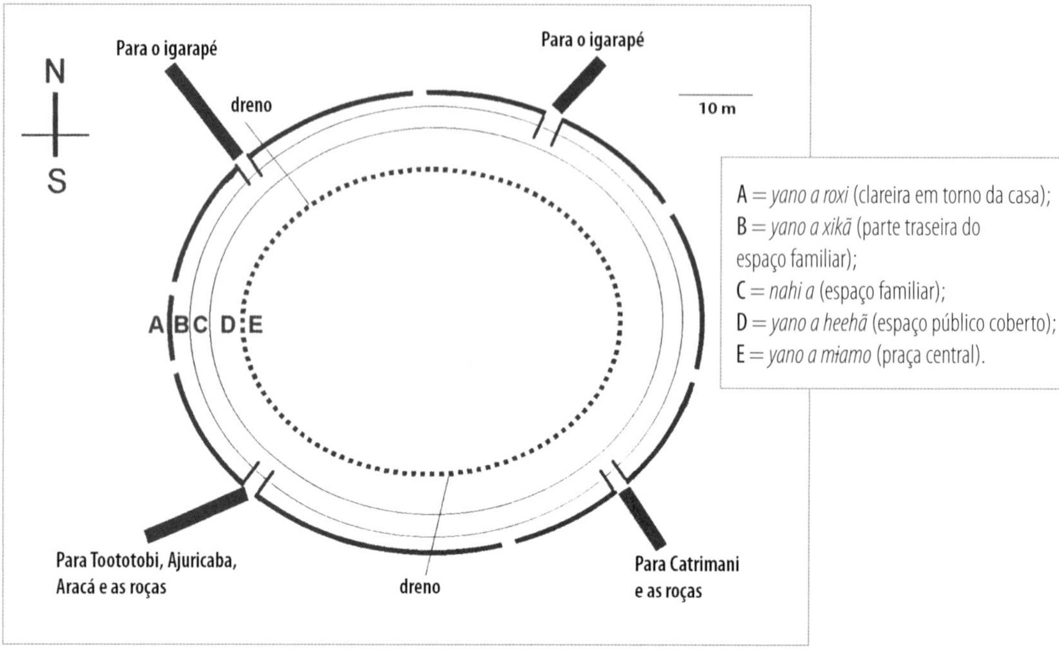

coletivas e rituais (dança de apresentação dos convidados, preparativos de comidas cerimoniais, xamanismo, reuniões masculinas), além de servir a todos de corredor de circulação. A praça central do *yano*, que também possui um uso ritual durante as festas funerárias que celebram as alianças interaldeãs (*reahu*), serve no dia-a-dia de área de jogo para crianças menores e para adolescentes amantes de futebol.

A parede externa da casa protege seus moradores do vento e do ar frio da noite, sua vasta praça interna permite a penetração da luz, enquanto seu alto telhado mantém uma temperatura amena, mesmo nos dias mais quentes, além de propiciar uma penumbra aprazível nas áreas de morada familiar. Ao todo, o interior do *yano* de *Watorikɨ* suscita uma agradável impressão de amplitude e arejamento que torna essa estrutura de casa coletiva um espaço de convivência confortável e acolhedor.

Durante o processo de cobertura do telhado são montados andaimes (*yano ɨrakɨ*) em cada seção familiar da casa. O teto é então revestido com folhas da pequena palmeira rasteira *Geonoma baculifera* (*paa hanakɨ*), reconhecíveis pelo seu formato de rabo de peixe. São dobradas ao meio e fixadas ("tecidas") pelo pecíolo, estreitamente sobrepostas uma a outra, em ripas de tronco de *Socratea exorrhiza* (*yano manaka kɨ*). Essas ripas são, por sua vez, amarradas aos caibros do telhado com cipó *Heteropsis flexuosa*, *masi kɨkɨ* (*vide* Fuerst, 1967 para ilustrações). O cipó *Heteropsis* (também usado na cestaria) é o principal material de amarração utilizado na construção da casa. Contudo, foi-nos informado que as raízes aéreas da trepadeira epifítica *Thoracocarpus bissectus* (*yãri tʰotʰo*) e lianas *Callichlamys latifolia* e *Arrabidaea* sp. (ambas nomeadas *matʰo tʰotʰo*) podem também servir para essa finalidade.

Foto 25. A praça central da casa de *Watorikɨ*, mostrando sobreposição entre o teto exterior e interior, por onde sai a fumaça dos fogos de cozinha. (W. Milliken, 1993)

Para cobrir um metro quadrado de teto são necessárias aproximadamente 160 folhas de *Geonoma*. Estima-se, assim, que tenham sido utilizadas cerca de 500 mil folhas na cobertura de toda a estrutura da casa de *Watorikɨ*. Para evitar o deslocamento ou a danificação das folhas por ventanias, são colocadas sobre a cobertura de *Geonoma* folhas de palmeiras de grande porte, tais como *Attalea maripa* (*õkorasi si*) e *Oenocarpus bataua* (*kõanari si*).

A Tabela 8 apresenta a relação quantitativa das 52 espécies vegetais aproveitadas como peças do madeiramento (*nahikɨ*) da casa coletiva de *Watorikɨ*, assim como as formas de sua utilização. A Foto 26 e a Figura 2 mostram sua localização na estrutura da casa.

Na escolha da madeira dos caibros, as peças devem ter um comprimento apropriado (aproximadamente 9 m para o teto exterior), serem retas, resistentes e leves. As árvores mais adequadas para fornecer essas peças são as das famílias das Annonaceae, Myristicaceae e (em alguns casos) Leguminosae, por conta de suas estruturas típicas.[122] As Annonaceae e as Myristicaceae respondem por cerca de 81% dos 867 caibros registrados (64% e 17%, respectivamente). Um considerável número de árvores novas da espécie *Tachigali myrmecophila*, *kãtãe nahi* (Leguminosae) também foi utilizado.

[122] Hallé *et al.* (1978) enquadram *Iryanthera* e *Virola* (Myristicaceae) no modelo Massart de arquitetura de árvore; *Xylopia* (Annonaceae), no modelo Roux; enquanto *Tachigali* e *Sclerolobium* (Leguminosae) são enquadradas no modelo Petit. Todas são definidas como tendo "eixos de tronco monopodiais ortotrópicos com ramos plagiotrópicos" (ou seja, troncos retos com ramos horizontais).

As árvores preferidas para os caibros (*araotima nahikɨ*) são do gênero *Xylopia*, ao qual pertencem 53% do total dessas vigas utilizadas no telhado da casa e 71% das usadas na sua vertente exterior. Essa variação nos números explica-se pelo fato de o teto externo de *Watorikɨ* (à direita na Foto 26 e na Figura 2), o mais importante por cobrir a área residencial, ter sido construído primeiro. Assim, quando da construção do teto interno (à esquerda na Foto 26 e na Figura 2), as árvores *Xylopia* (*yão nahi*) já estavam escassas nas redondezas da aldeia, o que explica a maior proporção de outras espécies (principalmente *Iryanthera* spp., *sikãri a*) nesta vertente do telhado.

As vigas de sustentação que formam os círculos (*nahikɨ mamo*) sobre as quais são amarrados os caibros também precisam ser finas e resistentes mas, de modo geral, podem ser bem mais curtas que estes. A maioria das espécies antes mencionadas é considerada apropriada para cortar essas vigas e, mais uma vez, há, entre elas, uma forte representação de *Xylopia* e *Tachigali*. Entretanto, já que essas peças não precisam ser tão longas, algumas espécies mais duras (normalmente aproveitadas como postes) foram igualmente utilizadas. A exigência de maior resistência, porém, fez com que certas espécies, como *Iryanthera* e *Virola*, fossem descartadas.

O madeiramento do teto é sustentado por uma estrutura de quatro anéis concêntricos de postes, entre os quais três têm uma importância estrutural fundamental. Estes postes (*hehãotima kɨkɨ* e *xatiatima kɨkɨ*) devem ser particularmente sólidos e, por terem suas bases enterradas no chão, resistentes ao apodrecimento. Dos 185 postes de madeiras densas escolhidas para formar os três anéis interiores da casa de *Watorikɨ*, 97% são de árvores das quatro famílias seguintes: Sapotaceae (45,5%),

Tabela 8. Inventário dos componentes de madeira da casa de *Watorikɨ* listados por famílias e espécies de árvore

[Os números das colunas correspondem aos números dos componentes indicados na Figura 2]

Famílias	Espécies	Caibros		Vigas de sustentação				Vigas de cumeeira		Postes				Total
		1	2	3	4	5	6	7	8	9	10	11	12	
Annonaceae	*Anaxagorea acuminata*	1												1
	Duguetia lepidota	4			6									10
	Fusaea longifolia	1	2	4	3	6							2	18
	Guatteria sp.	47	44	1		3	1	2						98
	Xylopia sp.	366	91	24	34	16	10	17	12					570
Apocynaceae	*Aspidosperma* sp.				1	1	1						1	4
Arecaceae	*Bactris maraja*	1	1											2
	Socratea exorrhiza							9						9
Bignoniaceae	*Tabebuia capitata*											1		1
Burseraceae	*Protium fimbriatum*	1												1
Cecropiaceae	*Pourouma ovata*	2	2											2

Foto 26. Interior do *yano* de *Watorikɨ*. (W. Milliken, 1993)

Figura 2. Interior do *yano* de *Watorikɨ*. Os números correspondem aos componentes listados na Tabela 8. (desenho de J. Rutherford)

Famílias	Espécies	Caibros		Vigas de sustentação				Vigas de cumeeira		Postes				Total
		1	2	3	4	5	6	7	8	9	10	11	12	
	Pourouma tomentosa ssp. *persecta*		3											5
Chrysobalanaceae	*Couepia caryophylloides*		6			1							23	30
	Licania heteromorpha	3	5					1						9
	Licania kunthiana		3											3
	Licania cf. *polita*	2	11											13
Elaeocarpaceae	*Sloanea macrophylla*		1											1
Euphorbiaceae	*Croton matourensis*	1							1					2
	Maprounea guianensis		1											1
	Pogonophora schomburgkiana	1										2		3
Lauraceae	*Aniba riparia*	2	5			5	4		3		8	4	25	56
	Licaria aurea		1											1
	Nectandra sp.	1												1
Lecythidaceae	*Eschweilera coriacea*												1	1
Leguminosae	*Centrolobium paraense*									17	15	23	6	61
	Martiodendron sp.		1									1		2
	Tachigali myrmecophila	58	30	7	2	10	10	11	4				4	136
	Zollernia paraensis										1			1
Meliaceae	*Trichilia watorikensis*					1							7	8
Moraceae	*Pseudolmedia laevis*								1					1
Myristicaceae	*Iryanthera laevis / juruensis*	20	129			2		1	15				7	174
	Virola elongata	2	3											5
Myrtaceae	*Eugenia flavescens* vel. aff.			1	6		1			4	2	1	75	90
	Eugenia sp.												1	1
	Myrcia sp.	1		3	3	5				12	3	4	32	63
Quiinaceae	*Quiina florida* vel aff.	1		2	3						1			7
Rubiaceae	*Duroia eriopila*	1					2			2			2	7
Salicaceae	*Casearia guianensis*		3			1		1	2				10	17
	Casearia javitensis		3											3

Famílias	Espécies	Caibros		Vigas de sustentação				Vigas de cumeeira		Postes				Total
		1	2	3	4	5	6	7	8	9	10	11	12	
Sapotaceaae	*Chrysophyllum argenteum*										1		11	12
	Manilkara huberi		1							12	22	43		78
	Pouteria caimito										1			1
	Pouteria cladantha	2	2	1		2				3	2		3	15
	Pouteria hispida												1	1
	Pouteria venosa ssp. *amazonica*												7	7
Siparunaceae	*Siparuna decipiens*					1							12	13
Violaceae	*Amphirrhox surinamensis*												55	55
	Rinorea lindeniana		1										23	24
Não-identificadas				1			2							3
		518	349	44	58	54	32	32	47	50	56	79	308	1.627

Leguminosae (31%), Myrtaceae (14%) e Lauraceae (6,5%). As espécies mais representadas são *Manilkara huberi*, *xaraka ahi* (42% dos postes) e *Centrolobium paraense*, *hewë nahi* (30%). No anel de pequenos postes (*xikãatima kɨkɨ* ou *t*^{h}*onahima kɨkɨ*), que forma a estrutura da parede externa, encontra-se uma maior variedade de espécies (21), provavelmente porque esse anel é composto de um número muito maior de postes (308) e a resistência de cada um deles é de menor importância.

A parede exterior da casa pode ser formada de pranchas de paxiúba (*Socratea exorrhiza*) ou ainda da mesma espécie de folhas utilizadas no teto (Foto 28). Sua composição varia em diferentes trechos do seu perímetro, demonstrando a independência dos grupos familiares que lá residem. Os homens de cada família são, de fato, responsáveis pelo fechamento da parede de sua seção da casa (bem como, aliás, pela cobertura do seu telhado) e, portanto, o material utilizado pode, numa certa medida, variar de acordo com a preferência de cada um. Essa variedade nos materiais usados para a parede externa do *yano* pode refletir a experiência anterior dos moradores. Assim, os mais idosos, guardando lembranças de tempos de guerra, preferem geralmente paredes de paxiúba, à prova de flechas. Essas paredes são chamadas de *ãrãnakɨ*, mesmo nome que o das paliçadas exteriores usadas ao redor da casa como meio de defesa durante os ciclos guerreiros mais intensos entre aldeias.[123] Cocco (1987) e Smole (1976) descrevem o uso dessas paliçadas, hoje mais comuns na região da Serra Parima, na

[123] Constatamos a presença de tais paliçadas em casas abandonadas recentemente em Homoxi (2002). Sobre as atividades guerreiras atuais no centro histórico da área yanomami *vide* Pateo (2005).

Foto 27. Detalhe da cobertura do *yano* de *Watorikɨ*. (W. Milliken, 1993)

iminência de ataques inimigos. Finalmente, Fuerst (1967) descreve as paredes de uma casa coletiva da região de Toototobi compostas de uma camada interior feita de pranchas de paxiúba e de uma camada exterior de folhas *Geonoma*, servindo assim ao mesmo tempo de proteção contra as intempéries e os inimigos.

Um rápido levantamento durante a construção da casa coletiva de Tirei, na região de Homoxi (2002), demonstrou consideráveis diferenças na escolha de madeiras em comparação com a casa de *Watorikɨ*. As árvores mais usadas para os postes foram *Licania heteromorpha* (*horeto hi*), *Couepia caryophylloides* (*oko hi*), *Licania* cf. *polita* (*xihini hi*), *Swartzia schomburgkii* (*xotokoma hi*) e *Micropholis* sp. (*yawara hi*). Outra espécie considerada particularmente resistente e aproveitável para este fim foi *Mouriri guianensis* (*tɨhɨ hi*). Os caibros eram em sua maioria das espécies *Duguetia stelechantha* (*hapama hi*) e *Croton palanostigma* (*kotopari sihi*), que tendem a crescer finas e retas. *D. stelechantha* foi também frequentemente usada para vigas de sustentação, bem como *Myrcia* sp. (*warea xihi*). Para "tecer" as folhas de cobertura utilizaram-se ripas de caule de palmeiras *Iriartella setigera* (*horoma si*) e *Socratea exorrhiza* (*manaka si*). A parede externa da casa foi feita também de *S. exorrhiza*. Outras espécies empregadas no madeiramento da casa incluem *Chimarrhis* sp. (*xitoma hi*), *Eschweilera* spp. (*hoko tihi*), *Pouteria hispida* (*yawa xihi*), *Protium fimbriatum* (*kururi hi*) e *Virola* sp. (*sikasikari a*).

O levantamento de Fuentes (1980) sobre plantas utilizadas pelos Yanomami da Venezuela relaciona 11 nomes de árvores usadas na construção de casas. Nem todas elas foram identificadas, mas o estudo menciona espécies dos gêneros *Centrolobium*, *Duguetia*, *Eschweilera*, *Tabebuia* e *Tachigali*, todas também registradas durante nossa pesquisa, além de uma espécie

Foto 28. Uma das portas principais do *yano* de *Watorikɨ*. Observe a parede de folhas *Geonoma baculifera* (*paa hanakɨ*) à esquerda e a parede de pranchas de paxiúba (*Socratea exorrhiza*, *manaka si*) à direita. (W. Milliken, 1993)

da família Burseraceae. Quatro plantas utilizadas para amarração são também listadas, incluindo *Heteropsis* e *Cydista* (Bignoniaceae). Esta última não foi registrada em *Watorikɨ*, mas corresponde a outras lianas coletadas na região.

Durante suas viagens com os Yanomami das terras altas, o botânico G.T. Prance (comunicação pessoal) registrou um uso muito maior da madeira de *Eschweilera* spp. para fabricar postes do que foi observado em *Watorikɨ*, onde esta espécie é, de fato, pouco usada. Lizot (1984) cita oito espécies de árvores de uso preferencial pelos Yanomami de sua área de estudo na Venezuela, e a utilização eventual de mais oito espécies. Mais uma vez, a maioria dessas espécies não foi identificada, mas as que o foram incluem *Duguetia*, *Eschweilera*, *Tachigali*, *Guarea*, *Geissospermum* e *Pera*, as três últimas não tendo sido utilizadas na casa de *Watorikɨ*.[124]

Mudanças nos métodos de construção

De modo geral, diferenças em relação às plantas utilizadas pelos Yanomami na construção de suas casas são constatáveis em todas as regiões do seu território e, até certo ponto, resultam de questões de oportunidades[125] e, sobretudo, de variações florísticas locais. Assim, em função da migração dos antepassados dos habitantes de *Watorikɨ* das terras altas (*horepë a*) para as terras baixas (*yari a*) do território yanomami, no começo dos anos 1970, as espécies vegetais empregadas na construção do *yano* atual foram em grande parte diferentes das usadas no passado (Tabela 9). Entretanto, as diferenças regionais ou locais nos materiais e nas técnicas de construção yanomami podem também, muitas vezes, ser atribuídas a contingências históricas.

O *yano* de *Watorikɨ* parece, em termos de estrutura, bastante típico no contexto da tradição arquitetural yanomami. Contudo, a escolha das espécies vegetais e as técnicas arquiteturais empregadas na sua construção refletem também várias adaptações realizadas para atender a transformações recentes no modo de vida dos seus habitantes. Tradicionalmente, os Yanomami abandonavam suas casas após alguns anos, deslocando-se para uma nova área da floresta, principalmente como resposta ao esgotamento da caça nas proximidades da aldeia,[126] mas também em função do declínio da produtividade agrícola do sítio explorado[127] e, em certos casos, em razão de limitações na disponibilidade de terras apropriadas para a abertura de novas roças. Os habitantes de *Watorikɨ* tinham vivido durante aproximadamente cinco anos no seu *yano* anterior, antes de mudar, em 1993, para o local da sua aldeia atual, período que representa o tempo médio para a permanência de um grupo num sítio residencial, já que os deslocamentos das aldeias yanomami ocorrem geralmente após, no mínimo, dois a três anos (Good, 1989) e, no máximo, cinco a sete anos (Lizot, 1980).

No entanto, a partir desta última mudança, o grupo de *Watorikɨ* tomou a decisão de permanecer no seu novo sítio de residência por um período indeterminado. Tal decisão foi certamente motivada pelas perspectivas de acesso permanente

[124] Mattei-Muller (2007) relata também o uso de várias outras espécies entre as quais *Anaxagorea* spp., *Xylopia aromatica*, *Cordia polycephala*, *Pourouma cecropiifolia*, *Licania* sp., *Croton matourensis*, *Eschweilera* sp., *Dialium guianense*, *Diplotropis martiusii*, *Pterocarpus acapulcensis*, *Mouriri sagotiana*, *Euterpe precatoria*, *Oenocarpus bacaba* e *Theobroma* sp.

[125] A composição da floresta nas redondezas mais imediatas influencia certamente a escolha de materiais de construção (ou, de forma inversa, a localização da casa pode ser influenciada pela composição florística local). Nos quatro estudos etnobotânicos amazônicos discutidos em Prance *et al.* (1987), a proporção de espécies consideradas aproveitáveis para construção em um hectare de floresta variou de 2,9% (Panare) até 30,3% (Tembé). O grau de aproveitamento de espécies tradicionalmente "ideais" é determinado pela relativa abundância de tais espécies na área, pela vontade política de se ter uma casa "perfeita" e pela mão-de-obra e tecnologia disponíveis.

[126] A redução da produtividade da caça já é de 28% (kg/caçada) no segundo ano de ocupação de um sítio residencial (Good, 1989).

[127] O abandono de um sítio agrícola justifica-se pelo acréscimo de trabalho provocado pela limpeza da vegetação secundária e das plantas de cultivo degeneradas, pela distância crescente entre a parte produtiva das roças e as habitações e pelo decréscimo da fertilidade dos solos (Lizot, 1984; Hames, 1983b).

Tabela 9. **Algumas das espécies de árvores aproveitadas na construção pelos habitantes mais velhos de *Watorikɨ* quando ainda habitavam as terras altas**

Espécies	Nomes yanomami	Famílias
Aniba riparia	*tʰuë mamohi*	Lauraceae
Dialium guianense	*paroko xihi*	Leguminosae
Euterpe precatoria	*maima si*	Arecaceae
Licaria aurea	*hõko mahi*	Lauraceae
Maprounea guianensis	*yipɨ hi*	Euphorbiaceae
Martiodendron sp.	*rapa hi*	Leguminosae
Ocotea sp.	*iroma sihi*	Lauraceae
Pouteria sp.	*poxe mamokasihi**	Sapotaceae
Pouteria venosa	*mai konahi*	Sapotaceae
Quiina florida vel aff.	*naxuruma ahi*	Quiinaceae
Sclerolobium sp.	*paya hi*	Leguminosae

* Espécie preferida para a construção.

aos serviços dos postos da Funai e da CCPY (hoje da Funasa) situados nas proximidades (atendimento em saúde, bens de troca, radiofonia, transporte aéreo para a cidade). A comunidade precisou, portanto, adaptar seus critérios de seleção dos materiais de construção em função dessa opção por uma maior sedentaridade. Teve, por exemplo, de ser mais cuidadosa em relação à resistência dos postes ao apodrecimento, uma vez que estes tinham de durar mais tempo com suas bases fincadas no chão. Assim, não foi nenhuma coincidência a opção por postes de pau-rainha (*Centrolobium paraense*, *hewë nahi*) e maçaranduba (*Manilkara huberi*, *xaraka ahi*), espécies reconhecidas pelos madeireiros como particularmente resistentes à decomposição (Rizzini, 1971).

Contudo, a maior preocupação com materiais de construção, manifestada pelos habitantes de *Watorikɨ* nesse novo contexto, foi com a disponibilidade de folhas de ubim (*Geonoma baculifera*, *paa hanakɨ*) para renovar periodicamente as partes danificadas do vasto telhado da casa coletiva (Foto 29). A coleta de cerca de meio milhão dessas folhas para sua cobertura inicial foi uma tarefa considerável, e aparentemente *G. baculifera* pode levar tempo para se regenerar. As observações de Balée (1994) sobre a etnobotânica dos Ka'apor da Amazônia oriental parecem confirmar o risco de esgotamento destas palmeiras, uma vez que cita essa espécie como uma das duas diretamente ameaçadas de "extinção em âmbito microlocal" pelo seu uso por este grupo indígena. Assim, na floresta ao redor de algumas aldeias mais antigas dos Ka´apor, as *Geonoma* foram tão exploradas que hoje é preciso recorrer a outros gêneros de palmeira para a cobertura das casas. Gertsch *et al.* (2002) observaram, nesse contexto, que algumas comunidades Yanomami da região do Alto Orinoco começaram a usar folhas de *Attalea butyracea* por causa da insuficiência de folhas *Geonoma* para cobrir suas casas coletivas que se tornaram cada vez maiores. O aproveitamento dessas grandes e pesadas folhas de palmeiras impôs, ainda, a adoção de técnicas de cobertura completamente diferentes e até uma modificação e um reforço da estrutura subjacente do teto.[128]

A configuração do telhado do *yano* de *Watoriki* proporciona também um exemplo interessante da natureza dinâmica das técnicas de construção yanomami. As casas troncônicas anteriormente habitadas pelo grupo, como ainda é o caso na maioria das comunidades yanomami da região, possuíam apenas um teto principal inclinado para fora e uma parede exterior (Foto 30). O telhado interno da casa de *Watoriki*, inclinado para a praça central, que tem a vantagem de fornecer sombra durante tudo o dia,[129] foi uma inovação relativamente recente, emprestada dos Yanomami ocidentais da aldeia de *Kapirota u*, localizada no rio Jutaí, afluente do rio Demini.

Por sua vez, a técnica de "tecelagem" das folhas *G. baculifera* da cobertura da casa em ripas de paxiúba, *Socratea exorrhiza* (*vide* Fuerst, 1967), tão aparentemente tradicional, foi, de acordo com os mais velhos habitantes de *Watoriki*, adquirida no começo dos anos 1940 com trabalhadores indígenas (provavelmente Tukano) empregados do posto do SPI estabelecido na região do Alto Demini, quando uma equipe da Comissão Brasileira Demarcadora de Limites (CBDL) visitava a região. Naquela época, os antigos Yanomami utilizavam folhas de outra espécie de *Geonoma* para cobrir os tetos de suas casas (*G. deversa*,

Foto 29. Reparo da cobertura de folha *Geonoma baculifera* (*paa hanaki*) danificada no telhado de *Watoriki*. (W. Milliken, 1993)

[128] Fuentes (1980) faz a mesma observação em relação às folhas de palmeiras *Jessenia polycarpa* (=*Oenocarpus bataua*) na região do rio Ocamo. *Vide* também Gasparini e Margolies (2004) sobre as transformações das casas coletivas dos Yanomami ocidentais da Venezuela.

[129] Em casas sem teto interno a sombra pode ser proporcionada por folhas de bananeira ou, mais permanentemente, por esteiras de folhas de palmeira *Attalea maripa* (*õkaraxi ahiki*) penduradas no alto do teto.

Foto 30. Construção de uma casa secundária pelos habitantes de *Watorikɨ*.[130] (W. Milliken, 1998)

warama si). Essas folhas eram amarradas em extensões de cipó *Heteropsis* (e não em ripas de paxiúba), uma técnica ainda usada pelos Yanomami ocidentais (*vide*, por exemplo, Laudato 1998:68 Gasparini e Margolies 2004:114) e também comum entre os Ye´kuana, vizinhos dos Yanomami setentrionais (*Sanöma*). Observamos, na região de Homoxi, um uso similar das folhas de *G. macrostachys* var. *acaulis* (*taitaisi hanakɨ*) e *G.* cf. *interrupta* (*maraxi hanakɨ*).[131] A técnica de cobertura observável hoje em *Watorikɨ* foi, portanto, adotada somente há meio século, quando os pais e os avós dos membros do grupo atual migraram para as terras baixas, onde *G. baculifera*, de fato mais adequada para cobrir telhados, se encontra em abundância.

Finalmente, essa capacidade do modelo "tradicional" da casa yanomami de se reproduzir por meio de sucessivas inovações materiais, técnicas e arquiteturais, surgidas ao sabor dos deslocamentos e dos encontros históricos, constitui um exemplo

[130] Essa casa foi construída em 1995 num sítio de acampamentos de expedições de caça coletiva de longa duração (*Maxahipi u*), situado a 11 quilômetros de *Watorikɨ*. Tal iniciativa visava compensar a pressão sobre os recursos naturais ocasionada pelo novo sedentarismo do grupo e a melhor evidenciar sua ocupação efetiva da região num período de oficialização dos direitos territoriais yanomami (*vide* Albert e Le Tourneau, 2007). A casa (*yano torokoi*) foi abandonada no fim dos anos 1990, voltando o lugar a sua vocação de acampamento provisório.

[131] Gertsch *et al.* (2002) relatam que as folhas de *Geonoma maxima* e *Bactris simplicifrons* são aproveitadas na cobertura das casas dos Yanomami do Alto Orinoco na Venezuela. As folhas da espécie *B. simplicifrons* são similares em forma e tamanho às da *Geonoma* e devem ser usadas, provavelmente, da mesma maneira. Quando não há outras folhas disponíveis, utilizam-se também as de *Hyospathe elegans*. Já a espécie *Leopoldinia piassaba* é eventualmente empregada para cobrir casas não tradicionais ao redor da Missão Ocamo. Mattei-Muller (2007) registrou também em algumas locações o uso de folhas de palmeiras inajá (*Attalea maripa*), buriti (*Mauritia flexuosa*), caraná (*Mauritia carana*) e chambira (*Astrocaryum chambira*).

microestrutural – e talvez por isso emblemático – do processo de mudança na continuidade e de estabilidade na transformação que caracteriza todas as dimensões da sociedade e da cultura yanomami.

A construção yanomami no contexto amazônico

É possível observar várias semelhanças entre as escolhas dos Yanomami e as de outros povos indígenas da Amazônia no que tange às espécies de plantas aproveitadas na construção de suas casas. Na aldeia dos Waimiri Atroari de Maré, descrita por Milliken *et al.* (1992), por exemplo, os caibros eram de madeiras de diversas espécies de Annonaceae (inclusive *Xylopia* sp.), de Myristicaceae (inclusive *Iryanthera* spp.) e de *Tachigali myrmecophila*, as mesmas espécies empregadas em *Watorikɨ*. Para os principais postes de sustentação foi utilizada a madeira muito dura, flexível e resistente da grande árvore acariquara, *Minquartia guianensis*,[132] usada para essa finalidade por toda a Amazônia, mas que não se encontra na floresta em torno de *Watorikɨ*. Na aldeia waimiri atroari, assim como em *Watorikɨ*, os postes do perímetro exterior da casa provinham de um amplo leque de árvores: *Eschweilera*, *Licania*, *Pouteria*, *Quiina*, bem como de vários gêneros das famílias das Lauraceae e Meliaceae.

As principais amarrações das vigas e dos postes, como na casa coletiva yanomami, foram feitas com cipó do gênero *Heteropsis*. As raízes deste cipó, por serem resistentes, flexíveis e abundantes, são provavelmente as mais usadas para essa finalidade em toda a Amazônia. Os Yanomami não são os únicos a utilizar cipós das famílias Bignoniaceae e Cyclanthaceae na construção de suas casas. Segundo Boom (1987), os Chácobo da Bolívia utilizam com esse propósito espécies dos gêneros *Anemopaegma*, *Arrabidaea*, *Cydista* e *Melloa* (Bignoniaceae), bem como *Thoracocarpus bissectus* (Cyclanthaceae). Da mesma forma, vários gêneros de Bignoniaceae, inclusive *Anemopaegma*, *Distictella*, *Martinella* e *Mussatia* spp., são utilizados como cordas na Guiana na falta de espécies mais adequadas (Fanshawe, 1948). Além disso, Glenboski (1983) e Barfod e Kvist (1996) mencionam também o uso de certas Bignoniaceae e Cyclanthaceae pelos Tikuna da Colômbia e pelos Cayapa do Equador.

As duas famílias de plantas mais importantes empregadas no madeiramento da casa coletiva de *Watorikɨ* (em termos de número de espécies aproveitadas) foram as Annonaceae e as Sapotaceae, que constam também como as mais importantes famílias na relação de materiais de construção na Amazônia peruana nos estudos de Parodi (1988) e Pinedo-Vasquez *et al.* (1990) (*vide* Tabela 10). Essas pesquisas registraram, como em *Watorikɨ*, um uso de espécies da família das Sapotaceae principalmente como postes, ao passo que as Annonaceae eram utilizadas como caibros e vigas de sustentação. Em outro estudo realizado no Peru (Phillips e Gentry, 1993), foi feita uma análise do número de espécies empregadas em cada um dos principais componentes das casas. Foram mencionadas 122 espécies de árvores como sendo apropriadas para caibros e vigas de sustentação; isso em contraste com apenas 44 espécies escolhidas para postes. Balée (1994) verificou o aproveita-

[132] Essa espécie é tão estimada pelos Tembé do Pará que existe entre eles uma proibição contra sua queima. Acredita-se que o rompimento dessa proibição pode resultar em mortes na aldeia (Balée, 1987).

Tabela 10. Principais famílias de plantas identificadas em quatro estudos sobre construção indígena na Amazônia

[Os números de espécies utilizadas estão colocados entre parênteses. As famílias botânicas estão listadas em ordem decrescente de aproveitamento.]

Watoriki	Pinedo-Vasquez *et al.* (1990)	Parodi (1988)	Phillips e Gentry (1993)
Sapotaceae (6)	Annonaceae (12)	Annonaceae (14)	Lauraceae
Annonaceae (5)	Arecaceae (5)	Arecaceae (12)	Myristicaceae
Arecaceae (5)	Sapotaceae (4)	Sapotaceae (6)	Annonaceae
Chrysobalanaceae (4)	Humiriaceae (2)	Leguminosae (6)	Leguminosae (Caesalpinoideae)
Leguminosae (4)	Melastomatáceae (2)	Lauraceae (5)	Meliaceae
Euphorbiaceae (3)	Moraceae (2)	Moraceae (5)	Leguminosae (Papilionoideae)
Moraceae (3)	Myrtaceae (2)	Clusiaceae (3)	Burseraceae
Myristicaceae (3)	Rubiaceae (2)	Cyclanthaceae (3)	Clusiaceae

mento de 48 espécies no madeiramento do teto das casas ka'apor, mas apenas o uso de dez espécies para postes. Registramos proporções semelhantes no *yano* de *Watoriki*, onde 38 espécies foram empregadas na armação do telhado e somente 14 para os três anéis de postes que o sustentam.

A resistência do tronco de uma árvore ao apodrecimento e aos cupins depende de fatores químicos e físicos. A madeira (xilema secundário) de certas espécies de *Eschweilera*, por exemplo, contém silício (Ter Welle, 1976), o que parece proporcionar certo grau de resistência a esses insetos. Muitas espécies da família Chrysobalanaceae (por exemplo, *Licania* spp.) também contêm silício, e Balée (1994) sugere que este é o motivo para o emprego frequente de árvores dessa família em caibros e vigas de sustentação pelos Ka'apor. Da mesma forma, os compostos fenólicos encontrados em várias espécies das Lauraceae e Sapotaceae (Schultes e Raffauf, 1990) podem explicar sua resistência ao apodrecimento por causa de fungos.

Uma comparação entre espécies de árvores aproveitadas na casa de *Watoriki* e aquelas empregadas pelos Chácobo, da Bolívia (Boom, 1987), revela, mais uma vez, uma forte correspondência entre gêneros. Entre os Chácobo, as árvores utilizadas para postes incluem espécies dos gêneros *Aniba*, *Eschweilera*, *Dialium*, *Manilkara*, *Ocotea* e *Pouteria*, enquanto caibros e outras vigas incluem espécies dos gêneros *Aspidosperma*, *Duguetia*, *Guatteria* e *Xylopia*. Essas correlações etnobotânicas – que podem, provavelmente, ser encontradas entre os povos indígenas de todas as regiões da floresta amazônica – são mais estreitas que as correspondências entre plantas usadas para outras finalidades, como, por exemplo, as plantas medicinais. Não se trata aqui de nenhuma coincidência, pois qualquer indivíduo que tenha derrubado árvores para abrir uma roça e, assim, observado a velocidade com que elas apodrecem, pode ter um excelente conhecimento das propriedades físicas e estruturais de diferentes árvores e cipós da floresta. Nesse contexto, é previsível que essa experiência conduza a uma otimização da escolha das espécies mais adequadas.

Plantas usadas para o fogo

Tradicionalmente, os Yanomami faziam fogo rodando alternadamente entre as palmas das mãos uma varinha ("broca") de *Theobroma cacao* (*poroa unahi*), no entalhe de uma peça lanceolada de mesma madeira ("base"), mantida no chão (*vide* ilustração em Koch-Grünberg, 1982:264; fotos de Biocca, 1966:VI e Cocco, 1987:231). Esse movimento de fricção produzia então calor suficiente para provocar a combustão numa isca (a medula seca do caule de *Gynerium sagittatum*, *xaraka si* ou fragmentos de algodão) a partir da qual se acendia o fogo. Os caçadores e os viajantes embrulhavam essas brocas e sua base, esta última geralmente pintada de sinusóides vermelhas de urucum, numa folha de *Geonoma* e amarravam-nas às aljavas de bambu que carregavam às costas. Essa técnica de fazer fogo não é mais utilizada pelo grupo de *Watoriki* desde meados do século passado e é provável que atualmente já tenha sido abandonada por todos os Yanomami.

Além de *T. cacao*, as madeiras preferidas para as brocas (*poro hiki*) eram *T. subincanum* (*waiporo unahi*), *Bixa orellana* (*nara xihi*), *Herrania lemniscata* (*xuhutiri unahi*), *Guatteria* spp. (*seisei unahi*) e *Rinorea lindeniana* (*okoraxi hi*). Nossos colaboradores yanomami mencionaram, na região de Homoxi, que *Ocotea* sp. (*parima sihi*) tem sido usada também para este fim. Já em Parawa u relataram que uma seção do caule seco de uma liana comum, *Bauhinia guianensis* (*tuwakarama t^hot^ho*), podia ainda ser aproveitada como madeira para a base (apesar de se costumar usar a mesma madeira para as brocas e as bases).

Prance (1972a) registra que *Croton pullei* era a principal espécie utilizada para fazer fogo pelos Yanomami do Alto Rio Uraricoera,[133] enquanto Cocco (1987) menciona o uso de *Gossypium barbadense* entre os Yanomami do Orinoco, na Venezuela. Os Ka'apor e os Waimiri Atroari utilizam também espécies de *Guatteria* spp. para esta finalidade (Balée, 1994; Milliken *et al.*, 1992).

A resina inflamável (breu) que vaza de cortes feitos nos troncos de certas árvores, como *Protium* spp. (*warapa kohi*), *Hymenaea* spp. (*ãro kohi*, *hatohato koxihi*) e *Dacryodes* spp. (*mõrama hi*), pode ser de grande utilidade para avivar as chamas em condições úmidas ou ainda para servir na improvisação de tochas à noite.[134] Esse aproveitamento do breu é bastante difundido na Amazônia e nas Guianas (Roth, 1924). Folhas secas da palmeira *Geonoma* queimam bem e servem para vitalizar o fogo, assim como para espantar abelhas na coleta de mel silvestre ou queimar pulgas e bichos-do-pé no chão das casas. Os abanadores (*yõõxima* ou *xohema*), usados para atiçar as chamas da fogueira, são tecidos com folhas novas e ainda fechadas da palmeira *Astrocaryum aculeatum* (*ëri si*) de modo semelhante ao que faz a maioria dos povos da Amazônia. Cocco (1987), Lizot (1984) e Gertsch *et al.* (2002) também registram o uso de folhas de *Oenocarpus bataua* para a mesma finalidade.

Os Yanomami consomem uma quantidade importante de lenha, pois em cada seção familiar da casa coletiva é necessário manter acesa uma fogueira de modo (quase) permanente, tanto para cozinhar durante o dia quanto para garantir o calor durante a noite. A maior parte dessa lenha é cortada pelas mulheres a machado nas árvores derrubadas nas roças ou nos seus entornos.

[133] Tratando-se de madeira macia, o autor nota que era preventivamente guardado um estoque de varinhas, previamente endurecidas nas chamas.

[134] Durante as grandes festas intercomunitárias *reahu*, as mulheres yanomami ralam mandioca durante a noite, e essas resinas são queimadas no chão para iluminar a área de trabalho.

Foto 31. Mulheres voltando da roça com lenha, em *Watorikɨ*. (C. René-Bazin, 2002)

Certas espécies de árvores são preferidas por proporcionarem lenha de melhor combustibilidade (*yaamotima tihipë*), entre as quais nossos colaboradores yanomami destacaram *Anaxagorea acuminata* (*rai natihi)*, *Duguetia* spp. (*hapoma hi*), *Elizabetha leiogyne* (*ama hi*), *Guatteria* spp. (*seisei unahi*), *Inga sarmentosa* (*poo kohi*) e *Sagotia racemosa* (*sina hi*). Mitos recolhidos na área do rio Catrimani e informantes idosos da mesma região registram que a lenha de uma árvore da família Rubiaceae, *waxi hi* (não identificada), encontrada unicamente nas terras altas, tem uma combustão fácil e duradoura, sendo, assim, preferida no passado não apenas na cozinha, mas também para cremações funerárias.[135]

A madeira de *Sagotia racemosa* é muito apreciada e procurada por vários grupos indígenas de Roraima por causa de suas excelentes propriedades de combustão, mesmo quando verde, sendo, portanto, de grande valia durante viagens.[136] Também é usada pelos Guajá da Amazônia oriental para fabricação de tochas e para manter fogueiras acesas. Segundo os Ka'apor, esta é a melhor madeira para assar beijus (Balée, 1994).

Outros gêneros considerados satisfatórios como lenha para os Yanomami de *Watorikɨ* são: *Acacia*, *Alexa*, *Amphirrhox*, *Aniba*, *Aspidosperma*, *Capirona*, *Casearia*, *Chrysochlamys*, *Chrysophyllum*, *Croton*, *Duroia*, *Ecclinusa*, *Eugenia*, *Fusaea*, *Garcinia*, *Guarea*, *Inga*, *Iryanthera*, *Jacaranda*, *Licania*, *Lindackeria*, *Manilkara*, *Maquira*, *Martiodendron*, *Micropholis*, *Myrcia*, *Ocotea*,

[135] Esta árvore, bem como *Elizabetha leiogyne* e *Guatteria* sp., é destacada no mito yanomami de origem do fogo. São também mencionadas para as varinhas *poro hikɨ*: *Theobroma cacao*, *Herrania lemniscata*, *Bixa orellana*; a medula do caule de *Gynerium sagittatum* e as folhas de *Geonoma deversa* (Wilbert e Simoneau, 1990: M50).

[136] Observação pessoal de W. Milliken.

Osteophloem, *Perebea*, *Picramnia*, *Pogonophora*, *Pouteria*, *Pradosia*, *Protium*, *Quiina*, *Rinorea*, *Sclerolobium*, *Sloanea*, *Swartzia*, *Tabernaemontana*, *Tachigali*, *Tetragastris*, *Trichilia*, *Vataireopsis*, *Zizyphus* e *Zollernia*. Esta lista, porém, não é exaustiva. Shepard (2006) menciona, por exemplo, o uso de *Amaioua* e *Micrandra* entre os Yanomami de Marari (Amazonas).

Estes dados são semelhantes aos registrados entre os Yanomami da Venezuela, ainda que as preferências de tipos de madeira variem de acordo com as comunidades e sejam, inevitavelmente, influenciadas pela sua disponibilidade local. Lizot (1984; 2004) registra algumas espécies dos gêneros *Elizabetha*, *Guarea*, *Gustavia*, *Licania*, *Miconia*, *Tabebuia*, *Talisia*, *Trichilia*, *Touroulia*, *Schefflera*, *Peltogyne*[137] como fontes de lenha preferidas entre os Yanomami do Orinoco, enquanto Mattei-Muller (2007) menciona também *Anacardium*, *Macrolobium*, *Micropholis*, *Parkia*, *Schefflera*, *Miconia* e *Theobroma*, entre outros. Já Cocco (1987) cita, para a mesma região, como um dos melhores tipos de lenha, uma espécie de *Licania*.[138]

Várias espécies foram apontadas por nossos colaboradores yanomami como madeiras usadas somente na falta de lenha melhor: *Spondias mombin* (*pirima ahɨtʰotʰo*), *Dialium guianense* (*paroko xihi*) ou *Virola elongata* (*yãkoana hi*). No caso desta última é até necessário remover a casca resinosa da árvore antes de queimar (a espécie *V. elongata* é usada como relaxante muscular nas flechas para caça aos macacos e na confecção de um potente alucinógeno). Segundo Lizot (1984) evita-se a queima da madeira de *Centrolobium paraense* (*hewë nahi*), pois os Yanomami dizem que sua fumaça atrai morcegos (*hewë*). A queima de várias outras espécies é também evitada pelos Yanomami de *Watorikɨ*, uma vez que o contato com suas cinzas provoca fortes irritações dérmicas; entre essas espécies estão: *Bagassa guianensis* (*hapakara hi*), *Brosimum lactescens* (*kãri nahi*), *Caryocar villosum* (*ruapa hi*), *Cordia* cf. *lomatoloba* (*hʷaha nahi*), *Helicostylis tomentosa* (*xopa hi*), *Pourouma bicolor* (*õema hi*), *P. minor* (*warihinama usihi*), *Pseudolmedia laevigata* (*hayi hi*), *P. laevis* (*asoasi hi*) e uma Lauraceae não identificada (*warë amohi*).[139] Observa-se que a maioria dessas árvores pertence à família das Moraceae, que inclui várias espécies contendo uma seiva leitosa cáustica.

Os Waimiri Atroari também evitam a queima de *Pourouma minor*, pois alegam que sua serragem causa coceira e sua fumaça causa irritação nos pulmões (Milliken *et al.*, 1992). As cinzas de *Pourouma* são usadas como aditivo alcalino à coca, na Colômbia (Schultes e Raffauf, 1990), e assim é possível que essa alcalinidade seja responsável pelo efeito irritante da queima desta espécie. Os Ka'apor da Amazônia oriental também rejeitam *Caryocar villosum* como lenha, pois dizem que pode provocar coceira e irritação nos olhos (Balée, 1994). Várias espécies de *Cordia* foram registradas na literatura como causadoras de dermatites em função dos cordiacromos (constituintes quinóides) encontrados na suas madeiras, assim como em certas Lauraceae, ricas em alcalóides, tais como *Ocotea* spp. (Hausen, 1981).

Além das espécies antes relacionadas como inadequadas para lenha, existem diversas outras que os Yanomami tratam com cautela, por causa de suas propriedades irritantes – sejam elas químicas ou físicas. Lascas ou serragem de *Vataireopsis* cf.

[137] Outras duas espécies das famílias das Sapotaceae e Myrtaceae não foram identificadas definitivamente no âmbito de gênero.

[138] Entre os Waimiri Atroari *Licania*, *Protium* e *Guatteria* spp., são também considerados como fonte de lenha de ótima qualidade (Milliken *et al.*, 1992).

[139] De acordo com Lizot (2004), o uso de *Crepidospermum rhoifolium* como lenha é também evitado pelas mesmas razões.

surinamensis (*yoroko axihi*) causam ardência "como pimenta-malagueta" na pele. Hausen (1981) também cita *Vataireopsis* como causa de irritação cutânea e conjuntivite. Muitas Araceae, como *Dracontium asperum* (*kãtãrã si*), *Syngonium vellozianum* (*poroma* t^h*o*t^h*o*) e *Xanthosoma sagittifolium* (*poroma hanakɨ*), provocam coceiras caso suas superfícies cortadas entrem em contato com a pele, do mesmo modo que a seiva do cipó *Lonchocarpus*, utilizado como veneno de pesca.

Tais efeitos, de natureza química, já foram reportados anteriormente, nesses e em outros gêneros afins (Behl e Captain, 1979, Benezra *et al.*, 1985). O cipó-d'água *Pinzona coriacea* (*maari* t^h*o*t^h*o*) também é considerado causador de irritação, característica atribuída a vários cipós da família das Dilleniaceae – o que explica seu nome popular de "cipó-de-fogo". Não se sabe se a irritação provocada por *Cissus erosa* é de natureza química ou física, contudo, como existem relatos na Índia de que o suco de *Cissus setosa* provoca dermatites (Behl e Captain, 1979), é provável que seu efeito seja mesmo químico. Diversas plantas – entre elas *Guadua* sp. (*katana si*), *Herrania lemniscata* (*xuhuturi unahi*), *Iriartella setigera* (*horoma si*), *Mucuna urens* (*wãkowãko axi*t^h*o*t^h*o*) e *Solanum asperum* (h^w*ãhaxi hi*) – são também notáveis pela irritação mecânica ou mecânico-química provocada por escamas existentes em suas folhas, gravetos ou caules. Segundo os dados de Mattei-Muller (2007), *Tournefortia cuspidata* e *Bauhinia guianensis* podem, igualmente, causar irritações e a madeira de *Pseudolmedia laevis* é raramente usada por esta mesma razão. A ação de *Mucuna urens* é provocada pela injeção na pele (por meio de seus pelos) de uma enzima endopeptidase irritante (Behl e Captain, 1979).

Plantas de uso técnico diverso

Na aldeia de *Watorikɨ*, durante nossa pesquisa, ao lado de artefatos tradicionais da cultura material yanomami, empregavam-se habitualmente diversos itens de fabricação industrial. Contudo, só em alguns raros casos (por exemplo, ferramentas de corte e panelas),[140] os artefatos tradicionais yanomami haviam sido totalmente substituídos por estes manufaturados.

Cestaria

A maioria dos cestos yanomami é tecida com raízes aéreas (partidas e rachadas) do cipó titica, *Heteropsis flexuosa* (*masi kɨkɨ*) ou, na falta destas, com raízes de *Philodendron divaricatum* (*morokoma* t^h*o*t^h*o*). Tais cestos são, normalmente, confeccionados em quatro formatos básicos (ilustrados em detalhes por Fuentes, 1980). O primeiro desses formatos (*wɨɨ*) é um cesto longo, de ponto fechado, com um fundo arredondado, que se carrega preso na testa por uma faixa de casca, repousando sobre as costas. Esses cestos, eventualmente decorados com motivos geométricos vermelhos (linhas sinuosas, pontos, círculos) ou tingidos com urucum e ornados de desenhos pretos, são usados pelas mulheres para carregar cultivares, produtos de coleta, lenha ou pertences em viagens (Foto 32).

O segundo tipo de cestaria yanomami (*xotehe*) é uma cesta de ponto fechado (*pesirimahe*), com bordas baixas. Em formato maior, coloca-se no chão ou em prateleiras para guardar alimentos ou para secar o algodão; em formato menor, é usado para

[140] *Vide* Lizot (1974) para uma descrição detalhada sobre a fabricação tradicional das panelas de barro yanomami de forma (aproximadamente) ogivada.

Foto 32. Mulheres voltando de viagem com cestos do tipo *wɨɨ*, em Homoxi. (B. Albert, 2002)

guardar pequenos objetos ou para peneirar o pó do alucinógeno usado pelos xamãs (*yãkoana a*). Uma pequena variante dessa cesta (*ikatoma*) serve também, dobrada e apertada entre os joelhos, como espremedor da massa de mandioca. Os *xotehe* podem ser decorados com um fungo rizomorfo negro (*uxiuxi kɨkɨ*) ou com tiras de raízes pretas da palmeira *Iriatella setigera* (*horoma si*), entretecidas com as tiras de raízes de cipó titica *Heteropsis*. Algumas dessas tiras de *Heteropsis* podem ser tingidas de roxo com a tinta das folhas de *Picramnia spruceana* (*koe axihi* ou *hapaka axihi*). Segundo Mattei-Muller (2007), essas cestas podem ser reforçadas com tiras mais resistentes do cipó *Xylophragma seemannianum* (Bignoniaceae).[141] As raízes de *Heteropsis* são igualmente utilizadas na confecção de cestos pelos Waorani do Equador (Davis e Yost, 1983), pelos Ye´kuana da Venezuela (Knab-Vispo *et al.*, 2003), os Shuar do Equador (Bennet, 1992), e pelos Kuna e Embera do Panamá (Dalle e Potvin, 2004). O terceiro tipo de cesto (também conhecido como *xotehe*) é muito parecido com o anterior, mas tecido com ponto aberto (*wararimahe*) e sem nenhuma decoração. Essas cestas, geralmente de grande formato, são também usadas para guardar alimentos (neste caso são forradas com folhas) ou, eventualmente, como peneiras para apanhar peixes nas expedições de pesca com timbó, para pescar camarão de água-doce etc. Uma vez gastos, são utilizados para colocar o lixo a ser transportado para fora da casa coletiva.

O quarto tipo de cesto (*sakosi*) tem formato cilíndrico e é tecido em ponto hexagonal bem aberto. Tais cestos, que ao contrário dos precedentes são tecidos pelos homens, podem ser confeccionados com tiras de *Ischnosiphon* spp. (*mokuruma si*) ou

[141] Esse cipó é nomeado *matʰomatʰo* pelos Yanomami da Venezuela. Os Yanomami de *Watorikɨ* designam como *matʰo tʰotʰo* outros cipós lenhosos da mesma família das Bignoniaceae (*vide* Anexo I).

de *Heteropsis*. São produzidos em diversos tamanhos e servem para transportar frutos silvestres e cultivares (neste caso são forrados de folhas), para armazenar alimentos e tabaco acima das fogueiras, para guardar pequenos objetos pendurados às vigas do telhado da casa (*sakosi mõrapë*) e para transportar pássaros de estimação durante viagens. Uma pequena variante desse tipo de cesto (*raekatamasi*), feito de tiras de *Heteropsis* mais finas, é também usada para peneirar farinha de mandioca. As fibras do líber ou pecíolos partidos de *Phenakospermum guyannense* e *Oenocarpus bataua* também podem ser usadas para tecer cestos *sakosi* (Fuentes, 1980; Lizot, 1984), assim como pecíolos partidos de folhas novas de *Mauritia flexuosa* (Cocco, 1987). Finalmente, Fuentes (1980) descreve entre os Yanomami da Venezuela um outro tipo de cesta chamada *xarapɨ*, de ponto quadrado e fabricado com tiras da entrecasca fibrosa de *Couratari* sp., desconhecido dos habitantes de *Watorikɨ*.

Enquanto a maioria dos grupos indígenas da Amazônia utiliza tiras de caules de *Ischnosiphon* spp. (arumã) na fabricação da maior parte ou de todos os seus cestos, os Yanomami da aldeia *Watorikɨ* utilizam *I. arouma*, afora da tecelagem dos cestos *sakosi* antes mencionados, apenas para confeccionar tipitis – cestos tubulares (*koyotomasi*) para espremer os sucos venenosos da massa de mandioca-brava – e peneiras quadradas de ponto aberto, utilizadas para peneirar a massa de mandioca espremida. O uso desses instrumentos foi manifestamente adquirido pelos Yanomami, direta ou indiretamente, por meio de contatos com grupos Caribe vizinhos, como os Ye´kuana. No caso específico de *Watorikɨ*, o tipiti vem sendo usado desde um passado bastante distante, ao passo que a peneira quadrada foi introduzida há apenas algumas décadas, após o estabelecimento de relações amistosas com comunidades do rio Couto de Magalhães (alto rio Mucajaí), aliadas de grupos *Ninam* (Yanomami) dos rios Mucajaí e Uraricaá que, por sua vez, mantinham contatos esporádicos com etnias Caribe vizinhas (Ye´kuana, Makuxi). Num passado mais remoto, a massa de mandioca-brava era espremida, como nos foi relatado pelos homens mais velhos de *Watorikɨ*, num tipo de "bolsa-tipiti" feita de tiras tecidas de líber de *Anaxagorea acuminata* (*rai natihi*).

São encontrados entre os Yanomami outros tipos de cestos ou artefatos tecidos ocasionalmente. Observamos, assim, a fabricação improvisada de "mochilas" (*paxara ãhu*), tecidas com duas folhas de palmeira, geralmente *Euterpe precatoria*, *Oenocarpus bataua* ou *O. bacaba*. Tais "mochilas", usadas apenas uma vez e então descartadas, servem para carregar caça, frutos silvestres, cultivares, folhas e cipós de venenos de pesca, provisões de viagem, viáticos de festa e servem de invólucro funerário. Como as grandes cestas *wɨɨ* das mulheres, são carregadas por uma alça de fibra de líber apoiada na testa. Gertsch *et al.* (2002) relatam, ainda, entre os Yanomami do Alto Orinoco, o uso de pecíolos partidos de palmeiras *Mauritia flexuosa* ou *Oenocarpus bataua* na confecção ocasional de cestas para estocar e deixar de molho no rio sementes tóxicas de *Clathrotropis macrocarpa*.

Recipientes

Os Yanomami adquiriram, num período relativamente recente,[142] cuias (*mãu hɨsi*) feitas do fruto da árvore cultivada *Crescentia cujete* (*maraka axihi*). A parte interna desses recipientes, de uso comum para alimentação, é polida com folhas abrasivas de *Pourouma bicolor* ssp. *digitata* (*õema hi*) e, então, tingida e impermeabilizada com a resina avermelhada do

[142] Essa espécie de cuieira foi introduzida entre os Yanomami por funcionários do SPI/Funai e missionários, provavelmente entre as décadas de 1940 e 1960.

tronco de *Licania heteromorpha* (*maraka axihi*) ou com a resina de *Inga alba* (*moxima hi*).[143] A resina de *Couepia caryophylloides* (*wãro uhi*) também pode ser utilizada com essa finalidade. Geralmente, essas resinas são misturadas com fuligem para produzir a mesma laca usada por diversos grupos indígenas da Amazônia na decoração de seus cestos (Milliken *et al.*, 1992). Segundo Cocco (1987), os Yanomami aprenderam essa técnica com seus vizinhos Ye'kuana. Os Ka'apor da Amazônia oriental (Balée, 1994) e várias etnias das Guianas (Grenand e Prevost, 1994) também utilizam *Licania heteromorpha* e várias espécies de *Inga* para tingir e impermeabilizar cabaças.

Antes da introdução da cuieira, os antepassados dos Yanomami de *Watoriki* usavam, para colocar alimentos e bebidas, pequenos recipientes (*axeposi*) feitos com espatas macias de palmeira *Socratea exorrhiza* (*manaka si ãtʰe*), que eram dobradas e costuradas nas duas extremidades. Lizot (1984) descreve uma prática semelhante entre os Yanomami ocidentais, e, de acordo com Gertsch *et al.* (2002), tais recipientes serviam também para espremer frutos e recolher o suco de sua polpa. Recipientes maiores, do mesmo tipo, eram também utilizados para esquentar água e cozinhar frutos de palmeira. O uso dessas espatas de palmeiras como "panelas" é também mencionado por Finkers (1986). Além disso, grandes espatas duras de palmeiras *Attalea maripa* (*okorasisi ãtʰe*) eram também utilizadas como recipiente para receber a massa de mandioca ralada.

As pessoas mais velhas de *Watoriki* mencionaram igualmente o uso de espatas de *Euterpe precatoria* (*maima si*) para confeccionar estojos utilizados pelos homens para guardar pequenas penas ornamentais (por exemplo, penas de papagaio e cujubim usadas no lobo das orelhas). Esse tipo de estojo para ornamentos de plumas é mencionado por Cocco (1987; *vide* ilustração p. 244) e Lizot (1984, 2004), porém confeccionado com espatas de *Socratea exorrhiza*. Gertsch *et al.* (2002) citam o uso de espatas de *Iriartea deltoidea* para o mesmo fim entre os Yanomami do Alto Orinoco. Penas maiores (como as caudais de arara usadas nas braçadeiras) são guardadas em tubos de bambu (*Guadua* spp.), uso igualmente registrado por Zerries e Schuster (1974). Segundo Valero (1969), caixas para guardar penas e outros ornamentos eram também feitas de lascas da madeira de *Socratea exorrhiza* amarradas com cipós.

Os Yanomami usavam tradicionalmente panelas de barro de forma ogivada, sem decoração (Lizot, 1984: cap. II). Cascas dos frutos de *Picramnia spruceana* (*koe axihi* ou *hapaka axihi*) e *Dipteryx odorata* (*pate asihi*) eram utilizadas para alisar a argila do interior dessas panelas durante sua confecção, provavelmente em razão de suas propriedades aromáticas. Hoje em dia, essas vasilhas foram em grande parte substituídas por panelas de alumínio (Foto 33), mas na década de 1970 e no início da década de 1980 ainda era comum o uso de grandes panelas de barro durante as festas *reahu*. Em algumas áreas mais remotas das terras altas, essas vasilhas ainda são objeto de troca entre as aldeias.

Grandes cabaças (*horokoto*) feitas dos frutos da planta cultivada *Lagenaria siceraria* (*horokoto tʰotʰo*) eram também, no passado, utilizadas pelas mulheres para carregar e guardar água. Amplamente usadas até meados dos anos 1970, foram também substituídas por panelas de alumínio nas últimas décadas. Cabaças menores da mesma espécie, uma vez cortadas

[143] A resina dessa espécie é usada na Guiana como laca para panelas de barro e violões artesanais (Andel, 2000a).

Foto 33. Bebida de suco de frutos de *Oenocarpus bacaba* (*hoko si*) durante uma festa *reahu*. A partir dos anos 1960, as panelas de alumínio substituíram, aos poucos, as panelas de barro. (W. Milliken, 1993 e CBDL, 1941)

longitudinalmente em duas, são ainda utilizadas como "colheres" ou "conchas" para beber ou tirar água, sucos de frutos silvestres e mingau de banana-da-terra. O interior dessas cabaças menores é tratado como as cuias de *C. cujete* (*maraka axihi*) evocada anteriormente. Pequenas cabaças ovóides da espécie *Posadaea sphaerocarpa* (*pora axi*) são ainda usadas para guardar elementos de ornamentação corporal para as festas *reahu* como penugens brancas (*horomae*) de gaviões e urubus brancos (coladas no cabelo) e tintas corporais pretas e vermelhas à base de urucum. Essas pequenas cabaças podem ser também usadas como "colheres" e "conchas". Há de se notar aqui que as cabaças *L. siceraria* (*horokoto*) podem também ser usadas para conter cinzas dos ossos dos mortos nas cerimônias funerárias e, neste caso, são designadas como *pora axi*, pelo nome da espécie *P. sphaerocarpa*, numa típica estratégia yanomami que evita nomear diretamente tudo o que se refere ou pode ser associado à morte.

As cascas vazias (pixídio) da castanha-do-pará (*Bertholletia excelsa*, *hawari hi*) servem como almofarizes na preparação do alucinógeno usado pelos xamãs (*yãkoana a*) e seções ocas de grandes bambus (*Guadua* spp.) são às vezes aproveitadas como recipientes temporárias para armazenar água. Troncos de *Anacardium giganteum* (*oruxi hi*), *Ceiba pentandra* (*warima hi*), *Cedrelinga cateniformis* (*ãpuru uhi*), *Licaria aurea* (*hõko mahi*) e *Rhodostemonodaphne grandis* (*ruru hi*) são cavados para fazer grandes cochos *huu tihika* (parecidos com canoas) utilizados no preparo e na armazenagem do mingau de banana-da-terra (*koraha u*), de pupunheira (*raxa u*) ou de macaxeira (*naxikohi u*) servidos aos convidados durante as festas *reahu*. Segundo Finkers (1986), o tronco inchado de *Iriartea deltoidea* pode também ser cavado em sua parte mais larga e usado como cocho,[144] e Mattei-Muller (2007) registra o uso de troncos naturalmente ocos de *Cecropia sciadophylla* para o mesmo fim. Pequenos cochos de madeira são também usados para triturar os ossos carbonizados dos mortos e produzir as cinzas funerárias guardadas nas cabaças *pora axi*.[145] Cocco (1987) registra que a madeira de *Licania* é considerada a mais apropriada para fazer esses pilões menores, e a de *Rinorea* e *Pouteria* para o socador.

Grandes cochos para as comidas das festas *reahu* podem também ser confeccionados com cascas maleáveis de árvores *Croton matourensis* (*ara usihi*) e *C. palanostigma* (*kotoporo sihi*) dobradas e costuradas nas extremidades. Essas cascas (*naposi*) são também usadas como esteiras para receber a massa de mandioca ralada coletivamente pelas mulheres durante as festas *reahu*. São eventualmente utilizadas para a mesma finalidade cascas de *Stryphnodendron pulcherrimum* (*maxahara sihi*) e da árvore *Trema integerrima* (*warë onasihi*).

Folhas de palmeiras do gênero *Geonoma* bem como de *Heliconia* e *Calathea* (e, sem dúvida, as de outras Marantaceae) são frequentemente usadas para embrulhar pequenos objetos e, sobretudo, alimentos coletados na floresta (pequena caça, peixes, rãs, lagartas e outras larvas, cogumelos etc.).[146] Essas folhas, sobretudo as de Marantaceae, são também utilizadas

Foto 34. Embrulhos de alimentos feitos com folhas de *Calathea* sp., assando na fogueira. (W. Milliken, 1993)

[144] Essa palmeira não foi observada durante nossa pesquisa, parecendo estar presente em apenas uma pequena parte do território yanomami (Henderson *et al.*, 1996).

[145] De acordo com Lizot (2004), frutos ocos de *Passiflora coccinea* podem ser usados pelos Yanomami ocidentais para guardar ossos triturados.

[146] Tais pacotes feitos de folhas são denominados *haro*. Pode-se ainda ocasionalmente embrulhar peixe para assar em folhas novas de *Mauritia*. Segundo Gertsch *et al.* (2002), as folhas de *Bactris simplicifrons* são muito usadas para confeccionar *haro* entre os Yanomami do Alto Orinoco, inclusive para guardar pó alucinógeno de *Anadenanthera peregrina*, substâncias ou objetos de feitiçaria e até placentas dos partos.

para cozinhar esses alimentos na brasa (Foto 34). Podem ainda servir como forro para cestos *sakosi* e "mochilas" *paxara ãhu* tecidas com folhas de palmeira. Segundo Fuentes (1980), o uso destas folhas na culinária confere um aroma agradável aos alimentos.[147] É, aliás, por esse motivo, que os Yali das serras da Nova Guiné ocidental (Irian Jaya) usam diversas espécies de Zingiberaceae aromáticas para assar batata-doce e outros vegetais em fornos de terra.[148] Folhas maiores, como de *Phenakospermum guyannense* e *Musa* spp., são usadas também para forrar o chão e servir de esteira durante o processo de corte da caça (*yaro hepukɨ*), ou durante a divisão e a distribuição de alimentos aos convidados no final de uma festa *reahu*.

Fibras

Os Yanomami aproveitam as fibras resistentes do líber da casca de várias espécies de árvores para diversas finalidades. Faixas largas são assim retiradas do interior da casca de troncos de *Brosimum utile* (*yaremaxi hi*), *Sterculia pruriens* (*raxa natihi*) e *Cochlospermum orinocense*[149] para serem usadas como tipoias para carregar bebês. Espécies do gênero *Guatteria* (Fuentes, 1980) ou *Daphnopsis* (Mattei-Muller 2007) são às vezes utilizadas para essa mesma finalidade. Quando tiradas de árvores jovens, essas cascas são removidas por inteiro do tronco na forma de um tecido tubular que é então batido para ser amaciado. Entre os Waorani do Equador (Davis e Yost, 1983) remove-se a casca de *Ficus* do mesmo modo, também para a confecção de tipoias. Essas tipoias são costuradas com fio de *Ananas* sp. (*yãma asikɨ*) para formar uma faixa circular, que então é tingida com urucum. Na Guiana, a espécie preferida para fazer tipoias desse tipo é *Sterculia pruriens*, cujas fibras são reconhecidamente robustas e versáteis (Fanshawe, 1948).

Faixas da entrecasca de *Anaxagorea acuminata* (*rai natihi*), *Croton matourensis* (*ara usihi*), *Eschweilera coriacea* (*hokoto uhi*) e plantas jovens de *Couratari guianensis* (*hotorea kosihi*) são aproveitadas para a confecção de redes simples descartáveis (*hokotoma onasikɨ*), usadas em viagens e expedições de caça (Foto 35). Fuentes (1980) menciona a utilização da casca de *Duguetia* para essa mesma finalidade, enquanto Gertsch *et al.* (2002) registra ainda, entre os Yanomami do Alto Orinoco, o aproveitamento de fibras das raízes aéreas das palmeiras *Iriartea deltoidea* e *Socratea exorrhiza*.

As redes para uso cotidiano na casa coletiva (*rãkama tʰoku* ou *rio kohikɨ*) são feitas de fios de algodão cultivado (*Gossypium barbadense*, *xinaru uhi*), tecidos numa malha aberta entre dois postes verticais (*rãkama tʰoku ɨra*), sendo tingido com urucum (*vide* fotos em Biocca, 1966:134). O algodão é fiado num fuso simples, feito de um eixo de madeira de *Oenocarpus bataua* (*kõanari si*) ou de nervura central da folha de *Attalea maripa* (*õkorasi si*), terminado por um pequeno gancho de mesmo material e uma pequena rodela retalhada numa cabaça *Lagenaria*. Um outro tipo de rede (*masi kɨkɨ*) pode ser confeccionado com um conjunto de seções partidas do cipó *Heteropsis flexuosa* amarrados nas duas extremidades com cordas (*tʰoko nakɨ*)

[147] Mattei-Muller (2007) destaca o uso de *Calathea inocephala* nesse contexto. Ela menciona também folhas de uma espécie de *Piper* usadas para embrulhar de um dia para o outro frutos da árvore *kataoto hi* (não identificada) com o objetivo de amolecê-los.

[148] Observação pessoal de W. Milliken.

[149] Enquanto conheciam perfeitamente seu uso, as mulheres de *Watorikɨ* afirmaram não ter nome yanomami para esta árvore, pois ela não existia na região das terras altas habitadas pelo grupo no passado.

Foto 35. Descansando numa rede feita com tiras de casca de *Croton matourensis* (*ara usihi*). (W. Milliken, 1993)

de líber fibroso de *Cecropia*. Essas redes, que vimos frequentemente serem usadas pelos Yanomami de Parawa u, são mais comuns entre os Yanomami ocidentais (*vide* foto em Laudato, 1998:171-172).

Além da entrecasca das árvores aproveitadas para a confecção de tipoias e redes antes citadas, é também tirado o líber fibroso de *Elizabetha leiogyne* (*ama hi*), *Fusaea longifolia* (*hʷapoma hi*), *Guatteria* spp. (*seisei unahi*) e *Theobroma bicolor* (*himara amohi*) para confeccionar faixas de carregamento dos grandes cestos *wɨɨ* e *sakosi* ou, de improviso, tiras para transportar caça, cachos de banana, pupunhas etc. Mattei-Muller (2007) registra também o uso de *Apeiba membranacea*, *Trema micrantha* e de *Iryanthera ulei*.[150] Na necessidade imediata dessas tiras, elas são rapidamente arrancadas da entrecasca da árvore apropriada mais próxima. Elas podem também ser usadas para confeccionar laços descartáveis servindo para prender os pés a fim de subir nas árvores com a força das pernas e dos braços (peconhas, *hʷaraka*). Tais peconhas também podem ser confeccionadas com raízes aéreas de cipós como *Heteropsis flexuosa* (*masi kikɨ*) ou de outras epífitas da famíla das Araceae, como *Philodendron hylaeae* (*ripo tʰotʰo*), ou mesmo com caule de *Phenakospermum guyannense* (*ruru asi*).

As fibras das folhas de *Ananas* sp. (*yãma asikɨ*, cultivada) e a entrecasca de *Cecropia obtusa* (*xiki a*) são habitualmente utilizadas pelos Yanomami para a confecção de cordas (arcos, redes etc.).[151] Fibras da casca de certas espécies dos gêneros *Ficus*,

[150] As espécies do gênero *Iryanthera* não são habitualmente caracterizadas por possuírem cascas fibrosas. Desse modo esse último registro pode estar incorreto.

[151] Os Shuar do Equador usam também fibras de casca de *Cecropia* para fabricar cordas (Bennett *et al.*, 2002).

Couratari e *Duguetia* spp. também foram registradas para a mesma finalidade por Fuentes (1980). Além disso, as raízes aéreas de várias espécies do gênero *Philodendron*, assim como de certas lianas resistentes, tais como *Bauhinia guianensis* (*tũwakarama tʰotʰo*) e *Machaerium macrophyllum* (*rããsirima tʰotʰo*), podem ser aproveitadas como cordas improvisadas.

Muitas das espécies que fornecem fibras para os Yanomami são igualmente utilizadas por outras comunidades indígenas da Amazônia (Oliveira *et al.*, 1991). Balée (1994) registra o uso de quarenta espécies vegetais fornecedoras de fibras pelos Ka'apor, entre elas espécies dos gêneros *Anaxagorea*, *Apeiba*, *Cochlospermum*, *Couratari*, *Duguetia*, *Eschweilera*, *Guatteria* e *Sterculia*.

Ferramentas de corte

Uma das principais ferramentas de corte tradicionalmente usadas pelos Yanomami consiste em um buril formado por um dente incisivo da cutia (*Dasyprocta* spp.), montado na ponta de um pequeno cabo de madeira (*Rinorea lindeniana*, *okaraxi hi*) e fixado com barbante de fibra de *Ananas* sp. e resinas de *Moronobea* sp. ou *Symphonia globulifera* (ambas nomeadas *mai kohi*). Este buril servia, entre outros usos, para confecctionar as pontas lanceoladas e o encaixe das flechas. Na época da nossa pesquisa, alguns desses buris, chamados *tʰomɨ nakɨ*, ainda estavam em uso entre os habitantes mais velhos das aldeias visitadas. São normalmente guardados em pares, amarrados com um cordão e carregados nas costas, junto com a aljava contendo pontas de flechas. O dente incisivo de cutia dos *tʰomɨ nakɨ* é amolado com um pedaço da entrecasca de *Exellodendron barbatum*, *tʰomɨra asihi* (Chrysobalanaceae) que, por conter silício, é abrasiva. Povos indígenas de toda a América do Sul têm conhecimento desta propriedade de várias espécies de Chrysobalanaceae (inclusive *Hirtella*, *Licania* e *Parinari*) e acrescentam cinzas dessas plantas ao barro utilizado na confecção de cerâmicas a fim de fortalecê-las (Beck e Prance, 1991; Schultes e Raffauf, 1990). Para o corte de materiais mais macios, os Yanomami usavam, num passado remoto, afiadas pontas lanceoladas (*rahaka*) de bambu *Guadua* spp. Tais pontas serviam de facas para cortar carne de caça, ornamentos de peles de pássaros, cabelos, cordões umbilicais etc. (*vide* ilustração em Koch-Grünberg, 1982:264). Segundo Mattei-Muller (2007), um outro pequeno bambu, *Chusquea linearis*, era também usado para corte de cabelo entre os antigos Yanomami. Essa lâminas de bambu foram, há muito, substituídas por facas de aço (*poo a ihurupë*).

Os habitantes mais velhos de *Watorikɨ* relatam que os machados de pedra (*manamo koxi*) de diversos tamanhos encontrados ocasionalmente em seu território são vestígios da ocupação anterior da região por outro grupo indígena (os Pauxiana, um grupo Caribe hoje extinto)[152] que vivia ali antes da migração dos Yanomami para as terras baixas. Contudo, antes da introdução das ferramentas de aço, os Yanomami também utilizavam machadinhas de pedra, provavelmente semelhantes às descritas por Steinvorth de Goetz (1969) e ilustradas por Zerries e Schuster (1974).[153] Foi relatado que as lâminas dessas

[152] Os Pauxiana moravam no Médio Rio Catrimani (Cachoeira Piranteira) até os anos 1920 (Salathé, 1932) e, no Baixo Rio Mucajaí, até os anos 1940 (Jovita, 1948).

[153] *Vide* também Alès (2003) sobre a fabricação dos antigos machados de pedra yanomami. A lâmina de pedra de uma dessas machadinhas – adquirida por guerreiros do Alto Catrimani, durante um ataque contra um grupo isolado de Yanomami do Alto Rio Apiaú (conhecido como *Moxihatetemapë* ou *Yawaripë*) – foi coletada por B. Albert no campo ainda em 1975.

ferramentas podiam, às vezes, ser também confeccionadas com fragmentos de carapaça do tatu-gigante *Priodontes maximus*.

Segundo os moradores de *Watoriki*, tais machadinhas constituíam uma ferramenta de uso cotidiano, equivalente ao do facão atual (*poo patarima*), e especialmente apreciadas no corte de pequenas árvores para a abertura das roças e para entalhar troncos de árvores para a coleta de mel silvestre (*vide* anteriormente a parte "A agricultura yanomami e a floresta"). Posteriormente, essas machadinhas (*haowatima a*) passaram a ser confeccionadas com fragmentos de metal fixados em cabos de madeira, com amarrações de fibra de *Cecropia* e resinas. Sob essa forma às vezes ainda hoje são utilizadas pelos Yanomami. Durante nossa pesquisa, observamos um ancião da região de Toototobi usando uma dessas ferramentas feita com uma lâmina desgastada de facão para coletar mel. Segundo ele, o instrumento era bem mais prático para essa finalidade do que um machado de aço, pesado e difícil de manejar quando se precisa subir em árvores altas à procura de colmeias escondidas nos troncos.[154]

As primeiras peças de metal utilizadas pelos Yanomami provavelmente chegaram a eles desde o século XIX na forma de pequenos pedaços de facões ou machados gastos e/ou quebrados, adquiridos por meio de uma longa rede de trocas interaldeãs e interétnicas, ou como despojo de expedições guerreiras conduzidas contra grupos vizinhos já em contato com a fronteira regional (como os Ye´kuana). A origem desses pedaços de metal era atribuída, então, a *Omama*, o demiurgo yanomami morador de longínquas terras a jusante, após sua fuga da região das cabeceiras de todos os rios, a terra-floresta yanomami (Wilbert e Simoneau, 1990: M128 e M167).

As expedições da Comissão Brasileira Demarcadora de Limites (CBDL) encontraram vários desses fragmentos, "encabados à maneira índia com amarração de fibra", entre os Yanomami dos Altos Rios Mucajaí e Catrimani nos anos 1940. Essas ferramentas são assim descritas: "Os Uaicá [Yanomami] do Rio Mucajaí possuíam algumas ferramentas, já muito usadas, demonstrando remoto contato com os civilizados. Dentre essas ferramentas, a turma trouxe um machado que não tem mais a parte de embutir e cuja lâmina está quase que totalmente gasta" (Jovita, 1948, *vide* foto 9, pág. 34).

O abastecimento mais ou menos regular dos Yanomami em ferramentas metálicas inteiras (facões, facas e machados) só teve início, finalmente, a partir do período da instalação de postos missionários no seu território, nas décadas de 1950 e 1960 (*vide* também Alès, 2003). Essa transição progressiva da pedra para o aço, com todas as suas complexas implicações (entre as quais uma das mais interessantes remete às mudanças no modo de exploração yanomami dos recursos vegetais), é discutida em detalhes por Colchester (1984) e também brevemente no presente estudo na seção "A agricultura yanomami e a floresta".

Atualmente, a maioria, se não a totalidade, das comunidades yanomami possui, para abrir suas roças, machados de aço manufaturados (*poo koxi*). Entretanto, os cabos desses machados são ainda fabricados na floresta com madeira da árvore *Aspidosperma nitidum* (*poo het^{h}o hi*: "árvore de cabo de ferramenta"), apontada como a mais adequada para essa finalidade,

[154] Lizot (1984: cap I) e Alès (2003) registram também seu uso recente ou atual em comunidades relativamente isoladas.

em parte por sua resistência, mas também porque a estrutura fenestrada de seu tronco facilita o corte de seções de forma apropriada. Os Waimiri Atroari (Milliken *et al.*, 1992) e os caboclos do Mato Grosso também aproveitam essa espécie para a mesma finalidade.[155]

Outros objetos e artefatos

Além de lâminas de pedras rugosas (Valero, 1984 e Cocco 1987), a casca áspera de *Couma macrocarpa* (*operema axihi*) era usada, num passado remoto, para ralar mandioca. Atualmente, na aldeia *Watoriki* rala-se a mandioca com pedaços de lata perfurada ou com excelentes raladores adquiridos dos Ye'kuana[156] (*xamari* ou *warapari*). Segundo Fuentes (1980), as raízes aéreas espinhosas de *Socratea exorrhiza* (Foto 36) também serviam de ralo no passado entre os Yanomami da região do Orinoco, como era o caso entre os Waimiri Atroari (Milliken *et al.*, 1992) e entre os Ka´apor (Balée, 1994). As folhas de *Pourouma bicolor* ssp. *digitata* são utilizadas como lixa para alisar objetos de madeira, uso também mencionado entre os Ka'apor e os Waiãpi (Balée, 1994; Grenand, 1980).[157] O látex da casca de *Manilkara* spp. pode ser utilizado como cola. As inflorescências secas de *Euterpe precatoria* são, por sua vez, aproveitadas como vassouras (*maima ãtʰekɨ*).

Foto 36. Raízes aéreas espinhosas de *Socratea exorrhiza* (*manaka si*), utilizadas no passado para ralar mandioca. (W. Milliken, 1993)

Varas de madeira densa e resistente de árvores jovens das espécies *Mouriri nervosa* (*tɨhɨ hi*) ou *Duguetia* spp. (*hapoma hi*) são utilizadas, nas terras altas do território yanomami, para confeccionar bordunas, longas (*rape tihi*) ou mais curtas (*wai tihi*),[158] utilizadas em duelos rituais entre membros de diferentes aldeias (Foto 37). Os "paus de cavar" (*sihe enama*) de madeira de palmeira usados nos trabalhos agrícolas podem também ser usados em brigas improvisadas. Segundo Cocco

[155] J. A. Ratter, comunicação pessoal para W. Milliken.

[156] Esses raladores, tingidos de urucum, são feitos de blocos de madeira de *Cedrela* sp. (Meliaceae) nos quais são incrustadas pequenas lascas de pedra (ou hoje de metal), coladas com uma camada de látex extraído do tronco de *Couma macrocarpa* (Apocynaceae). No passado, os raladores chegavam até os antepassados dos habitantes de *Watoriki* por complexas redes de troca desde o rio Parima, mas hoje podem ser adquiridos ocasionalmente durante visitas à cidade (Boa Vista, capital do estado de Roraima), de Ye'kuana que lá vão vender seus produtos.

[157] Segundo Mattei-Muller (2007), as folhas abrasivas de *Pourouma guianensis* podem também ser usadas dessa maneira.

[158] Essas bordunas curtas são também chamadas *xeyotima tihi* ou *anomai*.

Foto 37. Homens durante um duelo com varas de combate *rape tihi* na região de Xitei. (W. Milliken, 1995)

(1987), bordunas podem também ser feitas da madeira dos gêneros *Rinorea* ou *Licania* e Gertsch *et al.* (2002) registraram para esse fim o uso da palmeira *Astrocaryum chambira* na região do Alto Orinoco. No passado, confeccionavam-se também lanças com tiras apontadas de grandes bambus (*Guadua* spp.) ou com madeira das mesmas palmeiras que os arcos (*vide* a parte anterior sobre "Arcos e flechas"). Eram também fabricados, na madeira de tais palmeiras, paus curtos (cerca de 50 centímetros) entalhados de várias pontas triangulares afiadas (*suhu umokɨ*), usados para, em caso de conflito, machucar as costas dos parceiros de diálogos cerimoniais de troca (*yãimu*) .[159]

Flautas/apitos feitos de improviso para as danças de apresentação das festas *reahu* são fabricados em caules das gramíneas *purunama usi* (*Olyra latifolia*) ou *wayapapë* (não identificada). Os Bora do Peru usam também *O. latifolia* para o mesmo fim (Denevan e Treacy, 1987). Apitos mais duráveis são confeccionados pelos caçadores na madeira de *Spondias mombin*, *pirima ahɨtʰotʰo* (para imitar o apelo das antas) e, segundo Gertsch *et al.* (2002), entre os Yanomami da Venezuela, com frutos de uma palmeira do gênero *Asterogyne*. Outros animais são imitados improvisando assobios usandos folhas dobradas.

Ainda nas festas *reahu*, as folhas novas de palmeiras *Oenocarpus bacaba* (*hoko si*) são apreciadas como acessórios das danças de apresentações dos convidados, bem como, de acordo com Gertsch *et al.* (2002), no Alto Orinoco, as palmas de *Oenocarpus*

[159] Nesses diálogos, os parceiros estão acocorados face a face e, geralmente, seguram-se pelo pescoço.

bataua e *Leopoldinia piassaba*.[160] De modo similar, os Tikuna da Colômbia usam as folhas novas de uma palmeira (*Astrocaryum chambira*) nas cerimônias de puberdade das moças (Glenboski, 1983).

Cipós do gênero *Clusia* spp. (*poripori tʰotʰo*) são utilizados também em ocasiões cerimoniais para jogos de cabo-de-guerra entre homens e mulheres. Os frutos de *Apeiba membranacea* (*taitai ahi*) e as sementes de *Caryocar* spp. (*ruapa hi, xoxomo hi*), todos espinhosos, eram no passado usados como pentes para tirar piolhos. Este uso de *Apeiba* para fabricar pentes improvisados foi também registrado entre os Waimiri Atroari e os Ka´apor (Milliken *et al.*, 1992; Balée, 1994). Agulhas utilizadas para furar os lábios das moças são tiradas da madeira das palmeiras *Oenocarpus bataua* (*kõanari si*) ou *Attalea maripa* (*õkarasi si*). Cocco (1987) relata também para essa finalidade o uso de espinhas de *Geonoma* sp. e Valero (1969) de espinhos das raízes aéreas de *Socratea exorrhiza*. Na região de Homoxi, as espinhas das lianas *Smilax* sp. (*puuturima si*) são usadas para tirar bicho-do-pé. Segundo Mattei-Muller (2007), folhas espinhosas de *Actrocaryum aculeatum* podem ser usadas como obstáculo à aproximação de inimigos.

Para livrá-los das pulgas, os Yanomami banham seus cachorros com extrato de seções batidas de cipó *Lonchocarpus* cf. *chrysophyllus* (*xina ãtʰe*), usado mais habitualmente como veneno de pesca. Para espantar piuns (borrachudos)[161] também queimam folhagens verdes de *Jacaranda copaia* (*xitopari hi*), que produz uma espessa fumaça repelente. As propriedades inseticidas da rotenona encontrada em cipós de gênero *Lonchocarpus* são bem conhecidas e já foram, inclusive, exploradas comercialmente (Krukoff e Smith, 1937; Le Cointe, 1936). Há também registros da queima de *Jacaranda copaia* como repelente contra insetos na região do Tapajós (Branch e da Silva, 1983) e entre os Waiãpi da Guiana Francesa (Grenand *et al.*, 1987). De acordo com Gertsch *et al.* (2004), os Yanomami do Alto Orinoco também queimam ocasionalmente galhos de *Phyllanthus piscatorum* (veneno de pesca) para se prevenir de mordida de morcegos hematófagos (*Desmodus rotundus*) durante a noite.

Peças de madeira resistente são escolhidas, às vezes, mais por sua disponibilidade do que por suas propriedades específicas para improvisar a fabricação de ferramentas simples, como os ganchos (*yopena*) usados para quebrar galhos das árvores ou arrancar cachos de frutos, ou os engenhosos dispositivos de varas cruzadas (*raxa ɨrakɨ*) que servem para subir e colher frutos das palmeiras cultivadas *Bactris gasipaes* (*rasa si*) cujo tronco é coberto de espinhos aguçados (Cocco, 1987). Encontram-se igualmente neste caso os paus, interligados por cipós, usados para conter os cadáveres expostos na floresta durante a primeira fase dos rituais funerários (*yorohikɨ*)[162] e as estruturas de varas e folhas de bananeiras confeccionadas durante as festas *reahu* a fim de guardar os tubérculos de mandioca descascados (*naxo koko ɨrakɨ*).

Finalmente, Fuentes (1980) registra várias utilizações de plantas para brincadeiras de crianças, a maior parte das quais observada em *Watorikɨ*: o uso dos frutos de certas palmeiras (inclusive *Mauritia flexuosa*, *rio kosi*) para confeccionar piões

[160] Mattei-Muller (2007) registra também o uso de *Euterpe precatoria* e *E. catinga* para o mesmo fim.

[161] Pequenos insetos hematófagos da família dos Simuliidae.

[162] Lizot (2004) registra o uso de troncos ocos de *Cecropia sciadophylla* (*kahu usi*) para a construção de plataformas funerárias.

(*vide* ilustração em Lizot, 1984), a fabricação de canoas de brinquedo em espatas de *Euterpe precatoria* (*maima si*) ou o uso de folhas urticantes de *Urera* spp. e de galhos espinhosos de *Acacia* spp. em "batalhas" entre meninos e meninas. Mattei-Muller (2007) menciona também o uso de frutos de *Licania* como brinquedo (de meninas) e de *Passiflora* para fabricar apitos.

Embarcações e pontes de paus

Os Yanomami, habitantes tradicionais das terras altas do interflúvio Orinoco-Amazonas, região de relevo acidentado e riachos torrentosos, não tinham, tradicionalmente, familiaridade com grandes rios e navegação. Entretanto, após sua migração para regiões de terras baixas, parte deles acabou adquirindo certas competências em matéria de canoas ao contato de povos indígenas ribeirinhos vizinhos como os Ye´kuana.[163] Nossos colaboradores yanomami de *Watorikɨ* indicaram-nos, assim, que os troncos cavados (*huu hika*) de *Clarisia racemosa* (*huyu hi*) são particularmente apropriados para a fabricação de embarcações monóxilas. Essa espécie é também utilizada para essa finalidade pelos Waimiri Atroari (Milliken *et al.*, 1992), pelos Wai Wai e pelos Ye'kuana.[164] Segundo os Ye'kuana, trata-se de uma madeira muito resistente que pode durar até duas décadas. Entretanto, as canoas fabricadas nos troncos pesados de *Clarisia* apresentam a desvantagem de afundar e se encherem de água.[165]

Num passado remoto, os Yanomami, quando tinham, raramente, a necessidade de atravessar ou descer um rio maior, fabricavam embarcações improvisadas em cascas de árvores.[166] Uma dessas canoas de casca, medindo 4,5 m de comprimento por 80 cm de largura, foi encontrada abandonada na margem do rio Catrimani pela CBDL na sua campanha de 1941-1942 (Jovita, 1948, *vide* Foto 38). Um dos homens mais velhos de *Watorikɨ* mencionou o uso da casca de *Bagassa guianensis* (*hapakara hi*) para essas canoas que, geralmente, apenas serviam para uma única viagem. Fuentes (1980) menciona também a utilização da casca de *Tabebuia guayacan* para a mesma finalidade e, segundo Mattei-Muller (2007), a casca de *Croton matourensis* pode também ser usada para a fabricação de pequenas canoas. Lizot (1974; 1984: cap. II, 2004), que por sua vez registra o uso de *T. capitata* e *T. guayacan*, descreve com bastantes detalhes as técnicas de fabricação dessas canoas de casca. Ele chega à conclusão de que apesar de os Yanomami tradicionalmente dominarem as técnicas para a fabricação de cochos de casca, usados para conter mingaus cerimoniais (*vide* acima a parte "Recipientes"), foi também sob influência dos Ye'kuana que essa técnica foi adaptada para fabricar canoas improvisadas. Ainda no domínio da navegação ocasional, Fuentes (1980)

[163] Os *Ninam* do Uraricoeira já usavam canoas no começo do século XX (*vide* Koch-Grünberg, 1982:262). Os Ye'kuana, grupo Caribe que compartilha uma parte do seu território com os Yanomami setentrionais (*Sanöma*), são exímios construtores de canoas e também excelentes canoeiros.

[164] Observação pessoal de W. Milliken.

[165] De acordo com Lizot (2004), o tronco da árvore *apuru uhi* (identificada no presente estudo como *Cedrelinga cateniformis*) é usado na fabricação de canoas pelos Yanomami da Venezuela a partir de uma técnica adquirida dos Ye'kuana. Mattei-Muller (2007) menciona também, na região do Alto Orinoco, a fabricação de canoas com troncos de *Swartzia leptopetala* e o uso do látex de *Manilkara* (fervido para produzir uma resina viscosa) para calafetá-las [identificação interpretada por WM – originalmente citada como *Euphorbiaceae*].

[166] *Vide* Zerries e Schuster, 1974, Lizot, 1984: cap. 2 e Valero, 1984 sobre a fabricação dessas canoas de casca.

Foto 38. Antiga canoa de casca abandonada no rio Catrimani. (CBDL, 1941)

descreve a construção de balsas com troncos de árvores leves que flutuam bem, como *Schlefflera morototoni*, enquanto Cocco (1987) registra o aproveitamento de *Cordia tetrandra* e Mattei-Muller (2007) de *Jacaranda copaia* e *Cecropia sciadophylla* para o mesmo fim.

Os Yanomami são, tradicionalmente, exímios construtores de pontes de paus (*ɨraɨra kɨkɨ*), perfeitamente adaptadas à travessia dos igarapés e dos pequenos rios do seu território (*vide* Cocco, 1987:332-334). A CBDL registrou, assim, nos anos 1940, inúmeras pontes yanomami nas regiões dos Altos Rios Catrimani, Demini, Mapulaú e Toototobi (Jovita, 1948), algumas construídas sem o uso de ferramentas de metal: "As primeiras pontes avistadas no rio Catrimani demostravam que seus construtores, provavelmente os Uaicás [Yanomami], localizados nas proximidades, ainda não possuíam instrumentos metálicos cortantes, pois os paus foram torcidos ou amassados com machados de pedra". Tais pontes, sustentadas por características estruturas de paus cruzados em X, são até hoje onipresentes no território yanomami. De acordo com Fuentes (1980) usa-se para construí-las troncos de *Eschweilera coriacea*, *Tabebuia guayacan* e *Psidium* spp., resistentes ao apodrecimento, e corrimãos de lianas das famílias Bignoniaceae e Leguminosae (*Cydista aequinoctialis*, *Tynanthus polyanthus* e *Bauhinia* spp.). Cocco (1987) também menciona o aproveitamento da madeira de *Elizabetha* spp. na sua fabricação e Mattei-Muller (2007) da madeira de *Zollernia paraensis*, bem como de cipós *Arrabidaea* e *Machaerium ferox* (a última sendo particularmente resistente).

Plantas usadas para ornamentação corporal

Adornos

A vestimenta tradicional dos homens mais velhos da aldeia *Watorikɨ* consiste de um cordão (*kõtʰe*) de algodão (*Gossypium barbadense, xinaru uhi*) que envolve a cintura e segura o pênis pelo prepúcio. Ainda que hoje quase todos os mais jovens sigam a moda dos *shorts* de nylon coloridos, esse cordão geralmente continua sendo usado por baixo (ou, ao menos, ao redor da cintura). Segundo Cocco (1987), no passado ele podia ser confeccionado com fibras de *Cecropia*. Durante as festas *reahu* eram também usadas, ocasionalmente, grossas cinturas de algodão tingidas de urucum ou ornadas de desenhos roxos (sinusóides e pontos, geralmente) de *Picramnia spruceana* (*koe axihi* ou *hapaka axihi*).[167]

As mulheres de *Watorikɨ* vestem até hoje uma pequena tanga de algodão (*pesimakɨ*) tingida com urucum (Foto 39). Não usam roupas ocidentais na aldeia, só ocasionalmente para viagens à cidade (geralmente para tratamentos de saúde). Entretando, usar algodão manufaturado (lã vermelha) para a confecção dessas tangas é uma moda cada vez mais frequente. Os lados das tangas femininas são habitualmente enfeitados com pequenos cachos de sementes perfuradas (*tiritirimokɨ*) e pequenas conchas de rio (*sitipasipë*) que chacoalham com um som agradável. A esses ornamentos são muitas vezes acrescentados fragmentos de rabos de tucanos, peitos de cotingas e tangarás, ou de plumagem coloridas de várias outras espécies de pequenos pássaros (*seisikɨ*).[168]

Laços de algodão tingidos de urucum (*xinaru ukɨ*) são também usados por homens e mulheres como braçadeiras ou bandoleiras cruzadas no peito – e ainda pelas mulheres yanomami ocidentais como pulseiras, tornozeleiras e, ao redor da perna, logo abaixo do joelho. Hoje, todos esses ornamentos de algodão são, quando possível, substituídos por fileiras de pequenas contas de vidro coloridas. Os Yanomami da região do rio Catrimani usavam também como braçadeiras faixas de algodão chamadas *waopë*.[169] Tais faixas são tecidas com uma técnica tipo crochê com ponta de osso de macaco (*paxo onamo*), usando um pequeno cilindro de espata de palmeira *Socratea exorrhiza* (*manaka si*) como gabarito (*natopasi*). O mesmo processo de fabricação foi observado em Homoxi com um gabarito de casca de *Croton palanostigma* (nomeado *kotopari sihi* nessa região).

No passado, os Yanomami usavam colares feitos de algodão tingido de urucum nos quais eram amarrados a intervalos regulares pequenos fragmentos de madeiras aromáticas, como *Myroxylon balsamum* (segundo Fuentes, 1980) e *Securidaca diversifolia* (*kumi tʰotʰo*), ou de bulbos secos de certas plantas propiciatórias e apotropaicas cultivadas, como *Cyperus* spp. (*vide* a seguir a parte "Plantas na cosmologia"). Além dos onipresentes colares de contas de vidro, são confeccionados hoje

[167] Tais cinturas, chamadas *wãõ* pelos Yanomami ocidentais (Lizot, 2004; *vide* foto em Laudato, 1998:202), já bastante raras entre os Yanomami orientais no passado, não são mais usadas.

[168] De acordo com Lizot (2004), as mulheres dos Yanomami ocidentais usam, às vezes, frutos de *Ocotea neesiana* para este fim.

[169] B. Albert, observação pessoal.

Foto 39. Tecendo uma tanga de algodão. (W. Milliken, 1993)

colares de sementes de *Renealmia alpinia* (*mãokori sinakɨ*) e *R. floribunda* (*mãokori sinakɨ* ou *nini kɨkɨ*) que, enquanto ainda úmidas e moles, são enfiadas numa linha de algodão ou de fibra mais resistente de *Ananas* sp. Às vezes usa-se também para esses colares sementes de *Cardiospermum* sp. (*õha mokɨ*) e, ainda recentemente, de *Coix lacryma-jobi* (sem nome yanomami), como em muitas outras partes da América do Sul. Um dos nossos colaboradores de *Watorikɨ* mencionou também a utilização de sementes secas de uma pequena palmeira conhecida como *misɨkɨrima hanakɨ*.[170] Paradoxalmente, o uso de sementes para fazer colares é uma moda nova em *Watorikɨ*, inspirada por contatos com outros grupos indígenas e um incipiente comércio de artesanato. Entretanto, Cocco (1987) e Lizot (1984) mencionam um uso antigo de colares de sementes de *Miconia* sp. pelos Yanomami ocidentais.

As mulheres yanomami costumam usar como adornos, em três furos ao redor dos lábios e no septo nasal, bastonetes (*pirimahikɨ*) cortados do caule de uma gramínea herbácea, *Andropogon bicornis* (Foto 40). Esta planta é usada da mesma forma pelos Bora do Peru (Denevan e Treacy, 1987). Em *Watorikɨ*, varinhas finas de caule de folha nova da palmeira *Astrocaryum gynacanthum* (*xoo mosi*) são também colocadas no septo nasal. Bastonetes tirados da parte central de raízes aéreas novas de

[170] Essa espécie, parecida com *Geonoma baculifera* (*paa hanakɨ*), foi mencionada, nas terras altas, tanto pelo uso de suas folhas na cobertura de telhado quanto por seus frutos avermelhados, considerados comestíveis. Trata-se, possivelmente, de *Bactris simplicifrons*, cujas folhas são muito semelhantes às de *Geonoma baculifera*. Gertsch *et al.* (2002) registraram, ainda, o uso das sementes dessa espécie como miçangas e de sua folhas para a cobertura das casas entre os Yanomami do Alto Orinoco.

Foto 40. Ornamentos das mulheres yanomami, em Tootototobi. (B. Albert, 1981)

Chrysochlamys weberbaueri (*peima hi*), bem como, na região de Homoxi, de madeira de *Alexa confusa* (*kɨrapa kohi*) ou *Clathrotropis macrocarpa* (*wapo kohi*) podem ser igualmente utilizados como ornamentos faciais femininos. Segundo Fuentes (1980), é também o caso da madeira de *Rinorea riana*. Cocco (1987) registra o uso de *Protium* sp. (*warapa kohi*)[171] e Mattei-Muller (2007) *Thinouia obliqua* para o mesmo fim. Aparentemente, essas espécies são escolhidas por sua madeira não amarelar após a remoção da casca. Por sua vez, os homens yanomami de várias regiões costumam usar, em furos no lóbulo da orelha, seções dos caules resistentes de certas Poaceae e, inclusive, de cana-de-flecha (*Gynerium sagittatum*).[172]

Pinturas corporais

As pinturas corporais yanomami são feitas do vermelho de urucum (*Bixa orellana*, *nara xihi*), do preto da polpa do fruto verde do jenipapo (*Genipa americana*, *hoo maxihi*) e do roxo das folhas de *Picramnia spruceana* (*koe axihi* ou *hapaka axihi*).[173] Na região de Homoxi, observamos, além disso, o aproveitamento para pintura corporal preta dos pequenos frutos de uma Euphorbiaceae não identificada (*nana nahi*) e do látex de *Tabernaemontana heterophylla* (*akiama hi*).[174] A utilização do urucum e do jenipapo em pinturas corporais é, como se sabe, difundida por toda a Amazônia (Grenand e Prevost, 1994). A espécie *Picramnia spruceana* também é usada como tinta roxa pelos Panare da Venezuela e pelos Waorani do Equador (Boom, 1990; Davis e Yost, 1983).

[171] Registramos, na presente pesquisa, o nome *warapa kohi* para várias espécies de *Protium*. De acordo com Lizot (2004), essa designação aplica-se à *Crepidospermum rhoifolium* entre os Yanomami ocidentais da Venezuela.

[172] Lizot (2004) menciona também o uso de pedaços de casca aromática de *Myroxylon balsamum* para este fim.

[173] Essas tintas são também usadas para pintar cães (cabeça, pata, corpo), outros animais de estimação (como macacos *Cebus albifrons*) e diversos objetos (cestas, flechas, tipoias e ornamentos).

[174] Lizot (2004) descreve o uso de uma outra espécie de *Tabernaemontana*, *T. heterophylla* para o mesmo fim. O látex é misturado com fuligem para preparar uma pintura corporal preta.

Tintas de coloração azul escuro e roxa dos frutos maduros de *Oenocarpus bataua* e *Euterpe precatoria* são também ocasionalmente usadas pelos Yanomami para pinturas corporais (Anderson, 1978). Fuentes (1980) menciona, entre os Yanomami da Venezuela, o uso de *Genipa spruceana* para tinta preta (da mesma forma que *G. americana*) e dos frutos de *Corynostylis arborea* para tinta roxa.[175] Alès (1987a) registra, por sua vez, o uso de frutos de *Hieronyma* como corante violáceo, enquanto Mattei-Muller (2007) menciona o uso de frutos de *Smilax maypurensis* para obter essa cor. Cocco (1987) descreve também uma tinta azulada tirada dos frutos de *Renealmia* sp.,[176] enquanto Prance (1972) observou, entre os Yanomami do Alto Uraricoera, uma tinta roxa feita com *Pourouma* sp. Enfim, segundo Lizot (1984), os Yanomami da Venezuela usam as folhas de *Picramnia macrostachya* da mesma forma como utilizam *P. spruceana*, e aproveitam a resina de *Protium* sp. para produzir um tinta vermelha.

As pinturas corporais yanomami são baseadas num conjunto de motivos geométricos combinados de maneira complexa (Cocco, 1987; Laudato e Laudato, 1984; Laudato, 1998; Zerries e Schuster, 1974).[177] Elas são usadas principalmente durante as festas *reahu*, mas, em forma simplificada, também pelos mais jovens e/ou os mais vaidosos, na vida cotidiana, no final do dia. Sua origem é relatada num mito de origem do fogo, no qual antepassados humanos-animais (*yaroripë*) se pintam para uma dança de apresentação destinada a fazer rir o Jacaré que guardava o fogo na sua boca (Wilbert e Simoneau, 1990: M50). Esta dança, descrita pelo verbo *praɨaɨ*, abre hoje as festas *reahu*.

A tinta vermelha de urucum provém diretamente de arilos dos frutos de *Bixa orellana*, *nara xihi*, colhidos nas roças (*nara xikɨ*) ou de uma mistura desta tinta com óleo fragrante extraído do tronco da árvore *Copaifera* sp., *nara uhi* (*nara upë*).[178] Essa mistura com óleo de copaíba produz uma tinta espessa de um vermelho mais escuro. Ela pode ser reduzida no fogo para formar uma pasta que é guardada na forma de bolas de cor quase marrom, sendo armazenada para uso posterior. Lizot (1984) descreve uma preparação da tinta *nara upë*, à qual é acrescentada resina de *Inga* sp., entre os Yanomami ocidentais da Venezuela. A resina aromática da árvore *Myroxylon balsamum* (*mara sihi*) ou de uma espécie não identificada de *Protium* também pode ser acrescida à esta tinta (Lizot, 2004). Finalmente, uma fuligem fina produzida pela queima de bolas de resina de *Hymenaea parvifolia* (*ãro kohi*) ou de *Protium* spp. (*warapa kohi*) é misturada à pasta de urucum e ao óleo de copaíba para produzir uma tinta preta igualmente utilizada na pintura corporal (*nara uxirima upë*). Tal mistura é também usada pelos Caribe da Guiana (Roth, 1924).

Antes de partir para uma incursão belicosa contra uma comunidade inimiga, os guerreiros yanomami (*waipë*) pintavam seus corpos inteiramente de preto, com uma mistura de carvão triturado e seiva do tronco de *Couma macrocarpa* (*operema*

[175] Os frutos dessa espécie são duros e sem cor, podendo tratar-se, portanto, de uma identificação equivocada.

[176] A seiva preta-roxa dos frutos deste gênero era usada, no passado, como tinta para escrita pelos alunos das escolas na Guiana (Andel, 2000a).

[177] Foram registrados 18 nomes de motivos básicos durante nossa pesquisa linguística em *Watorikɨ*.

[178] Lizot (2004) menciona também uma árvore não identificada chamada *nana uhi*, que provavelmente é o mesmo *nara uhi* (*Copaifera* sp.) deste estudo.

axihi). Os habitantes de *Watorikɨ* não se envolvem mais em expedições guerreiras desde o fim dos anos 1970, quando ainda moravam, em sua maioria, no Alto Rio Catrimani. Entretanto, um ritual de guerra *watupamu* (Albert, 1985) foi realizado novamente em 1993, durante nossa pesquisa. Os homens de *Watorikɨ* pintaram-se de preto pela primeira vez em muitos anos (Foto 41) antes de partir para a região de Haximu, à procura de garimpeiros que haviam recentemente massacrado um grupo de Yanomami.[179] Nesse caso, o ritual de guerra tradicional, outrora realizado contra inimigos yanomami, foi ativado em solidariedade a um grupo yanomami desconhecido e contra agressores brancos.

Finalmente, a ornamentação corporal das festas *reahu* inclui também o uso de penugem branca de urubu-rei (*Sarcoramphus papa*) e de vários gaviões[180] colada nos cabelos (*hõromaepë*). A cola usada para esta finalidade é a seiva da árvore *Couma macrocarpa*, o látex de *Himatanthus* sp. ou o exsudato pegajoso das bananas-da-terra verdes. Segundo Mattei-Muller (2007), as folhas novas da palmeira *Attalea butyracea* são também aproveitadas pelos Yanomami ocidentais para tecer cocares usados nas iniciações xamânicas (*watoshe*) e, ocasionalmente, pelas crianças durante as danças de apresentação das festas *reahu*.

Foto 41. Os homens de *Watorikɨ* pintam-se com uma mistura de carvão triturado e látex de *Couma macrocarpa* (*operema axihi*) após o massacre em Haximu. (W. Milliken, 1993)

[179] Sobre o massacre de Haximu, *vide* Albert (1994), CCPY (2001) e Rocha (2007).

[180] *Leucopternis melanops*, *Micrastur ruficollis* e *Herpetotheres cachinnans*.

Folhas, flores e fragrâncias

As mulheres yanomami costumam usar como enfeites feixes de folhas e flores nos furos dos lobos de suas orelhas e em suas braçadeiras de algodão. As folhas mais usadas pelas mulheres de *Watorikɨ* são as de *Justicia pectoralis*, "folhas-de-mel" (*puu hanakɨ*), cujo cheiro baunilhado de cumarim é dito ter a propriedade de deixar os homens aturdidos. São também bastante utilizadas as folhas novas, verde vivo, de *Elizabetha* spp. (*ama hi*). Na região de Homoxi, as mulheres usam ocasionalmente nas suas braçadeiras brotos aromáticos de samambaia-trepadeira *Salpichlaena volubilis* (*xamanama tʰotʰo*).

Muito apreciados entre os adornos femininos são também os feixes feitos com camadas epidérmicas de folhas novas, ainda enroladas (*ãko*), de palmeiras *Geonoma baculifera* (*paa hanakɨ*), *Astrocaryum murumuru* (*maha si*), *A. gynacanthum* (*xoo mosi*) e *Mauritiella aculeata* (*torea si*). Cocco (1987) também registra para o mesmo uso as folhas de palmeiras *Bactris*, *Mauritia* e *Socratea* spp.

Observamos ainda, durante nossa pesquisa, o uso, pelas mulheres de *Watorikɨ*, de flores brancas das árvores *Posoqueria latifolia* (*weri nahi*) e *Solandra grandiflora* (*tʰooro a*), estas últimas podendo também ser esfregadas no corpo como perfume. Foi-nos mencionado, além disso, o uso de flores vermelhas de *Sanchezia* sp. (*ata hi*) e brancas de *Bauhinia guianensis* (*tuwakarama tʰotʰo*), bem como de inflorescências finas e filamentosas de uma árvore da família das Malvaceae chamada *makuta asihi* (provavelmente *Bombacopsis quinata*). Na região de Homoxi, vimos usar flores laranja de *Aphelandra macrostachya* (*opo moxi hi*), flores vermelhas alaranjadas de *Palicourea nitidella* (*mapu uhi*) e flores amarelas de *P.* aff. *quadrifolia* (*yãpi uhi*).

Obviamente, muitas outras flores podem ser consideradas apropriadas para adornos, e sua escolha depende muito da oportunidade e do gosto individual. Cocco (1987) relata assim o uso das flores róseo-claras de *Ceiba pentandra* e amarelas de *Tabebuia guayacan*. Segundo Finkers (1986), *Lantana trifolia* é até cultivada em algumas aldeias, especificamente para usar suas flores violáceas como adorno. Fuentes (1980), registra o uso das inflorescências de *Amasonia arborea*, *Bauhinia glabra*, *Celosia argentea*, *Cydista aequinoctialis*, *Guarea guidonia*, *Hippeastrum* sp., *Passiflora longiracemosa*, *Spathiphyllum* sp. e *Tabebuia* spp. e, da mesma forma, as folhas novas avermelhadas de *Licania kunthiana*. Lizot (1984; 2004) cita também as flores brancas e fragrantes de *Rosenbergiodendron formosum* e *Callichlamys latifolia*, as flores amarelas de *Cybistax* sp. e *Tynanthus polyanthus*; bem como as inflorescências vermelhas de *Pachystachys* sp. Finalmente, Mattei-Muller (2007) registra várias outras espécies usadas para fins ornamentais, como as folhas novas de *Annona* sp., *Apeiba membranacea* e *Sorocea guayanensis*, bem como as flores de *Calathea* sp., *Canavalia brasiliensis*, *Casearia* sp., *Crinum erubescens*, *Gustavia* sp., *Himatanthus attenuatus*, *Jacaranda copaia*, *Lippia alba*, *Mabea* sp., *Renealmia alpinia*, *Securidaca diversifolia*, *Siphocampylus* sp. e *Tocoyena brevifolia*.

Plantas utilizadas como psicotrópicos e estimulantes

Alucinógenos

O preparo e o uso pelos Yanomami de pós vegetais alucinógenos com fins xamanísticos foi descrito com bastantes detalhes por vários autores desde os anos 1960 (Biocca, 1966: VIII e 1979; Brewer-Carias e Steyermark, 1976; Chagnon *et al.*, 1970 e 1971; Fuentes, 1980; Lizot, 1976; Prance, 1970; Schultes e Holmstedt, 1968; Seitz, 1967).[181] As principais fontes desses alucinógenos são a resina da casca de *Virola* spp. e as sementes de *Anadenanthera peregrina*. Essas plantas contêm alcalóides indólicos derivados da triptamina, substâncias responsáveis por suas propriedades psicotrópicas (Agurell *et al.*, 1969). Seus fortes efeitos alucinógenos consistem em imagens coloridas e brilhantes que se deslocam com velocidade e, com menor intensidade, em alucinações auditivas. Plantas desses dois gêneros são aproveitadas para a mesma finalidade por muitos outros grupos indígenas da América do Sul (Altschul, 1972; Schultes e Raffauf, 1990).

Foto 42. Adornos de um xamã e tubo de cana-de-flecha usado para ministrar o pó alucinógeno *yãkoana a.* (W. Milliken, 1993)

O pó alucinógeno inalado pelos xamãs é ministrado por uma segunda pessoa, que o assopra através de um tubo de 60 a 90 cm (*horoma*), tradicionalmente confeccionado do caule oco de *Iriartella setigera* (*horoma si*). Na extremidade desse tubo é colada com resina uma meia semente perfurada de palmeira *Attalea maripa*, *õkorasi si* (*huka pihi*) que serve para vedar o contato com a narina (Foto 42). Conforme observado por Fuentes (1980), na Venezuela a palmeira *Iriartella* é bastante apropriada para a confecção de tubos, por possuir um caule fino, de madeira dura e com o interior mole. No Equador,

[181] Alucinógenos são também tomados por todos os homens, xamãs ou não, no último dia das festas *reahu*, antes de realizar diálogos cerimoniais de troca *yãimu* (Albert, 1985).

essa madeira é utilizada pelos Waorani na confecção de zarabatanas (Davis e Yost, 1983). Contudo, em *Watorikɨ*, é hoje mais comum fabricar tubos *horoma* com uma seção de cana-de-flecha (*Gynerium sagittatum*, *xaraka si*). Os caules de *Olyra latifolia* (*purunama usi*), *Ischnosiphon* spp. (*mokurama si*) ou de *Bactris maraja* (*moka mosi*) também podem ser utilizados para esta finalidade.

Os xamãs de *Watorikɨ* utilizam três "variedades" distintas de *Virola*:[182] *yãkoana a* (WM1780, ver Anexo 1), a mais frequentemente aproveitada; *haare a* (WM1917) que é considerada a mais potente;[183] e, enfim, *xioka a*[184] (WM1992) que é tida como mais fraca e de uso desagradável por causar irritação das vias nasais. Todas essas variedades enquadram-se na ampla categoria taxonômica da espécie *Virola elongata* (*sensu lato*), que inclui *V. theiodora*. Fuentes (1980) e Lizot (2004) também registraram a utilização de *V. sebifera* na sua área de estudo na Venezuela (este último notando que produz um alucinógeno de qualidade considerada inferior). O pó alucinógeno de *Virola* (*yãkoana a*) é confeccionado a partir de resina extraída por exsudação de tiras de casca da árvore expostas ao fogo ou de lascas de líber secadas ao sol.

Anadenanthera peregrina (*paara a*), considerada por nossos colaboradores como mais poderosa que a *Virola*,[185] não é encontrada nas proximidades da aldeia *Watorikɨ*. Contudo, suas sementes são geralmente adquiridas por meio de trocas com outros grupos yanomami, que costumam viajar longas distâncias até regiões de savana nas terras altas para colhê-las.[186] Às vezes, para contornar essa dificuldade, os Yanomami plantam árvores de *Anadenanthera* nas suas roças (Finkers, 1986; Lizot, 1984). Trata-se de uma espécie que cresce bem em solos empobrecidos, sendo frequentemente utilizada em projetos de reflorestamento de outras regiões do Brasil. O pó alucinógeno tirado desta árvore é confeccionado a partir da torrefação das suas sementes achatadas e onduladas.

Várias plantas são utilizadas como aditivos na preparação do pó de *Virola*, tais como as folhas secas e pulverizadas de *Justicia pectoralis* var. *stenophylla* (*maxahara hanakɨ*, Foto 43), possivelmente em parte por suas propriedades aromáticas (o cheiro de pó de *Virola* é bastante desagradável), já que nenhum componente psicotrópico tem sido encontrado nesta planta.[187] Outros ingredientes comuns são as cinzas da casca externa de *Duguetia lepidota* (*amatʰa hi*) e *Elizabetha leiogyne* (*ama hi*), cujo

[182] Um xamã de *Watorikɨ* mencionou ainda uma outra árvore, *xamaxamarema a*, usada, no passado, para produzir um alucinógeno considerado fraco e que pode ter sido uma outra espécie de *Virola*. Sobre o xamanismo em *Watorikɨ*, *vide* Albert e Kopenawa (2003).

[183] Esta variedade, tomada em grande quantidade, provocou até a morte de um adolescente em *Watorikɨ* nos anos 1980.

[184] Literalmente, *yãkoana* "ânus".

[185] De acordo com nossos colaboradores Yanomami da região de Homoxi, esta substância deve ser usada com cuidado pelos xamãs que a desconhecem, porque doses excessivas poderiam causar danos mentais ou mesmo a morte.

[186] Em 1993, um grupo de homens de *Watorikɨ*, em visita a Brasília para encontros com representantes do governo, aproveitou para colher sementes dessas árvores que descobriram próximo ao centro esportivo da universidade onde estavam hospedados.

[187] Folhas secas de *Justicia pectoralis* são fumadas na forma de cigarros pelos Waiãpi da Guiana Francesa (Grenand *et al.*, 1987). Contudo, Lizot (2004) menciona uma espécie de *Justicia* (*pore henakɨ*) utilizada sozinha como alucinógeno entre os Yanomami ocidentais da Venezuela. Registramos em *Watorikɨ* (Albert e Gomez, 1997:99) uma planta denominada de *pore hanakɨ* ("folha de fantasma"), também identificada como *Justicia* sp., porém caracterizada como planta de feitiçaria, causando um violento estado de agitação convulsiva e perda de consciência.

efeito químico também não foi elucidado. O benefício da adição dessas cinzas pode ser em parte mecânico: impedir o pó alucinógeno de aglutinar-se num clima fortemente úmido; mas é também possível que sua alcalinidade ajude a ativar os componentes psicotrópicos da *Virola*. Na região de Homoxi, sementes ou cascas pulverizadas de várias outras espécies entram também na composição do pó alucinógeno de *Virola elongata* (nomeado, no caso, *maxara a*), incluindo *Duguetia stelechantha* (*hapama hi*), *Micropholis melinoniana* (*apia hi*), *Myrcia* sp. (*pore hi*), *Theobroma cacao* (*proro unahi*), bem como um líquen não identificado (*pokoraxi*).

A utilização de *Justicia* e *Elizabetha* (*E. princeps*, uma espécie próxima) pelos Yanomami neste contexto foi registrada pelos vários autores citados no começo desta parte. Fuentes (1980) menciona também a utilização de *Aphelandra*? sp., *Isertia parviflora*, *Paullinia* (?) sp. e *Urera caracasana* como adjuvantes no preparo de alucinógenos, enquanto Mattei-Muller (2007) relata o uso de cinzas da casca de *Toulicia guianensis*. No entanto, nenhuma menção a essas plantas foi feita em *Watoriki* ou Homoxi para essa finalidade.

Foto 43. Folhas de *Justicia pectoralis* var. *stenophylla* (*maxahara hanakɨ*), aditivo do pó alucinógeno *yãkoana a*, plantadas perto da casa coletiva de *Watorikɨ*. (W. Milliken, 1993)

Tabaco e substitutos

Os homens Yanomami costumam manter uma grande brejeira de tabaco atrás do lábio inferior (ou, às vezes, do lábio superior) que, além de agir como estimulante, eleva o pH da saliva, ajudando a prevenir cáries. As brejeiras usadas pelas mulheres são mais discretas, evitando deformar o lábio inferior, decorado com bastonetes *pirima hikɨ*. Muito valorizadas, as plantas de fumo (*Nicotiana tabacum*) são semeadas nas roças e em volta da casa coletiva durante a estação das chuvas (a partir de abril). As folhas de tabaco previamente secadas são, no momento da confecção das brejeiras, umedecidas e misturadas às cinzas das fogueiras (Foto 44). São preferidas cinzas da queima da madeira de árvores dos gêneros *Acacia*, *Aspidosperma*, *Capirona*, *Duguetia*, *Duroia*, *Elizabetha*, *Fusaea*, *Garcinia*, *Inga*, *Picramnia*, *Rinorea*, *Sagotia*, *Trichilia* e, certamente, de vários outros. O efeito procurado com essa mistura de cinzas é provavelmente um aporte de alcalinidade destinado a realçar o efeito químico do tabaco, da mesma forma que em outras regiões da América do Sul se adiciona cal às folhas de coca (*Erythroxylum coca*) quando mascadas. Schultes e Raffauf (1990) bem como Prance (1972b) descrevem várias plantas usadas como aditivos ao rapé de tabaco de vários grupos indígenas do oeste e do noroeste da Amazônia, entre elas folhas secas e pulverizadas de *Inga* e *Cephaelis*, bem como cinzas de *Geonoma*, *Hyospathe*, *Scheelea* e *Theobroma*.

O tabaco é uma planta vulnerável, em particular à falta de umidade e às grandes lagartas verdes de esfingídeos *Manduca sexta*, conhecidas pelos Yanomami pelo nome de *yoropori* (*vide* mais adiante a parte "Plantas na mitologia"). A falta de tabaco é, assim, bastante frequente entre os grupos yanomami, cujos membros ficam num estado de privação bastante desagradável descrito como *kasi pexi*, "(ter) o lábio com desejo (sexual)". Quando faltam folhas de tabaco porque estas acabaram nas roças ou durante viagens longe da aldeia, outras plantas podem ser usadas como substitutas, sendo utilizadas basicamente da mesma forma.[188]

Foto 44. Misturando folhas de tabaco com cinza ainda quente. (W. Milliken, 1993)

Entre essas plantas substitutas do tabaco incluem-se os rizomas de *Zingiber officinale* (*amatʰa kɨkɨ*), as raízes de *Piper bartlingianum* (*paari mahekosikɨ*), a entrecasca de *Annona ambotay* (*totori mamohi*) e as folhas de *Besleria laxiflora* (*tixo nahe*),[189] *Erechtites hieraciifolia* (*yawere nahasihi*), *Gossypium barbadense* (*xinaru uhi*) e *Miconia lateriflora* (*xama siosihi*). Em Parawa u são utilizadas também as folhas de um arbusto chamado *yaraka hanakɨ*, nome usado entre os Yanomami ocidentais da Venezuela para designar o veneno de pesca *Phyllantus piscatorum* (Lizot, 2004).[190] O uso deste veneno de pesca

[188] Tais substitutos tendem a provocar uma sensação de ardência na boca semelhante ao tabaco, contudo nem sempre é claro se possuem as mesmas propriedades estimulantes.

[189] Lizot (2004) e Mattei-Muller (2007) registraram também o uso das folhas de *Besleria laxiflora* como substituto do tabaco pelas crianças e, ocasionalmente, das raízes da mesma espécie pelos adultos.

[190] O veneno de pesca equivalente cultivado em *Watorikɨ* é *Phyllanthus brasiliensis* (*parapara hi*).

como substituto do tabaco foi igualmente registrado entre os Yanomami do alto Orinoco por Gertsch *et al.* (2004), que, além disso, observaram o uso de *Solanum* spp. e *Psychotria* spp. nesse contexto.

Nossos colaboradores yanomami de Parawa u mencionaram ainda o uso das raízes de *Piper francovilleanum* (*mosipoima hanakɨ*) e de *Piper demeraranum* (*paari mahekokɨ*), enquanto Mattei-Muller (2007) relata o uso ocasional das raízes de *P. dilatatum* para o mesmo fim pelos Yanomami ocidentais da Venezuela. Vale observar aqui que os índios Panare da Venezuela mascam as folhas de *Piper piscatorium* da mesma maneira que as folhas de tabaco (Boom, 1990) e que os Kulina, do Peru, utilizam as folhas e as raízes secas e pulverizadas de *Piper interitum* como substitutas de rapé de tabaco. Várias espécies do gênero *Piper* são igualmente empregadas como estimulantes e ingredientes de alucinógenos na Amazônia peruana e também no litoral do Equador (Barfod e Kvist, 1996, Kvist e Holm-Nielsen, 1987). Outras espécies de *Piper* são utilizadas pelos Yali, habitantes das serras da Nova Guiné ocidental (Irian Jaya).[191] As plantas da família das Gesneriaceae, como *Besleria laxiflora* (*tixo nahe*), geralmente não são aproveitadas como estimulantes, porém os Siona-Secoya utilizam uma espécie desta família (*Columnea picta*) para este fim e fumam suas folhas no lugar do tabaco (Schultes e Raffauf, 1990).

Ao contrário desses estimulantes, os Yanomami creditam a algumas plantas propriedades calmantes. A fumaça produzida pela queima da casca exterior de *Zollernia paraensis* (*opo sihi*, *uki usihi*), que se desfaz espontaneamente em grandes lascas, é queimada embaixo da rede de bebês chorões para acalmá-los (diz-se ter um efeito narcótico também sobre adultos). Também creditam à árvore *Licaria aurea* (*hõko mahi*) um leve efeito entorpecente sobre quem toma mingau de banana-da-terra num cocho de sua madeira.

Plantas medicinais

A farmacopeia yanomami

Muitos dos primeiros estudos antropológicos realizados entre os Yanomami (por exemplo, Chagnon, 1968) afirmaram que o conhecimento e o uso de plantas medicinais por este grupo são bastante limitados. Essa avaliação equivocada é reproduzida até em estudos etnobotânicos relativamente recentes (como em Plotkin, 1993). Contudo, ficou bastante evidente que essa subestimação se originou principalmente da exclusiva atenção dada pelos pesquisadores às espetaculares curas xamanísticas yanomami (*nëhë yaxuu*), em detrimento das discretas práticas fitoterapêuticas que as seguiam (*hʷërimãɨ*). O fato de a grande maioria das plantas medicinais yanomami (*hʷërɨmamotima tʰëpë*) vir da floresta e de seu uso ser, antigamente, de responsabilidade das mulheres idosas pode também ter contribuído para favorecer esse equívoco.

Nas sessões de cura yanomami, os xamãs (*xapiri tʰëpë*, "pessoas 'espíritos'") inalam pós alucinógenos (*yãkoana a* ou *paara a*) que induzem a um estado visionário durante o qual "chamam", "fazem descer" e "fazem dançar" entes auxiliares (*xapiri-pë*), invisíveis aos humanos comuns (*kuapora tʰëpë*), aos quais se identificam por meio de coreografias e cantos específicos

[191] Observação pessoal de W. Milliken.

(*xapirimu*, "agir como 'espírito'"). Os *xapiripë* são descritos como humanóides em miniatura extremamente luminosos e poderosos. Eles são sucessivamente convocados pelos xamãs em função da relevância de suas armas e aptidões no processo terapêutico, que visa identificar e combater uma série de agentes patogênicos temidos (xamãs inimigos, entes maléficos da floresta, feiticeiros etc.).[192]

Os xamãs tratam, portanto, da etiologia das doenças, agindo sobre o "corpo interior" (*uuxi*) e sobre a "imagem corporal/ essência vital" (*utupë*) dos seus pacientes. Contudo, depois dessa intervenção (etiológica e masculina) segue, geralmente, como descrito em vários trechos de Valero (1984), um tratamento feminino dos sintomas que afetam o envelope corporal (*siki*) dos doentes, consistindo em diversas medicações (bebidas, banhos, aplicações, inalações etc.) à base de plantas, fungos e (em menor escala) insetos e outros animais.[193]

Esta "medicina caseira" yanomami trata, assim, dos corpos enfermos como "resíduos" (*kanasi*) da sua devoração pelos agentes patogênicos debelados pelos xamãs. Contudo, essa prática encontra-se em certo declínio, tanto pelo fato de poucas mulheres idosas terem sobrevivido às epidemias que assolaram este povo, principalmente desde o fim dos anos 1970, quanto pela crescente dependência dos Yanomami dos remédios industrializados. Nossa pesquisa sobre as plantas medicinais foi realizada justamente a pedido dos médicos da CCPY, com o intuito de promover um resgate desses saberes fitoterapêuticos, ainda bem lembrados por alguns membros mais velhos das comunidades visitadas, porém hoje raramente colocados em prática.

Um levantamento inicial efetuado entre 1993 e 1994 com a ativa colaboração dos membros da aldeia de *Watoriki* revelou o conhecimento de pelo menos 113 espécies de plantas e fungos medicinais – número por si só bastante significativo. Uma pesquisa complementar realizada em 1995 na região de Xitei (terras altas) permitiu, por sua vez, o registro de 109 espécies medicinais, das quais 80 não haviam sido ainda coletadas em *Watoriki*. Essa diferança remete, por uma parte, à variação florística entre as duas regiões. Assim, várias "novas" espécies coletadas em Xitei – como, por exemplo, *Croton palanostigma* (*kotoporo sihi*), *Swartzia schomburgkii* (*xitokoma hi*), *Tabernaemontana angulata* (*akiama hi*) – não se encontram nas florestas de terras baixas ao redor de *Watoriki*.[194] Entretanto, há de se notar, também, que certas espécies presentes nas duas localidades podem, às vezes, ter indicações medicinais diferentes ou ter uso medicinal numa região e não na outra.

Dados adicionais, coletados durante uma breve visita em Parawa u e durante nossa pesquisa de 2002 em Homoxi, fizeram com que se chegasse a um total de pelo menos 203 espécies vegetais de uso medicinal entre os Yanomami do Brasil. As diferenças substanciais entre as informações coletadas em *Watoriki* e Xitei, por exemplo, sugerem que estudos realizados em

[192] Sobre xamanismo e sistema de interpretação yanomami da doença *vide* Albert (1985), Albert e Gomez (1997) e Albert e Kopenawa (2003).

[193] Vários insetos com propriedades medicinais foram coletados durante nossas pesquisas, inclusive três espécies de abelhas, oito de formigas e duas de cupins. Na região de Homoxi, foi observado, posteriormente, o uso medicinal de moluscos como *xitokoma akasi* (*Aylocostoma* sp.) e girinos *xãã xipë* (*Pseudis* sp.).

[194] Apesar de sua ausência na região de *Watoriki*, alguns membros mais velhos da comunidade lembravam do uso dessas plantas quando o grupo ainda morava nas terras altas.

outras comunidades poderiam ainda auferir quantidades consideráveis de novas informações.[195] Como antes mencionado, a grande maioria das plantas medicinais yanomami consiste em espécies silvestres; contudo, algumas delas (16) são cultivadas somente por suas propriedades curativas ou também para outros usos importantes (alimento, fibra etc.).

Ainda não foram realizados estudos aprofundados sobre o uso de plantas medicinais pelos Yanomami na Venezuela. Entretanto, indicações preliminares sugerem que a situação possa ser semelhante à que foi evidenciada pelas nossas pesquisas no Brasil. Cocco (1979, 1987) e Fuentes (1980) registraram assim na região do Alto Orinoco o uso de algumas espécies dotadas de propriedades curativas: *Smilax* sp. (febre e bronquite), *Costus* sp. (febre e disenteria), *Codonanthe* sp. (febre e diarreia), *Clavija* sp. (abscessos), *Tabernaemontana* sp. (dor de dente e vermes), *Phyllanthus piscatorum* (feridas de flechas), *Musa* sp. (feridas), *Protium* sp. (diarreia), *Zollernia* sp. (calmante para bebês) e *Trametes* sp. (controle de enurese noturna das crianças). Além disso, Gertsch *et al.* (2002; 2004) mencionam o uso medicinal de *P. piscatorum* (infecções vaginais), *Socratea exorrhiza* e *Iriartea deltoidea* (picadas de formigas). Finalmente, Mattei-Muller (2007) menciona várias outras espécies de uso curativo entre as quais: *Mandevilla* sp. (infecções bucais), *Dieffenbachia duidae* (infestação de "berne"), *Bixa orellana* (malária e hepatite), *Coussapoa* sp. (pitiríase), *Cayaponia* sp. (malária), *Cyperus articulatus* (febre malárica), *Acalypha* sp. (escabiose), *Eleutherine bulbosa* (aftas), *Inga edulis* (diarreia), *Tachigali paniculata* (fadiga), *Pourouma* sp. (infecções cutâneas), *Malpighia glabra* (febre), *Passiflora* sp. (infecções oculares), *Capirona decorticans* (malária), *Solanum sessiliflorum* (febre e catarro), *Piper dilatatum* (dores), *Herrania lemniscata* (aftas), *Urera* spp. (dores corporais), *Cissus erosa* (febre malárica), *Vitis tiliifolia* (febre) e *Qualea* sp. (indicação não especificada). Muitas dessas plantas foram igualmente registradas durante nossas pesquisas no Brasil (ainda que nem sempre exatamente para as mesmas indicações). Entretanto, ao menos 12 delas constituem novos registros, o que eleva o total de plantas medicinais registradas entre os Yanomami a um mínimo de 215.

A partir dessas primeiras pesquisas, a abrangência da farmacopeia yanomami mostra-se desde já comparável ou até maior que a maioria das registradas entre outros povos indígenas da Amazônia. Bennett (1992), por exemplo, relacionou 245 espécies medicinais entre os Shuar; Grenand *et al.* (1987) listou 180 entre os Waiãpi; Boom (1987) listou 174 entre os Chácobo; Cavalcante e Frikel (1973) identificaram 171 entre os Tiriyó e coletaram mais 157 espécies não classificadas; Balée (1994) registrou 110 espécies entre os Ka'apor; e Glenboski (1983) 84 entre os Tikuna. Contudo, tais números não podem de alguma maneira ser considerados representativos da abrangência total do conhecimento desses povos indígenas da Amazônia sobre plantas medicinais. Constituem apenas um indicativo parcial dos números de espécies aproveitadas por cada um deles.

Em *Watoriki*, onde nossa pesquisa foi mais sistemática e duradoura, é possível que a maior parte do saber sobre plantas medicinais ainda disponíveis entre os membros mais velhos da comunidade já tenha sido registrada. Porém, o tempo dos nossos trabalhos de campo em Xitei, Parawa u e Homoxi tem sido relativamente curto, e assim não podemos pretender que a

[195] Das 33 espécies medicinais registradas em Homoxi, só cinco não tinham sido coletadas em pesquisas anteriores. Vinte e quatro das 28 plantas já coletadas em outras regiões da área yanomami foram registradas com indicações terapêuticas semelhantes.

totalidade de espécies medicinais conhecidas nessas três localidades tenha sido registrada. O número total de plantas medicinais conhecidas pelos Yanomami é, sem dúvida alguma, muito superior ao que foi documentado até agora, e sua farmacopeia poderá, com o tempo, revelar-se uma das mais abrangentes e diversificadas registradas na Amazônia.

Tabela 11. Algumas das plantas medicinais utilizadas pelos Yanomami do Brasil[196]

Espécies	Famílias	Nomes yanomami	Uso medicinal
Abuta rufescens	Menispermaceae	*werehe t^{h}ot^{h}o*	Malária
Anacardium giganteum	Anacardiaceae	*oru xihi*	Diarreia e distúrbios gástricos
Aristolochia disticha	Aristolochiaceae	*xuu t^{h}ot^{h}o*	Diarreia e distúrbios gástricos
Aspidosperma nitidum	Apocynaceae	*poo het^{h}ohi*	Malária
Astrocaryum aculeatum	Arecaceae	*ërɨ si*	Febre
Bauhinia guianensis	Leguminosae	*tũwakarama t^{h}ot^{h}o*	Diarreia, distúrbios gástricos e malária
Caladium bicolor	Araceae	*xõwa a*	Feridas, dor de dente
Canna indica	Cannaceae	*makerema asi*	Febre
Capsicum frutescens	Solanaceae	*prika ahi*	Infecção respiratória e conjuntivite
Cecropia cf. *angulata*	Cecropiaceae	*tokori hanakɨ*	Furúnculos e abscessos
Clematis dioica	Ranunculaceae	*hemare mot^{h}okɨ*	Irritação cutânea
Clusia spp.	Clusiaceae	*poripori t^{h}ot^{h}o*	Feridas, infecção de bicho-de-pé
Costus guanaiensis	Costaceae	*naxuruma akɨ*	Náuseas, fraqueza e tosse
Croton palanostigma	Euphorbiaceae	*kotoporo sihi*	Febre e distúrbios gástricos
Cymbopogon citratus	Poaceae	*makɨyuma hanakɨ*	Dores musculares e dores instestinais
Cyperus articulatus	Cyperaceae	*haro kɨkɨ*	Febre e distúrbios gástricos
Dieffenbachia bolivarana	Araceae	*xenoma a*	Picadas de formiga tocandira
Drymonia coccinea	Gesneriaceae	*hura hanakɨ*	Febre
Geophila repens	Rubiaceae	*mamowai kɨkɨ*	Conjuntivite e febre
Gossypium barbadense	Malvaceae	*xinaru uhi*	Sapinho
Guarea grandifolia	Meliaceae	*kãra ahi*	Dores corporais
Gustavia augusta	Lecythidaceae	*pooko sihi*	Abscessos
Hippeastrum puniceum	Amaryllidaceae	*si waima a*	Distúrbios gástricos

[196] Essas espécies foram selecionadas por terem sido registradas e publicadas em outros estudos com as mesmas indicações medicinais atribuídas pelos Yanomami. Nomes de espécies cujas indicações medicinais parecem ser peculiares aos Yanomami, foram suprimidos desta e de publicações anteriores, no intuito de minimizar o risco de violação dos seus direitos de propriedade intelectual (*vide* Milliken e Albert, 1996; 1997a).

Espécies	Famílias	Nomes yanomami	Uso medicinal
Hymenaea parvifolia	Leguminosae	*ãro kohi*	Distúrbios respiratórios
Inga acuminata	Leguminosae	*ria moxiririma hi*	Candidíase bucal
Machaerium quinata	Leguminosae	*rããsirima t^{h}ot^{h}o*	Dores intestinais e vermes
Maranta arundinacea	Marantaceae	*hore kɨkɨ*	Feridas
Monstera adansonii	Araceae	*xãã a*	Abscessos
Nicotiana tabacum	Solanaceae	*pee nahe*	Infestação por "berne"
Peperomia magnoliifolia	Piperaceae	*në wãri hanakɨ*	Febre
Peperomia rotundifolia	Piperaceae	*oru kɨkɨ wite*	Tosse e febre
Philodendron solimoesensis	Araceae	*puu t^{h}ot^{h}o*	Picadas de escorpião
Phlebodium decumanum	Polypodiaceae	*t^{h}okosi hanakɨ*	Tosse
Phytolacca rivinoides	Phytolaccaceae	*kripɨari hi*	Feridas de bicho-de-pé e febre
Picramnia spruceana	Picramniaceae	*koe axihi*	Feridas, afecções cutâneas e tosse
Piper arborea	Piperaceae	*kahu mahi*	Febre
Polybotrya caudata	Dryopteridaceae	*kuxixima hanakɨ*	Febre
Pothomorphe peltata	Piperaceae	*mahekoma hanakɨ*	Febre e disenteria
Protium spruceanum	Burseraceae	*warapa kohi*	Distúrbios respiratórios, febre
Renealmia floribunda	Zingiberaceae	*nini kɨkɨ*	Dores
Sagotia racemosa	Euphorbiaceae	*sina hi*	"Berne"
Siparuna guianensis	Siparunaceae	*mõe hi*	Tonteira
Solanum stramoniifolium	Solanaceae	*pirima ahɨ si*	Febre
Spondias mombin	Anacardiaceae	*pirima ahɨt^{h}ot^{h}o*	Febre
Swartzia schomburgkii	Leguminosae	*xotokoma hi*	Diarreia e dores intestinais
Tabernaemontana macrocalyx	Apocynaceae	*ãkia hi*	Vermes e infestação de "berne"
Tabernaemontana sananho	Apocynaceae	*t^{h}oru h^{w}ãtemohi*	Vermes
Tanaecium nocturnum	Bignoniaceae	*puu t^{h}ot^{h}omokɨ*	Irritação cutânea
Uncaria guianensis	Rubiaceae	*ërama t^{h}ot^{h}o*	Diarreia e distúrbios gástricos
Urera baccifera	Urticaceae	*ɨra nakɨ*	Dores musculares e câimbras
Vismia angusta	Hypericaceae	*yoasi hi*	Micoses cutâneas
Vismia guianensis	Hypericaceae	*siiriama sihi*	Feridas e queimaduras
Zanthoxylum pentandrum	Rutaceae	*nãhara hi*	Dor de dente
Zanthoxylum rhoifolium	Rutaceae	*mamo wai hanakɨ*	Conjuntivite
Zingiber officinale	Zingiberaceae	*amat^{h}a kɨkɨ*	Dor de dente e tosse

O elenco de famílias botânicas representadas entre as plantas medicinais coletadas em Xitei e em *Watorikɨ* é muito similar (*vide* Tabela 12), demostrando uma presença especialmente forte das Leguminosae (*sensu lato*) e das Piperaceae em termos do número de espécies utilizadas. A grande maioria das famílias é representada por apenas uma ou duas espécies; porém, existe um pequeno grupo de famílias fortemente presente no elenco total das plantas registradas: 46% (91) das espécies pertencem à apenas 14% (11) das famílias. As pequenas diferenças que aparecem na representação de famílias botânicas entre as duas regiões podem, em parte, ser consequência das variações florísticas entre terras altas e terras baixas.

A composição taxonômica do conjunto das plantas medicinais yanomami é bastante típica das farmacopeias indígenas registradas no norte da Amazônia. Piperaceae, Leguminosae, Araceae, Rubiaceae, Moraceae, Annonaceae, Apocynaceae e Clusiaceae são bem representadas na literatura sobre fitoterapia na Amazônia – todas elas figurando, por exemplo, entre as 13 principais famílias (por número de espécies aproveitadas) apresentadas num levantamento geral das plantas medicinais da Guiana Francesa (Grenand *et al.*, 1987). Mesmo que tais resultados possam ser considerados indicadores das famílias botânicas dotadas das maiores propriedades farmacológicas da região amazônica, é importante guardar em mente a abrangência e a diversidade relativa dessas famílias, parâmetros que certamente influenciam seu nível de representação. As Leguminosae, por exemplo, constituem a família botânica mais diversificada em termos de espécies na floresta amazônica, portanto

Foto 45. *Eleutherine bulbosa* (*yuri nakɨhanakɨ*), uma planta medicinal cultivada em *Watorikɨ*, onde é usada para tratar a candidíase bucal em bebês. (W. Milliken, 1993)

Tabela 12. Principais famílias de plantas medicinais registradas entre os Yanomami no Brasil

Total		Xitei		*Watoriki*	
Famílias	Nº spp. (n°gêneros)	Famílias	Nº spp. (n°gêneros)	Famílias	N º spp. (n°gêneros)
Leguminosae	16 (14)	Leguminosae	9 (9)	Leguminosae	9 (9)
Araceae	13 (6)	Piperaceae	8 (3)	Piperaceae	8 (2)
Piperaceae	13 (3)	Gesneriaceae	6 (3)	Araceae	6 (4)
Rubiaceae	10 (6)	Araceae	4 (4)	Rubiaceae	6 (6)
Clusiaceae	8 (3)	Melastomataceae	4 (2)	Annonaceae	4 (4)
Gesneriaceae	7 (4)	Acanthaceae	3 (3)	Apocynaceae	4 (2)
Annonaceae	6 (4)	Burseraceae	3 (1)	Moraceae	4 (3)
Moraceae	6 (5)	Clusiaceae	3 (3)	Arecaceae	3 (3)
Apocynaceae	5 (2)	Moraceae	3 (3)	Bignoniaceae	3 (3)
Arecaceae	5 (5)	Myrtaceae	3 (2)	Zingiberaceae	3 (2)
Burseraceae	5 (2)	Orchidaceae	3 (1)		
Menispermaceae	5 (3)	Rubiaceae	3 (3)		
Malvaceae	4 (4)	Solanaceae	3 (3)		
Melastomataceae	4 (2)				
Euphorbiaceae	4 (4)				
Polygonaceae	4 (1)				
Rutaceae	4 (2)				
Zingiberaceae	4 (2)				

não é surpreendente que o número de plantas medicinais yanomami pertencentes a esta família seja tão importante. No entanto, um estudo sobre plantas medicinais do Peru (Phillips e Gentry 1993b) evidenciou também disparidades entre o tamanho das famílias e seu "valor de aproveitamento", situação igualmente encontrada nos dados yanomami, em que as Piperaceae e as Araceae, por exemplo, são representadas por muito mais espécies do que se poderia esperar do tamanho destas famílias.

A maioria das plantas medicinais registradas em *Watoriki* estava, aparentemente, caindo em desuso na época de nossa pesquisa, sendo apenas utilizadas ocasionalmente, quando não se tinha possibilidade de acesso a remédios industriais (por exemplo, durante caçadas ou viagens).[197] O declínio do uso dessa fitoterapia tradicional começou muito provavelmente no fim dos anos 1970, com o acesso permanente do grupo à enfermaria do posto da Funai de Demini, e se acentuou a partir dos anos 1980, como nos foi relatado, com a morte das últimas mulheres idosas da aldeia (a última anciã de *Watoriki*, mãe de um dos nossos principais colaboradores nesta pesquisa, faleceu em 1984). Atualmente, portanto, apenas alguns poucos homens mais velhos detêm a maior parte do saber sobre as plantas medicinais da comunidade, pois o adquiriram no passado, ao observar as práticas de suas mães e serem curados por elas.

A farmacopeia tradicional dos Yanomami inclui remédios para tratar todos os distúrbios de saúde menores que afetavam suas vidas cotidianas antes do contato e até vários remédios contra a malária e diversos sintomas ou complicações da gripe. A maior parte dessas plantas medicinais é utilizada, portanto, para o tratamento de febres, distúrbios gastrointestinais, diarreia, malária, doenças infecciosas, tosse, conjuntivite, dor de dente, cefaleias, picada de cobra, irritações cutâneas, parasitas intestinais, infecção ou congestão das vias respiratórias, dores musculares, candidíase bucal, picadas de formigas tocandira etc. (*vide* Tabela 11).[198]

O uso das plantas medicinais yanomami, por embasar-se numa conceituação de doenças bastante diferente daquela da medicina ocidental, não apresenta necessariamente correlações simples com as categorias nosográficas desta última. Por exemplo, muitas plantas são associadas pelos yanomami ao tratamento sintomático de uma única categoria de doenças, bastante abrangente: *xawara a wai* (ou, simplesmente, *xawara*), que corresponde à noção de "doença infecciosa epidêmica" e engloba pelo menos 18 tipos de afecções contagiosas específicas associadas à chegada dos brancos. Essa categoria inclui, assim, sarampo, gripe, coqueluche, catapora etc. (Albert e Gomez, 1997). De maneira interessante, em Xitei, a categoria *xawara a wai* tem por sinônimo *teosi a wai*, "epidemia de Deus" (*teosi*), pois os primeiros brancos a instalar-se na região do Alto Rio Parima foram missionários evangélicos. Quando uma planta medicinal é indicada como remédio para *xawara*, isso geralmente significa que é usada para aliviar um ou mais sintomas associados a essa categoria de doenças, ou seja, febres, cefaleias, dores musculares, dores articulares etc.

Finalmente, se comparamos as indicações da farmacopeia yanomami com as indicações das plantas medicinais usadas por outros grupos das terras baixas sul-americanas, mais uma vez são encontradas semelhanças consideráveis (*vide* Tabela 13). Contudo, não é possível realizar comparações quantitativas diretas a partir de tais dados, e as diferenças de categorização das doenças pelos quatro grupos (como também por parte dos etnobotânicos envolvidos) refletem-se também na maneira segundo a qual os remédios são classificados. Existe, contudo, entre os quatro grupos, uma clara preponderância de certas

[197] Os medicamentos ocidentais, em particular antibióticos e antimaláricos, adquiriram, em virtude de sua eficácia, um grande prestígio durante as grandes epidemias que afetaram os Yanomami nos anos 1970 e 1980.

[198] Segundo dados médicos da CCPY (1997), as doenças mais frequentes nas comunidades de *Watoriki*, Toototobi e Parawa u eram, na época de nossa pesquisa: gripe (51% dos casos), malária (7%), complicações da gripe (6%), lesões/traumas (6%), conjuntivite (5%), diarreia (5%), afecções cutâneas (5%) e febres de origem desconhecida (4%).

Tabela 13. Comparativo das principais indicações de plantas medicinais entre quatro povos das terras baixas sul-americanas[199]

Yanomami	Spp.	Chácobo	Spp.	Miraña	Spp.	Tiriyó	Spp.
Febres	73	Dores intestinais	32	Afecções cutâneas	23	Febres	53
Gastrointestinal[1]	42	Infecções cutâneas	26	Febres	19	Feridas e úlceras	21
Infecções respiratórias[2]	23	Diarréia	25	Gastrointestinal	19	Reumatismo	9
Malária[3]	19	Reumatismo	25	Reumatismo	8	Cefaleia	8
Dores corporais[4]	18	Dor de dente	10	Infecções	10	Anemia e fraqueza	7
Doenças infecciosas[5]	17	Hepatite	10	Inflamações	8	Gastrointestinal	6
Conjuntivite	13	Febres	9	Dores	8	Dor de dente	6
Cefaleia	12	Vômitos	9	Feridas	8	Tonturas	6
Dor de dente	12	Apendicite	6	Infecção respiratória	5	Tosse	6
Picada de cobra	11	Cefaleia	5	Picada de cobra	6	Convulsões	4
Irritação cutânea	10	Conjuntivite	4	Conjuntivite	3	Conjuntivite	4
Vermes (intestinais)	10	Resfriados	3	Fígado	3	Hepatite	4

1 Incluindo dores gastrointestinais, diarreias e disenterias.

2 Incluindo tosse, resfriado e gripe.

3 Excluindo as espécies usadas simplesmente para febres em geral (incluindo febres maláricas).

4 Incluindo dores lombares, dores articulares e reumatismos.

5 Incluindo várias doenças infecciosas de caráter epidêmico, como sarampo, coqueluche etc., designadas como *xawara a wai* (*vide* Albert e Gomez, 1997: 114-115).

afecções, tais como os sintomas (febre, tosse, cefaleias, dores musculares e articulares) e as complicações de doenças infecciosas (infecções respiratória, conjuntivite), distúrbios gastrointestinais, afecções cutâneas (irritações, infecções e micoses), dores de dente etc.

Técnicas de preparo e aplicação

A maior parte dos remédios da farmacopeia yanomami levantados durante nossa pesquisa é preparada usando folhas ou casca das plantas medicinais e, menos frequentemente, suas raízes, sua seiva (látex), seus frutos, flores, caules e outras partes. As árvores (72 spp.) e ervas terrestres (47 spp.) estão entre as fontes mais comuns de remédios, mas lianas (27 spp.), arbustos (26 spp.) e epífitas (23 spp.) são também fontes importantes. A maioria das plantas é preparada e usada

199 Dados da presente pesquisa [Yanomami], de Boom (1987) [Chácobo], La Rotta (1988) [Miraña], e Cavalcante e Frikel (1973) [Tiriyó].

separadamente, de acordo com um padrão comum nas fitoterapias indígenas da Amazônia. Assim, por exemplo, entre os 124 preparados medicinais registrados pelos Tikuna da Colômbia por Glenboski (1983), apenas dez envolviam mais de uma espécie vegetal. Da mesma forma, os Waiãpi da Guiana Francesa utilizam a maioria de suas plantas medicinais isoladamente e não em combinações: Grenand *et al.* (1987) registraram 266 preparos com uma única planta, contra apenas 16 remédios compostos.

A fitoterapia yanomami contempla vários métodos de preparo e aplicação de seus remédios (Foto 46). Para alguns tratamentos (por exemplo, contra cefaleias e dores gastrointestinais), tiras de cascas de árvores ou caules de plantas são socados (para liberar sua seiva), e uma vez amaciados dessa maneira são simplesmente amarrados em torno da região afetada (Foto 47). A espécie *Renealmia alpinia* (*mãokori sinakɨ*), por exemplo, é ligada ao redor da testa no tratamento de cefaleias.

Foto 46. Aplicação de folhas urticantes de *Urera baccifera* (*ɨra nakɨ*) na testa para aliviar cefaleias. (W. Milliken, 1993)

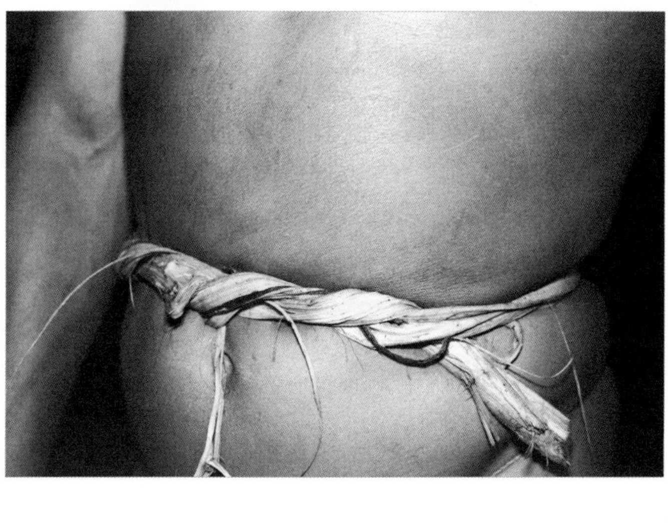

Foto 47. Cinto feito da casca amassada de *Uncaria guianensis* (*ërama* $t^{h}ot^{h}o$) para o tratamento de dores gastrointestinais. (W. Milliken, 1993)

Algumas das plantas utilizadas desse modo, tais como *Uncaria guianensis* (*ërama t^{h}ot^{h}o*) e *Aristolochia disticha* (*xuu t^{h}ot^{h}o*), podem também entrar na preparação de bebidas (macerações e infusões) para curar as mesmas afecções gastrointestinais, o que sugere que os princípios ativos dessas plantas podem ser absorvidos tanto pela pele quanto pela parede do estômago.

Um outro modo de tratamento, no caso de congestão/inflamação das vias respiratórias, tonteiras e náuseas, é fazer com que o paciente inale as emanações de folhas amassadas na mão ou de resinas, por exemplo, *Siparuna guianensis* (*mõe hi*) e *Protium* spp. (*warapa kohi*). Para a cura da conjuntivite, pode-se também recorrer a vapores de folhas ou cascas que são levadas ao fogo e então aproximadas dos olhos (Foto 48). Além disso, a maneira de preparar os remédios de uso oral – muitos dos quais utilizando a entrecasca de árvores e cipós – pode variar consideravelmente, dependendo das circunstâncias em que o tratamento é administrado. Na aldeia, a casca pode ser preparada na forma de uma infusão, enquanto na floresta, durante uma caçada ou uma viagem, pode ser simplesmente amassada e espremida num "copo" de água fria improvisado com uma folha *Calathea* dobrada (Fotos 49, 50).

No caso de remédios preparados com cascas de árvores, geralmente se remove a casca exterior do tronco antes de raspar finas lascas da entrecasca. Essas lascas são então recolhidas num pequeno embrulho de folhas de Marantaceae colocado nas brasas da fogueira para esquentar (Foto 51). Esse embrulho quente é, então, espremido para liberar a seiva das lascas que é, finalmente, bebida, diretamente ou misturada com água, ou, nesse caso, também administrada na forma de banho. Alguns fungos e plantas são queimados e suas cinzas são utilizadas como remédios, especialmente para o tratamento de bebês com candidíase bucal. Para essa finalidade, as cinzas são coladas no mamilo da lactante com um pouco de saliva ou, melhor, com seiva pegajosa de banana-da-terra verde, sendo assim espalhadas de forma bastante efetiva na boca da criança enquanto é amamentada (Foto 52). Com a mesma indicação, as folhas de *Inga acuminata*, ricas em taninos, são pulverizadas (mas não queimadas) e aplicadas seguindo a mesma técnica.

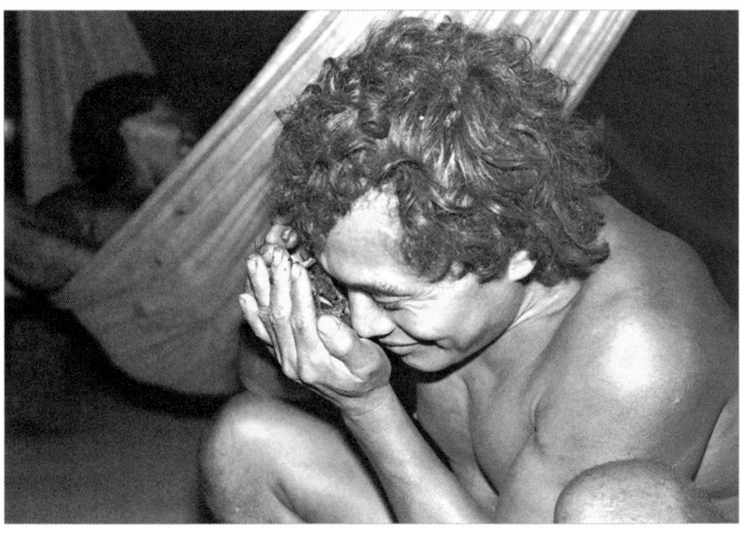

Foto 48. A entrecasca de *Hymenaea parvifolia* (*ãro kohi*), aquecida ao fogo, é segurada próxima aos olhos no tratamento de conjuntivite. (W. Milliken, 1993)

Foto 49. Espremendo casca de *Anacardium giganteum* (*oruxi hi*) num "copo" de folha para o tratamento de diarreia. (W. Milliken, 1993)

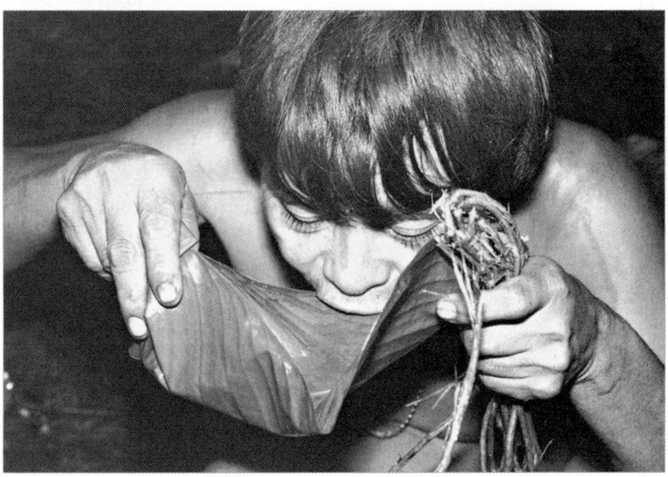

Foto 50. Tomando uma bebida medicinal preparada com raízes de Araceae. (W. Milliken, 1993)

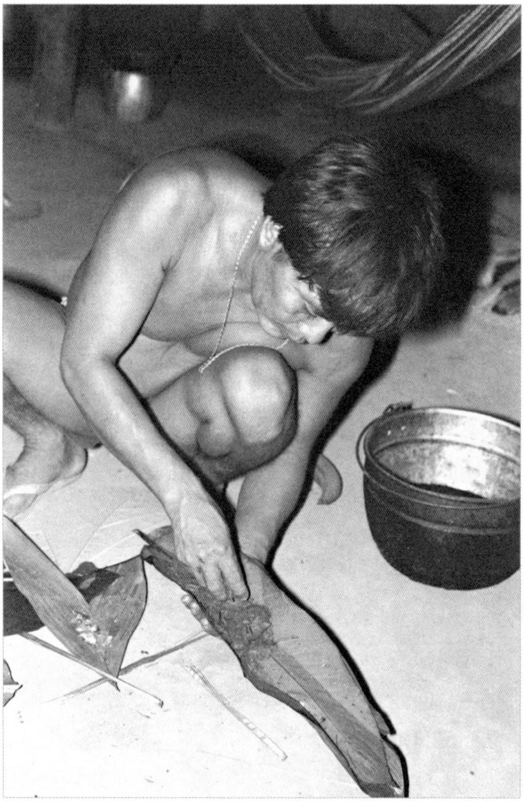

Foto 51. Embrulhando raspas de casca medicinal numa folha de *Calathea* para serem esquentadas nas brasas. (W. Milliken, 1993)

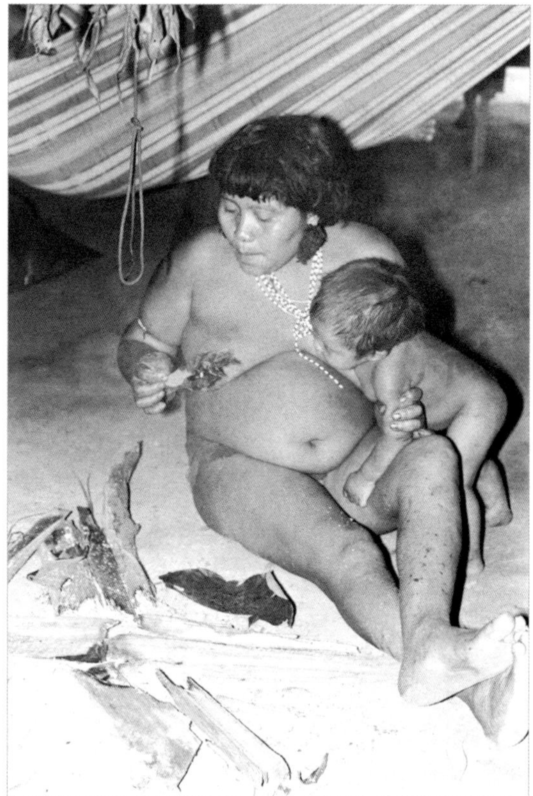

Foto 52. Queima de folhas medicinais cujas cinzas serão coladas no mamilo da mãe para tratamento da candidíase bucal do seu bebê. (W. Milliken, 1993)

Os Waiãpi, como também os Tiriyó, utilizam métodos semelhantes aos dos Yanomami no preparo e na administração de remédios fitoterapêuticos: esquentam folhas no fogo para que fiquem macias e liberem sua seiva; queimam folhas para aproveitar suas cinzas em uso oral ou aplicação tópica; defumam partes do corpo afetadas com plantas aromáticas aquecidas ou queimadas; esfregam folhas ou cascas raladas na pele e aplicam emplastros, entre outras técnicas (Grenand *et al.*, 1987; Cavalcante e Frikel, 1973).

Observa-se na fitoterapia yanomami uma nítida predominância dos tratamentos que envolvem a administração externa e tópica de preparados medicinais, mesmo para a cura de afecções e sintomas internos. No cuidado com as febres, um dos sintomas mais tratados pela farmacopeia yanomami (73 espécies vegetais), a maioria das plantas medicinais utilizadas (por exemplo, *Piper* e *Peperomia* spp.) é objeto de macerações, produzindo diluições aromáticas que são derramadas sobre a cabeça e o corpo em forma de banhos. Tal predominância de remédios vegetais para uso externo é comum na Amazônia.

Dos 209 preparados registrados entre os Tiriyó, por exemplo, apenas 41 são de uso interno, enquanto 168 são reservados à aplicação tópica (Cavalcante e Frikel, 1973). De modo semelhante, 82% dos tratamentos fitoterapêuticos registrados por Shepard (1999) entre os Yora/Yaminahua da Amazônia peruana são de uso externo.

Não incluímos entre as plantas medicinais yanomami evocadas nesta pesquisa as espécies vegetais aproveitadas em processos curativos por força de suas propriedades físicas e não químicas. Entretanto, seu uso pode ter uma importância significativa. Varetas de cana-de-flecha (*Gynerium sagittatum*, *xaraka si*), tecidas com barbantes de *Ananas* sp., são, por exemplo, utilizadas como tala para fixar fraturas ósseas. As mães yanomami aplicam, também, pasta vermelha de urucum (*Bixa orellana*, *nara xihi*) na ponta da língua para auxiliar na remoção de corpos estranhos dos olhos de seus bebês.

Enfim, certas espécies de plantas servem como fontes indiretas de remédios para os Yanomami por causa da sua relação simbiótica com determinados insetos. Por exemplo, as agressivas formigas *Pseudomyrmex* (*katae napë*) que habitam o rachis oco das folhas de *Tachigali myrmecophila* (*kãtãe nahi*) são aproveitadas para fins medicinais, enquanto as larvas de moscas (Dipterae, Sirfidae) que se desenvolvem nas brácteas encharcadas das inflorescências de *Heliconia bihai* (*irokoma hanaki*) são utilizadas para remover cera dos ouvidos.[200]

Origem e eficácia da farmacopeia yanomami

É provável que o conhecimento yanomami sobre plantas medicinais tenha se constituído ao longo de um processo secular de experimentação com a flora local. Tais experimentações podem ter sido guiadas por critérios olfativos e, sobretudo, gustativos. Assim, certos sabores são fortemente associados pelos Yanomami a propriedades medicinais específicas, servindo, até mesmo, como importantes indicadores na identificação das espécies vegetais. Às plantas com gosto "ardido" (*hrami*) é atribuída eficácia na cura das afecções cutâneas (micoses, escabiose etc.). As plantas que apresentam um gosto "amargo" (*kõaimi*) são utilizadas, de preferência, para envenenar entes patogênicos "desconhecidos/inominados" (*yai tʰëpë*) no interior do corpo (como parasitas intestinais ou protozoários da malária). As plantas dotadas de um sabor "ácido" (*naxi*) servem contra náuseas e tonteiras, para renovar as energias e "tirar a amargura da boca". Algumas dessas associações entre gosto e indicação terapêutica são, provavelmente, bastante comuns, como é o caso da conexão entre espécies vegetais amargas e propriedades antimaláricas, difundida em todo o norte da Amazônia (Milliken, 1997).[201]

[200] São inseridas no canal auricular, no qual penetram, consumindo a cera que encontram para depois sair espontaneamente. Um uso similar de larvas de insetos foi registrado entre os Kombai de Nova Guiné (Irian Jaya Ocidental).

[201] Shepard (1999) oferece uma interessante e detalhada avaliação das relações entre as propriedades sensoriais e medicinais das plantas usadas pelos Matsigenka e Yora/Yaminahua da Amazônia peruana. A farmacopeia dos Matsigenka inclui uma alta proporção de plantas de sabor amargo e, de maneira semelhante aos Yanomami, eles consideram que o sabor amargo "amargura os vermes" (curando afecções cutâneas), "amargura os intestinos" (matando parasitas) e "amargura o corpo" (tornando-o desgostoso aos espíritos maléficos causadores das doenças). Gosto, cheiro e irritação química parecem assim desempenhar uma papel fundamental no processo de avaliação das propriedades curativas das plantas nesse grupo indígena (Shepard, 2004).

Outros tipos de experimentação fitoterapêutica podem ocorrer, também, a partir de tentativas de uso medicinal de plantas cujas propriedades químicas são geralmente aproveitadas em outro contexto. Observamos, assim, durante nossa pesquisa em *Watoriki*, uma iniciativa desse tipo. Um homem da comunidade, afetado por uma ferida crônica (*waxia*, leishmaniose?), preparou para se tratar uma inédita mistura de plantas habitualmente usadas como alucinógenos e venenos de pesca. Tal tratamento não se baseava, obviamente, no conhecimento prévio de uma indicação das plantas misturadas para afecções cutâneas, mas sim na observação do seu "poder/perigo" (*wai*) manifestado em outros contextos (os alucinógenos "fazem morrer" quem os inala; o veneno de pesca é como uma epidemia *xawara* para os peixes).

Finalmente, uma parte dos remédios vegetais dos Yanomami pode ter sido adquirida por empréstimos de grupos indígenas circunvizinhos, com os quais eles mantêm antigas relações de troca e guerra. O fato de os últimos remanescentes desses grupos terem desaparecido no começo do século passado (Albert, 1985) dificulta a análise de tais contatos históricos e de sua relevância na constituição da farmacopeia yanomami. Contudo, os Ye'kuana, vizinhos Caribe dos Yanomami setentrionais (*Sanöma*), constituem uma exceção, e a literatura registra várias observações relativas a empréstimos yanomami aos conhecimentos etnobotânicos desta etnia.

Finkers (1986) relata ter observado, por exemplo, a introdução do gengibre (*Zingiber officinale*) num grupo yanomami e sua rápida difusão para outras aldeias após sua recomendação pelos Ye'kuana como remédio contra tosse de origem infecciosa. Colchester e Lister (1978) registraram, no seu levantamento etnobotânico da região Orinoco-Ventuari (Venezuela), 16 espécies de plantas medicinais entre os *Sanöma* e 101 espécies entre os Ye'kuana. A partir desse resultado, os autores concluíram que, nesse campo, "enquanto os Piaroa e os Ye'kuana possuem uma tradição botânica bem desenvolvida, os Maku e os Sanema [*Sanöma*] praticamente não têm nenhuma. Mais ainda, vários dos remédios mencionados pelos Sanema foram certamente adquiridos recentemente com os Ye'kuana". Na região e na época em que Colchester e Lister trabalharam, os *Sanöma* estavam vivendo em contato estreito com os Ye'kuana havia décadas. Se a tese dos autores for seguida, é difícil entender por que eles só teriam assimilado uma parte muito restrita da diversificada farmacopeia ye'kuana.

Nossas próprias observações etnobotânicas indicaram também algumas – poucas – semelhanças entre as farmacopeias ye'kuana e yanomami. Assim, apenas 12 das espécies medicinais coletadas entre os Yanomami apresentaram indicações idênticas às das 123 espécies medicinais coletadas entre os Ye'kuana,[202] por exemplo, *Anacardium giganteum* (*oruxi hi*), *Bauhinia guianensis* (*tũwakarama tʰotʰo*), *Dieffenbachia bolivarana* (*xenoma a*) e *Peperomia macrostachya* (*kona hanakɨ*); outras 18 eram utilizadas pelos dois grupos para fins medicinais, porém com indicações distintas, por exemplo, *Renealmia alpinia* (*mãokori sinakɨ*). Nessa perspectiva, ao contrário da afirmação de Colchester e Lister (1978), é difícil estabelecer se essas correspondências são fruto de uma transferência de informações entre os dois grupos ou se se devem a descobertas paralelas quanto às propriedades medicinais da flora local. O mais provável é que resultem de uma combinação dessas

[202] Esta coleta de plantas medicinais ye'kuana foi realizada por W. Milliken nas regiões de Auaris e Uaicas (na Terra Indígena Yanomami) em 1994. Tratou-se de um levantamento rápido, com enfoque principal em espécies usadas no tratamento da malária e de febres, que não pode ser considerado, de maneira alguma, representativo da totalidade da farmacopeia ye´kuana.

duas hipóteses. Contudo, os Ye'kuana e os Yanomami mantêm contatos pacíficos somente desde a virada do século XX (Albert, 1985: 40; Colchester, 1982: 87) e permanece especulativo supor que esse período tenha sido suficiente para dar margem a uma ampla difusão etnobotânica para os Yanomami setentrionais (*Sanöma*) e, por sua intermediação, até os Yanomami do sul e do sudeste (*Yanomae*), objetos da nossa pesquisa.

Foto 53. Mulher e crianças Ye'kuana em Uaicas (rio Uraricoera), na Terra Indígena Yanomami. (W. Milliken, 1993)

No seu estudo, Colchester e Lister (1978) levantam também a questão da eficácia farmacológica das plantas medicinais como critério do seu empréstimo de um grupo ao outro. Justificam, assim, o leque reduzido dos empréstimos *Sanöma* à farmacopeia ye´kuana pelo fato de que os efeitos da maioria de seus componentes podem ser mais de natureza "mágica" do que farmacológica. Não seria possível, obviamente, avaliar objetivamente a eficácia das farmacopeias ye´kuana e yanomami sem realizar longas e pormenorizadas triagens farmacológicas. Contudo, a tese segundo a qual uma grande parte dessas plantas medicinais indígenas não seria diretamente responsável pelos efeitos curativos a elas atribuídas, fica muito enfraquecida perante a considerável recorrência no aproveitamento medicinal das mesmas plantas por numerosos outros povos da Amazônia (ou mesmo, em alguns casos, de outras regiões do mundo). Em muitos casos, essas correlações podem ser observadas entre povos separados por grandes distâncias geográficas e diferenças linguísticas, o que sugere que suas experimentações botânicas devam ter-se desenvolvido separadamente.

Todas as plantas medicinais yanomami listadas na Tabela 11 foram registradas com a mesma indicação em farmacopeias de outras regiões.[203] O uso de *Anacardium giganteum* (*oruxi hi*), *Bauhinia guianensis* (*tũwakarama tʰotʰo*) e *Uncaria guianensis* (*ërama tʰotʰo*) no tratamento de diarreia e distúrbios gastrointestinais é, por exemplo, amplamente difundido em toda a área onde essas plantas são encontradas, e isto em função do seu alto teor de taninos. A casca de *Zanthoxylum* spp. é utilizada no tratamento de dores de dente da América do Sul até o México e os Estados Unidos (Morton, 1981; Schultes e Raffauf, 1990); *Abuta*

[203] Elas foram, aliás, selecionadas especificamente a partir deste critério como indicado na nota de rodapé 196, pág. 121.

Exemplo de planta medicinal yanomami

Espécie: *Vismia cayennensis* Jacq. Pers.
Família: Hypericaceae
Nomes yanomami: *yoasi hi*, *witari mahi* (*Watorikɨ*)
Nome popular: lacre

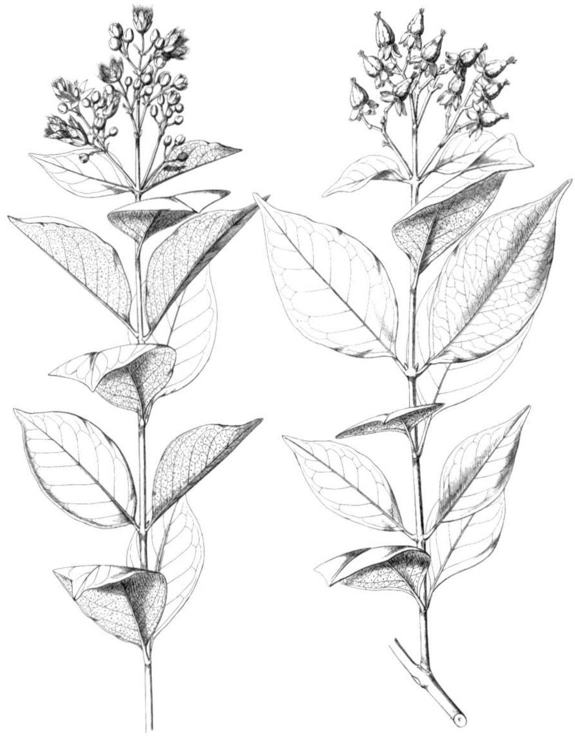

Descrição: árvore comum da floresta secundária e das margens da mata. A casca, quando cortada, produz uma seiva alaranjada.
Indicação: remédio para a afecção cutânea conhecida como "pano branco" (pitiríase versicolor) e para lesões cutâneas crônicas, como suspeitas de leishmaniose (*Watorikɨ*).

Aplicação: para pitiríase, a seiva é esfregada na região acometida, idealmente após uma raspagem da pele com folhas abrasivas de *Pourouma bicolor* (*õema hi*). Para suspeita de leishmaniose, a seiva é esfregada nas bordas das lesões.

Dados comparativos: na Guiana Francesa, essa espécie é indicada em uso externo para aliviar coceiras e no tratamento de feridas. Uma infusão de folhas pode também ser ingerida para baixar a febre (Heckel, 1897). Os Waiãpi usam também a seiva da casca na cura de candidíase bucal em crianças, enquanto os "Créoles" aplicam a seiva do fruto para feridas da leishmaniose (Grenand *et al.*, 1987). No Brasil (Pará) a seiva é usada no tratamento do "pano branco". *Vismia angusta* é usada pelos Tikuna na cura de micoses cutâneas e herpes labial (Schultes e Raffauf, 1990). No Peru, é também usada para micoses cutâneas (Duke e Vasquez, 1994). Na Guiana, é utilizada no tratamento de exantema do sarampo, úlceras, framboesioma, tinha e outras afecções cutâneas (Lachman-White *et al.*, 1987). A casca de várias espécies de *Vismia* é rica em quinina, taninos e flavonóides (Grenand *et al.*, 1987).

rufescens é também aproveitada como antimalárico no Peru (Duke e Vasquez, 1994); e existem vários registros do uso de várias espécies de *Aristolochia* também para aliviar dores gastrointestinais e diarreia (por exemplo, Morton, 1981). Essas correlações foram discutidas em maiores detalhes em Milliken e Albert (1996; 1997a).

Foto 54. Tirando lascas da casca amarga de uma liana (*Abuta sp.*) para usar no tratamento da malária. (W. Milliken, 1993)

Uma das questões mais instigantes suscitada por nossas pesquisas sobre a farmacopeia yanomami em *Watorikɨ* é a da origem dos conhecimentos locais a respeito de plantas antimaláricas. O processo de constituição desse saber etnobotânico é de particular interesse, pois pode ajudar a melhor entender a história mais ampla da aquisição e do uso das plantas medicinais yanomami.

Desde a invasão da Terra Indígena Yanomami por milhares de garimpeiros, no final da década de 1980, a malária vem representando um grave e crônico problema de saúde para este povo indígena, causando a cada ano numerosas mortes (*vide* Introdução). Considerando que, até então, os Yanomami tinham permanecido num relativo isolamento geográfico,[204] podia-se presumir que não haviam sido expostos à malária anteriormente e, por consequência, que não deviam possuir conhecimentos de plantas medicinais antimaláricas.

Contudo, logo ficou evidente que este não era o caso em *Watorikɨ*, já que nossa pesquisa registrou não menos de dez espécies especificamente indicadas por nossos colaboradores yanomami como remédios contra a malária (sete de uso interno e três de uso externo).[205] Tal conhecimento yanomami de plantas antimaláricas foi posteriormente verificado em Xitei, região

[204] A não ser pela presença de alguns postos (missões e Funai) e pelo breve período da abertura e abandono da Rodovia Perimetral Norte (1973-1976) no sudeste da Terra Indígena Yanomami.

[205] Essas espécies incluem a árvore *Aspidosperma nitidum* (*poo hetʰo hi* ou *hura sihi*, "árvore da malária"), utilizada extensivamente para a mesma finalidade por vários grupos indígenas de Roraima (Milliken, 1997).

aparentemente sem contatos com os brancos até a corrida do ouro no oeste de Roraima em 1987-1988, o que sugere que essa população tenha sido exposta à doença num passado mais remoto. Foram coletadas com nossos colaboradores yanomami em Xitei quatro espécies antimaláricas (de uso oral), incluindo três que não haviam sido coletadas em *Watorikɨ*, além de várias outras com indicação de uso tópico, na forma de banhos ou compressas.[206]

O duplo enigma da antiga exposição dos Yanomami a surtos de malária e de sua aquisição de conhecimentos sobre plantas antimaláricas pode ser, provavelmente, resolvido tomando-se em consideração a história dos contatos mantidos por esta etnia com grupos indígenas circunvizinhos num passado remoto. Os antepassados da aldeia de *Watorikɨ*, então estabelecidos na região do Alto Rio Mucajaí, bem como os antigos moradores da região de Xitei, habitantes do Alto Rio Parima, mantinham relações esporádicas com povos indígenas como os Maku e os Ye'kuana do Baixo Parima desde as primeiras décadas do século XX. É provável, portanto, que tenham conhecido a malária e experimentado plantas antimaláricas a partir desses contatos interétnicos. O depoimento a seguir, de um antigo líder (hoje falecido) da região de Toototobi (cujos antepassados têm também por origem a região do Alto Mucajaí), parece confirmar essa hipótese:

> *"Pegamos malária* [hura, "doença do baço"] *logo no início, quando vivíamos lá nas terras altas. As pessoas costumavam viajar para o* Hero u [o Rio Couto de Magalhães, afluente do alto Mucajaí], *onde viviam os* Watatasipë [grupo indígena não Yanomami].[207] *Foi lá que a gente começou a conhecer a malária. Era lá que as pessoas iam fazer visitas de vez em quando. Conhece o* Hero u*? Conhece os* Watatasipë*? Esses* Watatasipë *eram estranhos. Nossos antigos chegavam até eles a partir de uma roça chamada* Konokepë [cabeceiras do rio Toototobi, *circa* 1925] *para conseguir ferramentas. Viajavam até lá e conseguiam apenas algums pedaços de metal* [fragmentos de facões e machados gastos]. *Havia também os* Mait^{h}apë [grupo não Yanomami].[208] *Conhece eles? Os antigos fizeram contato primeiro com estes* Mait^{h}apë, *viajando de onde viviam, nas terras altas, longe, longe daqui* [perto do Orinoco]. *Eles não conheciam vocês* napëpë [brancos]. *Eles conheceram primeiro os* Mait^{h}apë. *Foi com eles que aprenderam a ser contaminados com a malária. Então se curaram com essas plantas* [citou nomes], *pois lá não havia nenhum branco naquela época. Não havia brancos, nem os seus remédios."*

Esse relato corrobora, portanto, nossa hipótese de que pelo menos alguns grupos yanomami já haviam tido contato com a malária em época remota (talvez desde as primeiras décadas do século XX) e de que seus conhecimentos botânicos sobre

[206] Há uma forte probabilidade de que esses remédios vegetais para uso externo tratem apenas dos sintomas da malária (febres, esplenomegalia, dores musculares e articulares etc.) e não a doença em si; porém, a possibilidade de absorção através da pele de compostos antiplasmodiais não pode ser descartada *a priori*.

[207] Em 1943, um grupo yanomami do Alto Parima apresentou aos membros da CBDL alguns objetos (facas, facões, tecidos, ornamentos de plumas) "recebidos de civilizados do rio Uatátas (Uatataxi)", "que viajavam de canoa" e "vinham do Norte" (relatório de B. D. de Aguiar, CBDL 1ª Divisão, 1946). Tratava-se provavelmente de índios Maku, etnia que ocupava a jusante deste rio desde os anos 1910 e tinha relações estreitas com os Yanomami (*Ninam*), a quem forneciam mercadorias diversas trazidas de longas viagens para grupos Caribe do leste, Makuxi e Pemon (Koch-Grünberg, 1979 - T.I: 209; 1982 - T. III:266).

[208] Um conjunto de comunidades yanomami designadas por este nome existe, até hoje, na margem do rio Cutaíba, tributário do Uraricoera, cujas cabeceiras são muito próximas ao rio Parima, na região de provável localização antiga dos *Mait^{h}apë*.

remédios antimaláricos vêm evoluindo desde então (Milliken e Albert, 1996). Fontes documentais atestam também o alastramento da malária na fronteira do território yanomami nas primeiras décadas do século XX. Holdridge (1933) registrou uma presença endêmica da doença nos rios Demini e Aracá, habitados a montante pelos Bahuana, um grupo Aruaque, e, a jusante, por balateiros e piaçabeiros. Smole (1976: 50) menciona uma epidemia de malária, entre 1935 e 1940, no rio Padamo (Alto Orinoco), área habitada pelos Ye'kuana.[209] Os Maku, os Bahuana e os Ye´kuana faziam parte das várias etnias circunvizinhas com as quais os Yanomami mantinham contato no início do século XX (*vide* Albert 1985: 59-60).

Finalmente, em vista desses contatos esporádicos de uma parte dos Yanomami com a malária por um período considerável, por causa de suas visitas a áreas infestadas e a populações contaminadas, não é surpreendente que estejam, desde seus primeiros contatos com a doença, acumulando conhecimentos fitoterapêuticos para seu combate, seja por meio de experimentação, seja por intercâmbio de informações com povos vizinhos.

Plantas na cosmologia

Entes xamânicos

Como vimos, o xamanismo yanomami é baseado na convocação de entes auxiliares – os *xapiripë* – com os quais os xamãs (*xapiri t^hëpë*) se identificam durante suas sessões sob o efeito de alucinógenos. Os *xapiripë* são tidos como "imagens" (*utupë*) dos seres do "primeiro tempo", tempo mitológico em que ocorreu a diferenciação entre humanos (*yanomae t^hëpë*), animais (*yaropë*) e seres invisíveis (*yai t^hëpë*) – "o tempo em que os antepassados se tornaram outros" (*në patapë aipëɨ të^{h}ë*). Os "entes-imagens" xamânicos remetem, assim, às formas primordiais dos seres da floresta atuais (animais e vegetais), bem como a uma série de seres cosmológicos e mitológicos. Entre eles predominam as imagens dos "antepassados-animais", os *yaroripë*[210] (Albert e Kopenawa, 2003), e as plantas têm, nesse contexto, um papel menor.

Em primeiro lugar, são reconhecidas classes genéricas de *xapiripë* vegetais convocados no começo das iniciações xamânicas. Trata-se principalmente dos "espíritos das árvores" (*huu tihiripë*), "das folhas" (*yaa hanaripë*) e "dos cipós" (*t^hot^hoxiripë*), que devem "baixar" no peito dos iniciados a fim de "varrer e limpar" o lugar onde será edificada sua futura "casa de espíritos". Esses *xapiripë* são considerados mais fracos e dotados de cantos inarticulados por serem "próximos demais da floresta". Ao contrário, são associados *xapiripë* específicos e poderosos a certos tipos de árvores, como *Virola elongata* (*yãkoana hi*), a árvore do alucinógeno *yãkoana a*, ou a grande *Tabebuia capitata* (*masihanari kohi*), cuja imagem xamânica dá força aos doentes. As "imagens" (*utupë*) das árvores *Anacardium giganteum* (*oruxi hi*), *Cedrelinga cateniformis* (*ãpuru uhi*), *Ceiba pentandra* (*warima hi*), *Hymenaea parvifolia* (*ãro kohi*), *Peltogyne gracilipes* (*komatima hi*) e *Vataireopsis* cf. *suri-*

[209] Para registros de infestação malárica entre os Yanomami nos anos 1940 e 1950 *vide* Early e Peters (2000: 31) sobre os *Ninam* do rio Mucajaí; bem como Ávila e Campos (1959) sobre os *Yanõmamɨ* dos rios Demini e Aracá.

[210] De *yaro*, "animal", *-ri*, "invisível, superlativo, mitológico", e *pë*, "plural".

namensis (*yoroko axihi*) também têm o poder nas curas xamânicas de afugentar espíritos maléficos causadores de doenças (*në wãripë*).[211]

Várias dessas árvores, por exemplo, *Ceiba*, *Cedrelinga*, *Hymenaea*, *Peltogyne*, estão entre as maiores árvores da floresta amazônica, enquanto outras, como *Tabebuia capitata*, têm uma madeira excepcionalmente dura e uma floração espetacular. Existem também espíritos femininos do cipó aromático *Securidaca diversifolia* (*kumi tʰotʰo*), donos de um feitiço capaz de atrair os homens *xapiripë* para eles fazerem suas danças de apresentação. Como é de se esperar, as notáveis propriedades dessas espécies vegetais são a origem da sua seleção e função simbólica no xamanismo yanomami.[212] Da mesma maneira, entre os Waiãpi da Guiana Francesa *Vataireopsis surinamensis* é, por exemplo, associado a um espírito próprio (Grenand *et al.*, 1987).

Enfim, algumas árvores imaginárias também têm papel importante no xamanismo e na cosmologia yanomami. Diz-se que tais árvores crescem nos confins do universo, são elas a "árvore da chuva" (*maa hi*), as "árvores dos cantos" (*amoa hiki*), que dão origem aos cantos dos *xapiripë*, e as "árvores da tosse" (*tʰoko hiki*) que, de acordo com os antigos Yanomami, davam origem à gripe.

Plantas "mágicas" e de uso ritual

Uma cinquentena de plantas "mágicas" (isto é, às quais são atribuídos poderes propiciatórios ou maléficos) desempenha importante papel na vida dos Yanomami, sendo quase todas cultivadas nas suas roças ou, eventualmente, nas clareiras em volta das suas casas coletivas (*yano a sipo*). As espécies nefastas tendem a ser cultivadas a uma distância maior ou em lugares mais discretos nas roças, geralmente abrigadas perto de um toco ou por um tronco caído.

A maior parte das plantas propiciatórias é usada pelos homens e pelas mulheres para atrair os favores do sexo oposto, sendo o arsenal de plantas usado pelos homens nesta "magia amorosa" (*tʰuë mamoki*) bem mais importante que o usado pelas mulheres. Os caçadores yanomami também dispõem de várias plantas usadas para facilitar a aproximação de suas presas (*yaro xiki*), cada uma sendo associada a uma espécie animal. Algumas poucas outras plantas propiciatórias cultivadas são utilizadas para favorecer o crescimento das crianças e o desenvolvimento das moças, para dar valentia ou reforçar a energia no trabalho etc.

Entretanto, são as plantas usadas na feitiçaria (*hʷëri kiki* ou *aroari kiki*) que dominam fortemente o conjunto das plantas "mágicas" yanomami (57% do total). Consideradas valiosas, elas podem ser objeto de trocas individuais durante visitas de um grupo a outro, além de serem levadas para uma nova aldeia quando uma comunidade se muda. Essas plantas maléficas são, em na sua grande maioria, cultivadas e de uso exclusivamente masculino. As poucas delas utilizadas pelas mulheres são cuidadosamente evitadas pelos homens (e vice-versa).

[211] Mattei-Muller (2007) registra que os Yanomami do Alto Orinoco consideram *Martiodendron elatum* como uma moradia de espíritos e que os postes utilizados no ritual de iniciação xamânica nesta região (*pei maki*) são enterrados atrás dessa árvore.

[212] As plantas desempenham um importante papel também no mundo dos *xapiripë*, em particular como enfeites e alimentos (os espíritos *yaroripë* nutrem-se, assim, do suco dos frutos que alimentam, na floresta, as espécies animais correspondentes).

Os xamãs yanomami associam habitualmente a cada uma das "plantas de feitiçaria" *h^wëri kɨkɨ* um quadro sindromático relativamente bem definido (Albert e Gomez, 1997). Por exemplo, é dito que a planta de feitiçaria predileta das mulheres, *oko xikɨ* (*Cyperus* sp.), provoca febre alta, extrema fraqueza, icterícia e rigidez dos membros; às plantas *romi hanakɨ* (*Justicia* sp.) e *waka moxikɨ* (*Cyperus* sp.), frequentemente utilizadas pelos homens, são atribuídas, respectivamente, graves disenterias e episódios convulsivos. A maioria (61%) das doenças diagnosticadas pelos xamãs yanomami é associada a diversos tipos de feitiçaria perpetuada por membros de outras aldeias usando plantas *h^wëri kɨkɨ* (Albert, 1985:704). Essas formas de feitiçaria podem ser distinguidas sucintamente da seguinte maneira:

- Feitiçaria amorosa – nos conflitos amorosos por ciúme, rejeição ou assédio, as plantas maléficas são usadas por homens e mulheres ressentidos para provocar diversas afecções cutâneas nos seus desafetos (geralmente irritações e despigmentações, mas também esterilidade).

- Feitiçaria comum – as plantas *h^wëri kɨkɨ* são usadas no contexto dos conflitos menores entre membros de aldeias próximas, geralmente aliadas, por ocasião de visitas e festas. Tais dissensões envolvem acusações de adultério, avareza e covardia, insultos, furtos de mercadorias ou de cultivares etc. No caso, os bulbos das plantas são secados e pulverizados, e o pó maléfico é jogado, soprado ou aplicado nas vítimas como vingança. Contudo, tratando-se de uma feitiçaria entre aliados, a intenção nunca é provocar a morte. Portanto, as imputações desta feitiçaria "comum" remetem unicamente a casos de doenças cuja cura é finalmente creditada à competência dos xamãs.

- Feitiçaria de rastros – apesar de considerada letal, esta feitiçaria tem sua origem em aliados, co-residentes (por exemplo, em serviço premarital) ou visitantes, com profundos ressentimentos contra um dos membros da aldeia que os acolhe (ao qual atribuem, por exemplo, a morte de um de seus parentes). Neste caso, o aliado malévolo recolhe a terra de uma pegada (*mae*) de sua vítima[213] e, mais tarde, entrega-a para inimigos longínquos que a esfregarão com plantas maléficas específicas, provocando graves infecções nas suas pernas, podendo levar à morte.

- "Feitiçaria de guerra" – esta feitiçaria é atribuida a feiticeiros inimigos (*okapë*) que são ditos atacar suas vítimas (geralmente homens idosos, *pata t^hëpë*) quando, por acaso, encontram-se isolados na sua roça ou no mato. De longe, sopram sobre eles um pó de plantas de feitiçaria *h^wëri kɨkɨ* com um tipo de zarabatana com extremidades de cera de abelha, ornadas de plumas caudais de tucanos.[214] A vítima fica então enfraquecida e tomada de tonteiras, o que permite aos *okapë* matá-la, quebrando seus ossos (braços, pernas, espinha).

As plantas "mágicas" cultivadas em *Watorikɨ* são, em sua maioria, variedades de três espécies. A primeira dessas espécies é *Cyperus articulatus*, a cujos rizomas aromáticos são atribuídos diversos poderes. Suas variedades incluem: *h^wëri kɨkɨ yai*

[213] Pode-se recolher, da mesma forma, a brejeira de tabaco ou os restos de comida (*kanasi*) da vítima. Neste caso, a feitiçaria deve provocar uma grave infecção na boca.

[214] Diz-se que as substâncias maléficas são envolvidas em fibras cotonosas (paina) de frutos de *Ceiba pentandra* (Lizot, 2004) amarradas à haste de pequenas setas de fibras do caule de folha de palmeiras (*O. bataua*, *Attalea maripa*). A paina de *C. pentandra* é usada nas setas de zarabatana de vários grupos indígenas na Amazônia, como os Matis (Erikson 1996:213).

(utilizada para provocar febre alta, tonteira, fraqueza, dores articulares); *kawahi kɨkɨ* (paralisia dos membros inferiores) *koa maxikɨkɨ* (febre, icterícia e naúsea); *maraxi xikɨ* (cujo bulbo, mascado e esfregado na amarração de pontas de flecha favorece a caça aos cujubins, *Pipile pipile*); *marixi ukɨ* (misturada com urucum e esfregada em bebês os faz dormir); *mãyopa xikɨ* (caça aos tucanos *Ramphastos* sp.); *moko kɨkɨ* (para o desenvolvimento das moças); *ohote kɨkɨ* (usada na forma de colar para facilitar o árduo trabalho na roça); *oko xikɨ* (usada pelas mulheres para vingar-se dos homens que as maltratam; produz febre e icterícia); *opo mamokɨ* (caça aos tatus-galinha, *Dasypus novemcinctus*); *paari xikɨ* (caça aos mutuns, *Crax alector*); *paxo xikɨ* (caça aos macacos coatá, *Ateles belzebuth belzebuth*); *pitɨ au ukɨ* (febre alta, inchaço do corpo); *siproproko kɨkɨ* (esfregada com urucum no corpo ou em banho para acelerar o encorpamento e o crescimento das crianças); *tʰomi xikɨ* (caça às cutias, *Dasyoprocta* sp.); *tʰuë mamokɨ* (feitiço amoroso masculino); *waitʰiri kɨkɨ* (usada na forma de colar ou mascada para dar coragem); *wakamoxi kɨkɨ* (febre e convulsões violentas); *xama mamokɨ* (misturada com urucum e esfregada na testa ou ralada e ingerida; caça às antas); *xapo kɨkɨ* (feitiçaria masculina para causar esterilidade nas mulheres); *yawere mamo kasikɨ* (febre alta e extrema debilitação); e *yawë kɨkɨ* (para acelerar o crescimento das crianças).

Foto 55. Uma das muitas plantas *Cyperus* cultivadas por causa de suas propriedades "mágicas". A inflorescência é deformada em razão de uma infestação fúngica. (W. Milliken, 1993)

Estas plantas *Cyperus*, que variam muito em tamanho, foram todas coletadas em estado estéril, à exceção de uma, cuja inflorescência foi deformada por uma infestação por fungo. Portanto, apesar de a identificação ser razoavelmente segura, em alguns casos pode tratar-se de outras espécies (com parentesco próximo), como *Cyperus corymbosus*. O uso para diversas finalidades medicinais e "mágicas" da espécie *Cyperus articulatus* parasitada por ergotina, em muitos povos indígenas da Amazônia, tem sido pesquisado em detalhes por Plowman *et al.* (1990). Esses autores identificaram o fungo parasita como *Balansia cyperi* e isolaram alcalóides dos tecidos vegetais afetados.[215]

[215] Shepard (1998) e Zent *et al.* (2004) formularam a hipótese de que o uso de espécies de *Cyperus* parasitadas por fungos em preparos de caça e outras substâncias "mágicas" ou medicinais entre os Matsigenka (Machiguenga) do Peru poderia ser relacionado com componentes bioativos (e, possivelmente, psicotrópicos) produzidos por tais fungos.

Uma vez que essa infestação fúngica tende a tornar essas plantas estéreis, elas passam a propagar-se de forma vegetativa. Lewis *et al.* (1987) registraram um aproveitamento de *Cyperus* bastante parecido ao dos Yanomami entre os Jívaro do Equador, onde

> *"várias moitas eram cultivadas na maioria das roças familiares, sendo consideradas de muita estimação. Essas plantas eram trocadas ou vendidas com todo esmero e levadas junto com outras posses valiosas das famílias sempre que se mudavam, sendo amplamente utilizadas para o tratamento de mulheres e crianças em indicações específicas".*

A segunda espécie mais citada entre as plantas "mágicas" yanomami é *Justicia pectoralis*, cujas folhas aromáticas contêm coumarin. As variedades usadas incluem: *amixi hanakɨ* (febre e extrema desidratação); *maika hanakɨ* (febre e disenteria); *ohote hanakɨ* (folhas usadas no lobo das orelhas pelas mulheres para facilitar o árduo trabalho nas roças); *paxo hanakɨ* (febre alta e delírio febril no qual se imita o macaco coatá); *pore hanakɨ* (convulsões e perda de consciência); *puu hanakɨ*[216] (disenteria); *romi hanakɨ* (disenteria); e *tʰuë hanakɨ* (magia amorosa). As dificuldades envolvidas na identificação das variedades de *Justicia pectoralis* utilizadas pelos Yanomami são discutidas por Chagnon *et al.* (1971).

A terceira espécie mais evocada entre as plantas "mágicas" yanomami é, finalmente, *Caladium bicolor*,[217] cujos rizomas são secados e pulverizados. As variedades utilizadas incluem: *tapra a* (usada pelas mulheres para vingar-se dos homens, causando-lhes coceiras); *tɨhɨ hanakɨ* (provoca manchas escuras na pele e rigidez articular); *totori mamokɨ* (misturada com urucum e esfregada na testa do caçador, para achar facilmente jabutis); *xõwa* (magia amorosa feminina); e *yoporo a* (infecção purulenta das pernas). É interessante aqui observar que os Waiãpi e os Palikur da Guiana Francesa e da Guiana também usam diversas variedades de *Caladium bicolor* (Grenand *et al.*, 1987; Andel, 2000a), atribuindo a elas uma ampla gama de propriedades "mágicas" (inclusive na caça) e que os homens Ka'apor da Amazônia oriental utilizam as folhas de *Justicia* sp. na sua magia amorosa (Balée, 1994).

Finalmente, além das três variedades de plantas "mágicas" dominantes entre os Yanomami que antes evocamos, é dito que *Alstroemeria* sp. (*manaka kɨ*) pode ser usada pelos homens a fim de provocar esterilidade nas mulheres, enquanto *Maranta arundinacea* (*hore kɨkɨ*) pode ser utilizada pelas mulheres para transformar os homens em covardes; *Dioscorea* cf. *piperifolia* (*yari monahe*) serve na magia amorosa masculina, e os rizomas de *Zingiber officinale* (*amatʰa kɨkɨ*) são esfregados nos cachorros para melhorar seu desempenho na caça. Foi-nos também relatado que os antigos Yanomami atribuíam as primeiras epidemias de doenças infecciosas que os afetaram ao fato de feiticeiros inimigos terem queimado, para atingi-los com sua fumaça patogênica, folhas de *Phyllantus brasiliensis* (*parapara hi*), uma planta cultivada como veneno de peixe (inversamente, atribuia-se o efeito ictiotóxico da planta a uma epidemia *xawara* entre os peixes).

Alès (1987b) registrou finalmente vários usos rituais da pimenta-malagueta (*Capsicum frutescens*). Misturada com água serve para proteger os dentes das moças durante rituais de menarca e aprimorar a voz dos homens durante diálogos cerimo-

216 Esta *puu hanakɨ* é distinta das folhas de mesmo nome ("folhas de mel") utilizadas pelas mulheres como ornamentos.

217 Esta espécie foi identificada a partir de amostras estéreis. É possível que algumas das pequenas espécies de Araceae com folhas variegadas cultivadas pelos Yanomami pertençam a uma espécie diferente.

niais. Esfregada com resina de *warapa kohi* (*Protium* spp.) nas plantas dos pés dos guerreiros (*waipë*) em ritual de homicídio (*onokãe*), deve protegê-los dos seres ctonianos maléficos. Finalmente, existem entre os Yanomami muito mais variedades de plantas "mágicas" do que a amostra que acabamos de apresentar, e as informações a respeito dessas plantas e de suas propriedades variam significativamente de uma região para outra. Dados suplementares podem ser encontrados, por exemplo, em Albert e Gomez (1997), Eguillor Garcia (1984) e Fuentes (1980).

Os Yanomami também atribuem propriedades "mágicas" ou fazem uso ritual de algumas plantas silvestres.[218] As folhas de *Psychotria ulviformis* (*ahate hanakɨ*) são colocadas nas braçadeiras ou atrás das orelhas para fazer com que as viagens na floresta sejam mais rápidas. A planta parasita *Sciaphila purpurea* (*manaka kɨ hʷërɨ*) é usada pelos homens, em associação com outras plantas (e, às vezes, com secreções de larvas de insetos *xapo upë*), para causar esterilidade em mulheres desafetas. Da mesma forma que a *tapra a* (*Caladium bicolor*, cultivada) é usada na feitiçaria pelas mulheres para provocar coceira em homens inconvenientes (e eventualmente empregada contra inimigos, neste caso é jogada no caminho que conduz à casa coletiva), pode-se usar para as mesmas finalidades certas espécies silvestres da família Araceae, entre elas *Syngonium vellozianum* (*poroma tʰotʰo*) e *Xanthosoma sagittifolium* (*poroma hanakɨ*). A superfície cortada dessas espécies, quando em contato com a pele, provoca intensa irritação – o que também acontece com várias outras Araceae – por causa dos cristais de oxalato de cálcio encontrados em seus tecidos (*vide* anteriormente o fim da parte "Plantas usadas para o fogo").

Diversas espécies aromáticas são, ao contrário, utilizadas (às vezes em combinação umas com as outras) na magia amorosa.[219] Estas incluem: a medula de gravetos de *Aniba riparia* (*tʰuë mamohi*); o interior de frutos maduros de *Solanum oocarpum* (*pokara mamokasikɨ*); as sementes de *Dipteryx odorata* (*patea sihi*), ricas em coumarin; as sementes secas e socadas de *Picramnia spruceana* (*koe axihi* ou *hapaka axihi*); a seiva do caule de *Humiria balsamifera* (*asoka hi*) e uma substância aromática encontrada nos ocos da haste de *Securidaca diversifolia* (*kumi tʰotʰo*).[220] Segundo Fuentes (1980), *Myroxylon balsamum* e *Dorstenia* sp. são também utilizadas para a mesma finalidade, e Mattei-Muller (2007) relata um uso semelhante das sementes raladas de *Swartzia leptopetala*. O uso de plantas aromáticas na magia amorosa yanomami foi discutido por Alès (1987a). *H. balsamifera* é utilizada pelos índios da Guiana para ungir seus cabelos (Fanshawe, 1948). De maneira geral, os gêneros *Aniba*, *Dipteryx*, *Myroxylon* e *Humiria* são explorados comercialmente por suas propriedades aromáticas.

[218] Fuentes (1980) cita várias espécies silvestres usadas pelos Yanomami da sua região de estudo na Venezuela para fins "mágicos" ou rituais não especificados, entre elas *Apeiba* sp., *Cassia reticulata*, *Costus* sp., *Ficus* cf. *paraensis*, *Geonoma* cf. *baculifera*, *Mesechites trifida*, *Psidium* sp. e *Tachigali paniculata*. Estas plantas não foram registradas para tais usos em *Watorikɨ*. Além disso, Mattei-Muller (2007) registra na mesma região o uso de *Wulffia baccata*, esmagado e esfregado no rosto a fim de favorecer a procura de jabutis, e de *Clitoria* sp. (pelos homens) para fazer envelhecer as mulheres prematuramente.

[219] O uso destas plantas é específico para cada sexo, sendo a maior parte delas de uso feminino para atrair os homens e algumas de uso masculino para atrair as mulheres.

[220] De acordo com Lizot (2004), que registrou também o uso desta substância entre os Yanomami ocidentais, ela se compõe de fezes de uma espécie de besouro que vive na haste desta planta.

Os galhos de *Sorocea muriculata* spp. *uaupensis* (*yɨpɨ hi*),[221] com seus pedúnculos de um vermelho vívido, são utilizados na construção dos tapiris de reclusão para a primeira menstruação das moças. Mattei-Muller (2007) observou que, depois da reclusão, as folhas do abrigo podiam ser penduradas nos galhos de uma cuieira (*Crescentia cujete*). Os caules de pelo menos três espécies distintas de cipós que têm flores ou frutos com formas fálicas – todos conhecidos como *ihuru t^{h}ot^{h}o* ("cipó criança") – são utilizados em rituais de fertilidade realizados pelas mulheres. Estas espécies incluem: *Aristolochia* sp., *Passiflora fuchsiiflora* e *Gurania spinulosa*.[222] Rituais de caça à anta (*Tapirus terrestris*) envolvem passar cães de caça por círculos feitos de diversos tipos de cipós como *Arrabidaea* sp. e *Callichlamys latifolia* (*mat^{h}o t^{h}ot^{h}o*), *Machaerium macrophyllum* (*akanasima t^{h}ot^{h}o*), *Philodendron hylaeae* (*ripo t^{h}ot^{h}okɨ*) e *Uncaria guianensis* (*ërama t^{h}ot^{h}o*).

Foto 56. Flores fálicas de *Passiflora fuchsiiflora*, cipó da floresta *ihuru t^{h}ot^{h}o* ("cipó-criança"). (W. Milliken, 1993)

Finalmente, o consumo de certas plantas comestíveis, sejam elas cultivadas ou silvestres, pode sofrer proibições rituais em certas circunstâncias. Por exemplo, mulheres gestantes devem se abster de comer sementes torradas de *Posadaea sphaerocarpa* (*pora axit^{h}ot^{h}o*) para evitar candidíase bucal nos seus bebês, e o consumo de mamão (*Carica papaya*, *rokoari hi*), cará (*Dioscorea trifida*, *waha akɨ*) ou de frutos de pequi (*Caryocar villosum*, *ruapa hi*) é restrito durante rituais associados a sangramento (ritos de menstruação, nascimento e homicídio) para se prevenir do surgimento de hérnias inguinais.[223] Existem também, entre os Yanomami, proibições rituais quanto ao contato com plantas não comestíveis. Este assunto é abordado em maiores detalhes por Fuentes (1980), que

[221] Esta espécie não foi encontrada nas proximidades de *Watorikɨ*, mas é muito abundante nas terras altas da Área Yanomami. Outra espécie, *Maprounea guianensis*, foi coletada com o mesmo nome nesta região, mas não ficou claro se é utilizada como substituto para a mesma finalidade. Esses tapiris de reclusão tendem hoje a ser feitos com folhas de bananeira.

[222] Lizot (2004) relata que entre os Yanomami ocidentais os homens podem jogar frutas de *Mesechites trifida* sobre as mulheres consideradas estéreis para "curá-las", e Mattei Muller (2007) registra uma prática semelhante com os frutos (também um tanto fálicos) de *Himatanthus attenuatus*.

[223] De acordo com Mattei-Muller (2007) os frutos de *Astrocaryum gynacanthum* devem também ser evitados pelas mulheres grávidas.

informa, por exemplo, serem as crianças orientadas a não tocarem nas flores vermelhas de *Psychotria poeppigiana*, pois, do contrário, correriam o risco de cair de suas redes à noite e se queimar na sua fogueira.

Plantas na mitologia

As plantas desempenham também papel importante na mitologia dos Yanomami, como é de se esperar em se tratando de um povo da floresta tropical. Essa mitologia já foi documentada em detalhes por vários antropólogos que trabalharam entre eles, tendo sido, inclusive, compilada numa importante coletânea editada por Wilbert e Simoneau (1990). Esta coletânea apresenta 364 mitos dos três principais subgrupos linguísticos yanomami (*Yanõmamɨ*, *Yanomae* e *Sanöma*). Sessenta e três dessas narrativas foram recolhidas por um dos autores do presente livro (BA) entre os Yanomami do sudeste, nas regiões de Catrimani, Toototobi e *Watorikɨ*. Contendo referências específicas a respeito de mais de 55 espécies de plantas, elas servirão de base para a discussão do papel das plantas na mitologia yanomami que desenvolveremos brevemente aqui.

Em aproximadamente metade dos mitos em apreço, o papel das espécies vegetais é relativamente secundário. Elas são simplesmente mencionadas a título de detalhes do pano de fundo das narrações; são meros detalhes que refletem usos ocasionais ou cotidianos – como, por exemplo, a árvore sob a qual uma personagem se sentou, uma fruta que comeu, a pintura corporal ou adornos de folhas fragrantes que usava etc. A Tabela 14 apresenta alguns exemplos desse tipo de referências incidentais.

Contudo, entre essas plantas usadas como detalhes narrativos secundários, observa-se que algumas espécies se encontram associadas de maneira recorrente a certas atividades evocadas nos relatos míticos, espécies que podemos chamar de "espécies prototípicas". Quando se trata de fazer fogo, por exemplo, a lenha mencionada quase invariavelmente pertence às espécies *Elizabetha leiogyne* (*ama hi*) ou *waxi hi* (não identificada), reputadas por sua ótima combustão (*vide* a parte "Plantas usadas para o fogo"); quando são colocados em cena personagens coletando frutos na floresta, tais frutos são, de modo geral, *Pseudolmedia laevigata* (*hayi hi*); e quando se menciona festas *reahu*, a comida coletiva é quase sempre descrita como frutos de *Micrandra rossiana* (*momo hi*) e/ou milho (*Zea mays*). É interessante observar aqui que algumas dessas espécies vegetais (por exemplo, as árvores *M. rossiana*), só presentes nas terras altas e nos mitos, são hoje inacessíveis aos grupos que se deslocaram para as terras baixas.

Além das referências incidentais ou "prototípicas" a certas espécies vegetais que acabamos de descrever, é também recorrente nos mitos yanomami o uso de características empíricas de várias outras plantas enquanto recursos narrativos. O papel mitológico mais significativo dessas plantas se manifesta, assim, por meio da transposição de suas propriedades naturais em funções simbólicas.

Nesse contexto podem ser aproveitadas, por exemplo, referências a traços morfológicos. Num mito sobre a criação do universo [M7], conta-se que o céu desmoronou sobre a terra e uma parte dele caiu sobre a copa de um cacaueiro, *Theobroma cacao* (o qual parece, por isso, de acordo com os Yanomami, "achatado"). Os ancestrais yanomami, presos embaixo da árvore, acabam fugindo para o mundo acima através de um furo feito por um papagaio-moleiro (*Amazona farinosa*). A nova terra-

Tabela 14. Alguns exemplos de plantas evocadas na mitologia dos Yanomami orientais

[Os números entre colchetes precedidos da letra M no texto e nas tabelas a seguir se referem à numeração dos mitos na coletânea editada por Wilbert e Simoneau (1990)]

Mito	Planta citada	Uso
Omama cria os Yanomami atuais [M11]	*Heliconia bihai*	Folhas são colocadas no chão para recolher "ovos de formigas"
O dilúvio e a origem dos forasteiros [M33]	*Virola elongata*	Homens cheiram pó alucinógeno (*yãkoana a*) ao final de uma festa *reahu*
Retorno dos fantasmas e origem da morte [M35]	*Phenakospermum guyannense*	Folhas coletadas para fazer tapiris
Festa das rãs e origem dos cantos cerimoniais [M41]	*Micrandra rossiana*	Alimentos cerimoniais na festa *reahu*
Morcego, o genro incestuoso [M42]	*Bixa orellana*	Visitantes pintam-se com frutos antes da festa
A criança guerreira [M47]	*Strychnos* sp.	Pontas de flecha com curare preparadas para vingar a mãe
Anta provoca a queima de beija-flor [M171]	*Elizabetha* sp.	Madeira usada por anta na fogueira destinada a queimar beija-flor
Omama e *Yoasi* vingam-se da onça [M187]	*Pseudolmedia laevigata*	Árvore na qual os gêmeos sobem para fugir da onça e fingem colher frutos
Omama e *Yoasi* pescam a filha de *Tëpërësikɨ* [M197]	*Justicia pectoralis*	As folhas aromáticas são ornamentos da moça
Marido canibal [M246]	*Capsicum frutescens*	Pimentas são atiradas ao fogo para obrigar os fantasmas canibais a sairem de sua caverna
Menino dos Yanomami ocidentais cai para o submundo [M277]	*Clathrotropis macrocarpa*	Frutos tóxicos lavados no rio pelas mães dos meninos
Feiticeiros inimigos (*okapë*) caem no abismo [M359]	*Iriartella setigera*	Homem usa caule para sondar o abismo

floresta (*urihi*), constituída pelas "costas" do antigo céu caído (*hutukara*), permanece deformada no seu centro pela copa do cacaueiro, dando assim origem à área de relevo acidentado (*horepë a*) da Serra Parima (coração histórico do território yanomami).[224]

[224] De modo semelhante, Mattei-Muller (2007) menciona na mitologia dos Yanomami do alto Orinoco a criação, de acordo com uma associação morfológica bastante óbvia, da primeira cobra a partir de um cipó *Lonchocarpus*. O mesmo autor registra ainda o papel central da espécie *Bauhinia guianensis* num mito onde esse cipó é usado por antepassados como escada até que esta se quebra, provocando a queda e transformação dos protagonistas em diversos animais (de acordo com os lugares de suas respectivas quedas). Esse cipó, apelidado por sua aparência como "cipó-escada" ou "escada-de-jabuti", desempenha uma função narrativa similar em diversos mitos de criação de grupos Caribe.

Podem ser também colocadas em destaque relações ecológicas entre espécies vegetais e animais (principais personagens dos mitos) ou propriedades utilitárias das plantas. No mito da origem do fogo [M50], os japus (*Psarocolius decumanus*) roubam-no da boca do jacaré-tinga (*Caiman crocodilus*, que por isso, segundo os Yanomami, tem língua curta e garganta

Tabela 15. Alguns exemplos de plantas de relevância simbólica na mitologia dos Yanomami orientais

Mito	Planta	Função na narrativa	Propriedades
Omama cria os Yanomami atuais [M11]	*Iriartella setigera*	"Ovos de formiga" são retirados do caule rachado e transformados em humanos	As formigas-pretas *Camponotus* sp. fazem seus ninhos nessa palmeira
Festival das rãs e origem dos cantos cerimoniais [M41]	*Brosimum utile*	Braçadeira de *Poko hayumari* (o gigante canhoto) jocosamente comparada à tipoia de casca da árvore	Esta é uma das espécies mais usadas na confecção de tipoias para carregar crianças
Gambá e a origem da feitiçaria [M130]	*Tabebuia capitata*	Gambá (*Didelphis marsupialis*) esconde-se na árvore e outros animais têm grande dificuldade em derrubá-la	Gambás abrigam-se frequentemente nos troncos ocos dessas grandes árvores de madeira muito dura
Feiticeiros inimigos (*okapë*) transformam-se em coatis [M141]	*Caryocar glabrum*[225]	*Okapë* comem as futas em estado de homicídio ritual (*onokãe*); seus narizes deformam-se no processo	Coatis (*Nasua nasua*) comem frutos de *Caryocar* e têm focinhos arrebitados
Anta tenta esconder-se [M172]	*Cecropia sciadophylla*	Anta e preguiça tentam se esconder na árvore; anta não tem sucesso e vai embora; preguiça permanece e come suas folhas	Preguiças são arborícolas e difíceis de avistar; as folhas de *Cecropia* são importantes na sua dieta
Omama cria as montanhas enquanto foge [M211]	*Oenocarpus bacaba*	*Omama* joga as folhas para trás a fim de esconder seu rastro; elas se transformam em serras	As folhas caídas de *Oenocarpus* evocam cadeias montanhosas
Terema, a menina com uma garra [M251]	*Pseudolmedia laevigata*	Furriel corta galhos com frutos da árvore; o suco dos frutos é confundido com sangue da vítima de *Terema*	Esta ave (*Caryothraustes canadensis*) alimenta-se de frutos moles e vermelhos de *Pseudolmedia*
Cutia, a sogra avarenta [M289]	*Clathrotropis macrocarpa*	Cutia envenena seu genro com frutos tóxicos não processados	Cutias (*Dasyprocta* sp.) devem ser os únicos animais a se alimentar com estes frutos venenosos que escondem no chão

[225] *Vide* nota de rodapé 55, pág. 42.

avermelhada) e voam para a copa da árvore *Elizabetha leiogyne* (*ama hi*). O fogo é depositado no coração dessa árvore (preferida para lenha) e também das espécies *Herrania lemniscata* (*xuhuturi unahi*), *Bixa orellana* (*nara xihi*) e *Guatteria* spp., *seisei unahi* (cuja madeira serve para fabricar brocas de fazer fogo) e nas canas-de-flecha (*Gynerium sagittatum*, *xaraka si*), cuja medula serve como isca de fogo (*vide* anteriormente a parte "Plantas usadas para o fogo"). A Tabela 15 apresenta outros exemplos de associações desse tipo.

Referências botânicas podem desempenhar uma função simbólica ainda mais complexa na mitologia yanomami, por exemplo, quando servem para salientar oposições conceituais socialmente fundamentais que a narrativa tem por função evocar e confrontar. Contudo, esses casos são relativamente raros, pois a morfologia e o comportamento dos animais proporcionam opções simbólicas bem mais ricas. O mito sobre o veado-mateiro (*Mazama americana*) e a falsa pupunheira [M102] relata o conflito entre um genro – pipira-vermelha (*Ramphocelus carbo*),[226] detentor das pupunhas (*Bactris gasipaes*) – e seu sogro, veado-mateiro, que pretende que seus frutos de palmeira paxiúba (*Socratea exorrhiza*) sejam as "verdadeiras" pupunhas. O contraste entre os frutos valorizados de *Bactris gasipaes* (*rasa si*) e os frutos quase incomestíveis de *Socratea exorrhiza* (*manaka si*) inverte no mito a oposição sogro (temido destinatário do serviço marital)/genro (submisso pedinte de esposa) que vigora na realidade social.

Da mesma forma, em algumas narrativas míticas, características naturais da corporeidade humana são simbolicamente marcadas como tais pela oposição entre espécies vegetais; como é o caso de mitos que colocam em cena *Omama*, o criador da humanidade e da sociedade yanomami atuais, e *Yoasi*, seu irmão gêmeo, desleixado, indolente e iracundo. Em um desses mitos [M191], *Omama* manda *Yoasi* cortar postes de *pore hi* (*Eugenia flavescens*, árvore de madeira dura da família das Myrtaceae)[227] para armar a rede da filha do monstro subaquático *Tëpërësiki* que acabava de pescar. *Omama* queria que ela pudesse mudar de pele continuamente (como o *pore hi*) em lugar de envelhecer e, assim, desse aos Yanomami, seus futuros filhos, a imortalidade. No entanto, *Yoasi*, preguiçoso, preferiu a madeira mole de *Croton palanostigma* (*kotoporo sihi*), cuja casca apodrece facilmente, tornando assim os Yanomami mortais. Em outro mito [M197], após *Yoasi* copular exageradamente com a filha de *Tëpërësiki*, *Omama*, descontente, procura longamente flores fragrantes de *Ormosia* sp. (*raruma hi*) para limpar a vulva da moça, enquanto *Yoasi*, impaciente, usa, antes da sua volta, flores malcheirosas da árvore *Inga acuminata* (*riamoxiriama hi*, "árvore que cheira a pênis"), o que explica, hoje, o cheiro desagradável das genitálias humanas.

Finalmente, vários mitos dos Yanomami orientais são dedicados à origem das espécies vegetais cultivadas ou de cultivares específicos. Duas narrativas principais relatam a origem das atividades agrícolas. A primeira associa a criação das plantações

[226] Um pássaro familiar das roças e, em particular, das pupunheiras.

[227] O nome *pore hi* ("árvore fantasma") designa vários membros da família das Myrtaceae, árvores que descascam constantemente. Em *Watoriki* era aplicado à espécie *Eugenia flavescens* e, em Homoxi, à *Myrcia* sp. Lizot (2004) registrou igualmente uma espécie de *Psidium* com o mesmo nome entre os Yanomami ocidentais da Venezuela e relata que pedaços de sua casca podem ser amarrados ao cordão umbilical dos recém-nascidos para assegurar-lhes longevidade. Mattei-Muller (2007), por sua vez, relata que, depois de dar à luz, as mulheres Yanomami do Alto Orinoco dão voltas com seus bebês ao redor desta árvore com essa mesma finalidade.

à origem do milho [M86]. Nela, a saúva (*Atta* sp.),[228] dona oculta das primeiras plantações, perde sua sogra tovaca-patinho (a ave *Myrmothera campanisona*)[229] em sua imensa roça de milho (a saúva come grande parte das folhas das roças yanomami, com exceção das de milho).[230] Essa narrativa parece confirmar o argumento de que o milho era de fundamental importância na dieta yanomami no passado[231] (vide "Plantas comestíveis cultivadas"), como é o caso de sua evocação como comida cerimonial principal das festas *reahu* em vários outros mitos. Uma segunda narrativa mítica sobre agricultura relata que *Tëpërësikɨ*, o sogro subaquático do demiurgo *Omama*, deu a este último as plantas cultivadas para que pudesse alimentar sua nova esposa, invertendo, assim, o vigente serviço marital do genro na roça do seu sogro [M198]. A existência de dois mitos de origem das plantas cultivadas é explicada pelo fato de que a primeira se refere à primeira humanidade dos antepassados homens-animais (*yaroripë*), e a segunda, à humanidade atual (os Yanomami, *Yanomae tʰëpë*), criada por *Omama* e a filha de *Tëpërësikɨ*, após a transformação da primeira humanidade em animais e a queda do céu antigo.

Uma outra narrativa, na qual o povo dos japus (*Psarocolius decumanus*), faminto, rouba as primeiras bananas-da-terra na roça onde Fantasma (*Pore a*) as mantinha escondidas ([M84]), tem também um destaque particular na mitologia agrícola yanomami. Este mito pode, talvez, ser considerado um indício de que a banana-da-terra foi tardiamente adquirida pelos Yanomami de estrangeiros (geralmente considerados fantasmas pelos antigos Yanomami). Existem, além disso, outros mitos sobre cultivares específicos bastante difundidos entre os Yanomami, como os relatos da origem das pupunhas ([M102]) e do tabaco ([M76]). Interessantes são também as narrativas que tratam da domesticação de espécies silvestres. Assim, o mito sobre a origem dos inhames cultivados *Dioscorea trifida* [M92][232] conta como uma mulher velha, abandonada, sozinha e com fome numa casa coletiva chamou esses tubérculos na floresta. Quando os inhames chegaram até a porta da casa, ela os capturou, cozinhou e comeu, deixando só os menores para serem plantados.

Outros mitos, enfim, podem relatar a origem do processamento alimentar de sementes silvestres. Assim, o mito de origem do tabaco [M76] conta também como, por exemplo, os antepassados míticos aprenderam a processar as sementes de algumas espécies vegetais silvestres tóxicas. Na narrativa, a lagarta verde *Yoropori* (*Manduca sexta*), dona do tabaco (é imune à toxicidade da nicotina),[233] viaja pela floresta distribuindo folhas da planta aos que se mostram generosos com os frutos silvestres que comem. *Yoropori* encontra primeiro o jupará (*Potus flavus*), que se alimenta de *Inga acreana* (*pahi hi*) e, em troca dos frutos que lhe joga, ensina que as sementes dessa espécie podem ser comidas depois de aferventadas. Depois, da mesma maneira, ensina a furriel (*Caryothraustes canadensis*) como assar as castanhas amargas dos frutos de *Pseudolmedia laevigata* (*hayi hi*).

[228] Também chamada "formiga-cortadeira" ou "formiga-de-mandioca". É, na mitologia yanomami, um personagem masculino – *Koyori*.

[229] Esta ave habita, preferencialmente, em áreas com densa vegetação como roças antigas, clareiras originadas de quedas de árvores ou margens de igarapés.

[230] *Vide* Gourou, 1982: 83.

[231] *Vide* também Colchester, 1984 e Valero, 1969, 1984.

[232] Esta espécie é cultivada pelos Yanomami, mas pode também ser encontrada em estado silvestre na floresta.

[233] *Manduca sexta* é uma grande lagarta verde de Esfingidae, voraz comedora de folhas de tabaco, por isso é conhecida como "lagarta da folha de tabaco".

Os exemplos tirados do *corpus* de narrativas dos Yanomami orientais (*Yanomae*) antes apresentados deixam claro que a mitologia yanomami como um todo agrega uma considerável riqueza de observações ecológicas aguçadas, especialmente sobre as relações entre flora e animais da floresta. Considerando o conjunto dos mitos de todos os subgrupos yanomami – ou, pelo menos, os 364 mitos de três subgrupos (Wilbert e Simoneau, 1990) – constata-se que existe um núcleo de narrativas comum a todos (por exemplo, [M50] sobre a origem do fogo), com variações mais ou menos significativas, como também mitos que parecem específicos para cada subgrupo (como [M47] sobre a origem da guerra entre os *Yanomae*).

Contudo, mesmo quando a narrativa mítica é quase idêntica entre dois subgrupos, as plantas e os animais mencionados podem ser diferentes, desde que preencham a mesma função simbólica. Por exemplo, nas versões do mito sobre a origem do fogo registrada por Lizot entre os Yanomami ocidentais (*Yanõmamɨ*) [M56 e 57], são os japus (*Psarocolius decumanus*) que roubam o fogo da boca do jacaré, como no mito [M50] dos Yanomami orientais (*Yanomae*), porém eles o levam, desta vez, como no mito [M55] dos Yanomami setentrionais (*Sanöma*), para a árvore *Micropholis melinoniana* (*apia hi*, que também proporciona boa lenha). Em outra versão *Sanöma* [M49], a viuvinha-de-cauda-longa (*Colonia colonus*) rouba o fogo e o leva para a copa da árvore *Coussapoa* sp. (usada por esse subgrupo para fazer brocas de fogo). Variações regionais desse tipo podem também ser encontradas entre comunidades do mesmo subgrupo e, às vezes, até entre pessoas de origem diferente numa mesma casa coletiva.

A etnobotânica yanomami em perspectiva

Lizot (1984: cap. IV) afirma que os Yanomami, com os quais trabalhou na região do Orinoco, podem identificar e nomear 328 espécies de plantas, das quais 57% são virtualmente aproveitáveis. O presente estudo demonstra que tal avaliação subestima consideravelmente não só o conhecimento botânico dos Yanomami, como também o número de espécies por eles utilizadas, pois só o número de espécies de uso medicinal que registramos até o presente, apenas entre os Yanomami no Brasil (203 plantas), é muito maior que o total de plantas úteis evocado por Lizot.

Na realidade, os dados necessários para uma avaliação razoavelmente precisa do número de espécies conhecidas e aproveitadas pelos Yanomami estão ainda longe de ser disponibilizados, e sendo que o presente estudo certamente não tem a pretensão de apresentar dados exaustivos. Seriam necessários ainda muitos anos de pesquisas intensivas em toda a área yanomami (cerca de 192 mil km^2) para registrar a totalidade dessas informações etnobotânicas, e é provável e desejável que tal trabalho somente possa ser realizado pelos próprios Yanomami. Apesar dos dados apresentados neste livro evocarem a maioria dos domínios da sociedade e da cultura yanomami envolvendo o conhecimento e o uso de espécies vegetais, a partir de pesquisas de campo e bibliográfica razoavelmente aprofundadas, é perfeitamente evidente que setores fundamentais da etnobotânica yanomami – tais como, por exemplo, o conhecimento das interações ecológicas envolvendo plantas – permanecem praticamente intocados.

Tentamos, neste trabalho, quando possível, colocar em perspectiva o número de espécies vegetais usadas pelos Yanomami para diversas finalidades, comparando-o com dados equivalentes publicados sobre alguns outros povos indígenas da

Amazônia (*vide*, por exemplo, as partes "Diversidade das plantas comestíveis" e "A construção yanomami no contexto amazônico"). Foi constatado, nesse contexto, que os Yanomami utilizam tantas (ou até mais) plantas do que os povos com os quais foram comparados. No caso das plantas medicinais – a categoria mais intensivamente pesquisada durante o presente estudo e, portanto, talvez a mais representativa – o maior número de espécies registrado na literatura revistada foi 245 entre os Shuar do Equador (Bennett, 1992). Para a maioria dos outros povos, foram citados números bem menores que as 203 plantas medicinais registradas entre os Yanomami no Brasil.

Contudo, esse tipo de comparação quantitativa sobre conhecimento botânico e uso das plantas entre povos indígenas é sempre enviesado pela diferença de profundidade (geralmente não quantificável) entre as pesquisas realizadas. Apesar da possibilidade de tentar compensar essas disparidades por meio de levantamentos quantitativos-padrão em áreas restritas, como é o caso dos estudos baseados em um hectare de floresta descritos por Prance *et al.* (1987) e autores subsequentes (por exemplo, Milliken *et al.*, 1992), a potencialidade de esse método gerar comparações válidas parece limitada. Além disso, mesmo que fosse possível realizar comparações quantitativas realistas, o significado de seus resultados não deixaria de ser dúbio num contexto cultural e ecológico mais amplo.

É certamente mais produtivo realizar comparações etnobotânicas qualitativas, já que, como mostra nosso estudo, existe um altíssimo índice de semelhança no uso de espécies vegetais entre os Yanomami e outros povos indígenas da Amazônia. Essa convergência não é realmente surpreendente, já que as populações ameríndias desta região vivem há milhares de anos[232] basicamente no mesmo ambiente ecológico e com um nível tecnológico comparável. Contudo, não deixa de ser notável se considerarmos a diversidade florística da região amazônica – ou seja, o imenso número de espécies vegetais entre as quais estes povos tiveram de escolher para cada uso – e, ainda, as barreiras linguísticas e as distâncias geográficas que os separam.

O fato de o número de espécies vegetais aproveitadas pelos Yanomami ser tão elevado se deve tanto à extrema biodiversidade encontrada no território que ocupam (Serra Parima e terras baixas circunvizinhas) quanto à grande diversificação dos saberes botânicos adquiridos pelos numerosos grupos locais que se espalharam nesta vasta região durante séculos. A área de floresta tropical ocupada pelos Yanomami abriga uma considerável variedade florística em função de suas importantes variações de altitudes (entre 100 e 1.600 m acima do nível do mar). Inclui floras típicas de topo de montanha e de afloramentos rochosos, de savanas e florestas de altitude (na Serra Parima), de florestas tropicais submontanas e de florestas densas de terras baixas inundáveis (Huber *et al.*, 1984). Desse modo, a gama de espécies vegetais disponíveis aos Yanomami chega a ser considerável e, provavelmente, excepcional.

Além disso, é provável que o forte dinamismo de crescimento demográfico, a fissão residencial e a expansão geográfica da população yanomami, pelo menos desde o início do século XIX, tenham oferecido a este povo inéditas oportunidades de

[232] A arqueologia amazônica aponta para uma ocupação humana da região há pelo menos 10 mil anos (*vide* Roosevelt *et al.*, 1996; Fausto, 2000 e Neves, 2006).

experimentação com a extrema diversidade florística do seu *habitat*, tanto no âmbito microlocal quanto no macrorregional. O território Yanomami expandiu-se consideravelmente desde o começo do século XIX, e muitos dos grupos locais que atualmente ocupam sua periferia, nas terras baixas (como a comunidade de *Watorikɨ*), moram há relativamente pouco tempo nas suas atuais locações (de algumas décadas a meio século). No Brasil, assim como na Venezuela, os Yanomami expandiram-se progressivamente a partir de um centro histórico comum (a Serra Parima) e estão envolvidos, há décadas, num processo de adaptação contínuo às novas condições ecológicas encontradas ao longo de suas migrações.

Na medida em que os Yanomami se deslocaram das terras altas da Serra Parima para as terras baixas da bacia do Orinoco (Venezuela) e dos rios Branco e Negro (Brasil), eles tiveram de adaptar sua seleção de espécies vegetais em função dos recursos disponíveis, sem que isso alterasse fundamentalmente seu padrão global de aproveitamento da flora. É provável que esse processo adaptativo tenha sido facilitado pela diversidade significativa das plantas que já utilizavam antes do início das suas migrações, o que teria aumentado a probabilidade de encontrarem pelo menos uma das várias espécies possíveis para cada utilidade em seu novo ambiente. Em muitos casos, essa adaptação levou ao aproveitamento de novas espécies de gêneros originalmente utilizados. Por exemplo, a espécie do gênero *Rinorea* usada para confeccionar o encaixe das flechas em *Watorikɨ* (ver a parte "Arcos e flechas"), *R. lindeniana*, é diferente daquela observada por Fuentes (1980) entre os Yanomami da Venezuela, *R. riana*; e tal diferença provavelmente reflete nada mais que as disponibilidades relativas dessas diferentes espécies de *Rinorea* nas duas áreas. Da mesma maneira, as folhas *Geonoma* escolhidas para a cobertura do teto das casas são *G. deversa* (*warama si*) nas terras altas e *G. baculifera* (*paa hanakɨ*) nas terras baixas.

A migração yanomami para as terras baixas também teve por resultado o aproveitamento de novas espécies vegetais de outros gêneros e famílias com propriedades similares às plantas originalmente usadas. Assim, a perda de acesso às apreciadas sementes de *Micrandra rossiana* (*momo hi*), abundantes nas terras altas foi, de certa forma, compensada pela disponibilidade nas terras baixas de *Bertholletia excelsa* (*hawari hi*), a castanha-do-pará, rica em proteínas vegetais. De modo semelhante, as madeiras duras de *Chimarrhis* sp. e *Swartzia schomburgkii* (ambas nomeadas *xitokoma hi*) foram trocadas por *Centrolobium paraense* (*hewë nahi*) para serem usadas como postes das casas coletivas. A utilização da casca de *Cochlospermum orinocense* para confeccionar tipoias de carregar bebês é outro exemplo desse tipo de aproveitamento inovador. Assim, as mulheres de *Watorikɨ* não têm nome para esta espécie, que não cresce nas terras altas de onde o grupo migrou há algumas décadas, porém identificaram sua utilidade substitutiva.

Contudo, as mudanças no aproveitamento das plantas do seu território apresentadas pelos Yanomami não podem ser atribuídas somente à sua dinâmica migratória e à riqueza da biodiversidade de seu território. Como observamos, várias transformações significativas no uso dos recursos vegetais e na cultura material yanomami foram também induzidas por antigos contatos interétnicos (*vide*, por exemplo, as partes "A agricultura yanomami e a floresta" e "Origem e eficácia da farmacopeia yanomami"). No presente, formas de contato mais permanentes e intensas com a fronteira econômica regional e os postos da estrutura governamental e não governamental de assistência (saúde, educação, vigilância territorial) vêm causando novas mutações que, certamente, terão um impacto muito significativo a longo prazo, como a crescente sedentarização e nucleação dos grupos locais ou o aumento da dependência de remédios industriais e recursos vegetais exteriores (cultivares e árvores frutíferas). Alguns dos efeitos dessas transformações sobre o uso de espécies vegetais já foram documentados, em certo detalhe, no caso das técnicas de construção e do uso de plantas medicinais (Milliken e Albert, 1996, 1997a, 1997b). Mais recentemente, outras pesquisas foram conduzidas sobre o remanejamento espacial do modelo yanomami de acesso aos recursos naturais em função das atividades garimpeiras ou dos postos de atendimento governamentais ou não governamentais presentes no seu território (Milliken e Albert, 2002; Albert e Le Tourneau, 2005 e 2007; Albert *et al.* 2008).

Os Yanomami formam um povo muito aberto às experimentações e às inovações, porém zeloso de sua autonomia e continuidade social. Sua etnobotânica, sua cultura material e seu sistema produtivo são domínios dinâmicos que já refletem várias adaptações e transformações importantes ocorridas ao longo de sua história. Podemos ter certeza que, desde que seus direitos territoriais e assistência sanitária sejam devidamente garantidos, eles poderão prosseguir com talento essa tradição secular de mudanças que constitui o fio condutor de sua identidade.

Referências

Acevedo-Rodríguez, P. (1990). "The occurrence of piscicides and stupefactants in the plant kingdom", *Advances in Economic Botany* 8: 1-23.

Aguiar, J.P.C., Marinha, H.A. Rebelo, Y.S. e Shrimpton, R. (1980). "Aspectos nutritivos de algumas frutas da Amazônia", *Acta Amazonica* 10(4): 755-758.

Agurell, S., Holmstedt, B. e Lindgren, J.-E. (1969). "Alkaloids in certain species of Virola and other South American plants of ethnopharmacologic interest", *Acta Chemica Scandinavica* 23: 903–916.

Albert, B. (1985). *Temps du sang, temps des cendres. Représentation de la maladie, système rituel et espace politique chez les Yanomami du sud-est*. Tese de Doutorado, Universidade de Paris X-Nanterre.

Albert, B. (1990). "On Yanomami warfare: a rejoinder", *Current Anthropology* 31: 558–562.

Albert, B. (1994). "Indiens Yanomami et chercheurs d'or au Brésil. Le massacre de Haximu", *Journal de la Société des Américanistes* 80: 250-57.

Albert, B. (org.) (2003). *Fronteira agro-pecuária e Terra Indígena Yanomami em Roraima, Documentos Yanomami 3*. Brasília, Comissão Pró-Yanomami.

Albert, B. e Gomez, G.G. (1997). *Saúde Yanomami. Um manual etno-linguístico*. Belém, Museu Paraense Emílio Goeldi,

Albert, B. e Kopenawa, D. (2003). *Yanomami. L'esprit de la forêt*. Paris, Actes Sud Fondation Cartier pour l'Art Contemporain.

Albert, B. e Le Tourneau, F.-M. (2004). "Florestas Nacionais na Terra Indígena Yanomami – Um cavalo de Tróia ambiental?", in: *Terras Indígenas e Unidades de Conservação da natureza*. São Paulo, Instituto Socioambiental, pp. 372-383.

Albert, B. e Le Tourneau, F.-M. (2005). "Homoxi : ruée vers l´or chez les Indiens Yanomami du haut Mucajaí (Brésil)", *Autrepart* 34: 3-28.

Albert, B. e Le Tourneau, F.-M. (2007). "Ethnogeography and resources use among the Yanomami Indians (Brazilian Amazon): towards a 'reticular space' model", *Current Anthropology* 48(4) : 584-592.

Albert, B., de Robert, P.; Laques, A.E. e Le Tourneau, F.M. (2008). "Territorialités amérindiennes et Terres Indigènes en Amazonie brésilienne: continuité ou rupture ?", in: *Aires protégées: espaces durables* ?, C. Aubertin e E. Rodary (orgs.). Marseille, IRD, pp. 187-214.

Alès, C. (1987a). "Les parfums végétaux des Yanomamɨ (indiens du Venezuela)", in: *Parfums de Plantes*. Paris, Muséum National d'Histoire Naturelle, pp. 242–246.

Alès, C. (1987b). "Le piment chez les Yanomamɨ", in: *Parfums de Plantes*. Paris, Muséum National d'Histoire Naturelle, p.33.

Alès, C. (2003). "La horticultura yanomami y la problemática de los medios de sabanas en la Amazonía venezolana", in: *Caminos Cruzados. Ensaios en Antropologia Social, Etnoecologia y Etnoeducación*, C. Alès e J. Chiappino (orgs.). Mérida, IRD Éditions - Universidad de los Andes (GRIAL), pp.389-421.

Alès, C. (2006). *Yanomami. L´ire et le désir*. Paris, Karthala.

Altschul, S. von R. (1972). *The genus Anadenanthera in Amerindian cultures*. Cambridge, Harvard University Press.

Altschul, S. von R. (1973). *Drugs and foods from little-known plants*. Cambridge, Harvard University Press.

Andel, T.R. van (2000a). *Non-timber forest products of the North-West District of Guyana*. Georgetown (Guyana), Tropenbos-Guyana Programme, Tropenbos-Guyana Serias A.

Andel, T.R. van (2000b). "The diverse use of fish poison plants in northwest Guyana", *Economic Botany* 54(4): 500-512.

APC (Ação Pela Cidadania) (1990). *Yanomami: a todos os povos da terra*. Brasília, APC.

Anderson, A.B. (1978). "The names and uses of palms among a tribe of Yanomama Indians", *Principes* 22: 30-41.

Araujo, Y. e Beserra, P. (2007). "Diversidad de invertebrados consumidos por las etnias Yanomami y Yekuana del Alto Orinoco, Venezuela", *Interciencia* 32(5): 318-323.

Àvila, J.B. de e J. de S. Campos (1959). "Observações de um acampamento de Índios Padauari e Paquidari", *Boletim da Sociedade de Geografia de Lisboa*, série 77, 7-9: 259-272.

Balée, W.L. (1987). "A etnobotânica quantitativa dos Índios Tembé", *Boletim do Museu Paraense Emílio Goeldi*, Série Botânica 3: 29-50.

Balée, W.L. (1989). "The culture of Amazonian forests", *Advances in Economic Botany* 7: 1-21.

Balée, W.L. (1994). *Footprints of the forest. Ka'apor Ethnobotany – the historical ecology of plant utilization by an Amazonian people*. Nova Iorque, Columbia University Press.

Balick, M.J. e Gershoff, S.N. (1981). "Nutritional evaluation of the Jessenia bataua palm: source of high quality protein and oil from tropical America", *Economic Botany* 35(3): 261-271.

Barbosa, R.I. (2003), "Incêndios florestais em Roraima: implicações ecológicas e lições para o desenvolvimento sustentado", in: *Fronteira agro-pecuária e Terra Indígena Yanomami em Roraima, Documentos Yanomami 3*, B. Albert (org.). Brasília, Comissão Pró-Yanomami, pp. 43-54.

Barfod, A.S. e Kvist, L.P. (1996). "Comparative ethnobotanical studies of the Amerindian groups in coastal Ecuador", *Biologiske Skrifter* 46: 1-166.

Becher, H. (1960). *Die Surára und Pakidái. Zwei Yanonámi-Stammë in Nordwestbrasilien*. Hamburg, Kommissionsverlag Cram, De Gruyter.

Beck, H.T. e Prance, G.T. (1991). "Ethnobotanical notes on Marajó ceramic pottery utilizing two Amazonian trees", *Boletim do Museu Paraense Emílio Goeldi*, Série Botânica 7(2): 269–275.

Behl, P.N. e Captain, R.M. (1979). *Skin-irritant and sensitizing plants found in India*. Nova Deli, S. Chand & Co.

Benezra, C., Ducombs, G., Sell, Y. e Foussereau, J. (1985). *Plant contact dermatitis*. Londres, C.V. Mosby.

Bennett, B.C. (1992). "Plants and people of the Amazonian rainforests. The role of ethnobotany in sustainable development", *BioScience* 42(8): 599–607.

Bennett, B.C. e Andrade, P.G. (1991). "Variación de los nombres y de los usos que dan a las plantas los indígenas Shuar del Ecuador", in: *Las plantas y el hombre*, M. Ríos e H. Pedersen (orgs.). Quito, Ediciones Abya-Yala, pp. 129-137.

Bennett, B.C., Baker, M.A. e Andrare, P.G. (2002). *Ethnobotany of the Shuar of Eastern Ecuador*, *Advances in Economic Botany* 14. New York, New York Botanical Garden Press.

Biocca, E. (1966). *Viaggi Tra Gli Indi. Alto Rio Negro – Alto Orinoco. Appunti di um Biólogo*, Vol. II. Roma, Consiglio Nazionale delle Ricerche.

Biocca, E. (1979). "Sciamanismo, allucinogeni e meloterapia: relazione introduttiva", in: *Simposio internazionale sulla medicina indigena e populare dell' America Latina*, IILA-CISO Rome 12--6 December 1977. Rome, IILA, pp. 445-453.

Boom, B.M. (1987). "Ethnobotany of the Chácobo Indians, Beni, Bolivia", *Advances in Economic Botany* 4: 1-68.

Boom, B.M. (1990). "Useful plants of the Panare Indians of Venezuelan Guayana", *Advances in Economic Botany* 8: 57-76.

Borgman, D. (1990). "Sanuma", in: *Handbook of Amazonian Languages*, D.C. Derbyshire e G.K. Pullum (orgs.). Haia, Mouton de Gruyter, vol. 2, p. 17-248.

Borofsky, R. (2005). *Yanomami. The fierce controversy and what we can learn from it*. Berkeley and Los Angeles, University of California Press.

Branch, L.C. e Silva, M.F. da (1983). "Folk medicine of Alter do Chão, Pará, Brazil", *Acta Amazonica* 13(5-6): 737-797.

Brewer-Carias, C. e Steyermark, J.A. (1976). "Hallucinogenic snuff drugs of the Yanomamö Caburiwe-Teri in the Cauaburi River, Brazil", *Economic Botany* 30(1): 57-66.

Capobianco, J.P.R. (org.) (2001). *Biodiversidade na Amazônia Brasileira*. São Paulo, Editora Estação liberdade/ Instituto Socioambiental.

Carneiro, R.L. (1979a). "Tree felling with the stone ax: an experiment carried out among the Yanomamö Indians of Southern Venezuela", in: *Ethnoarchaeology: Implications of ethnography for archaeology*, C. Kramer (org.). Nova Iorque, Columbia University Press, pp. 21–58.

Carneiro, R.L. (1979b). "Forest clearance among the Yanomamö, observations and implications", *Antropológica* 52: 39-76.

Carrera Rubio, J. (2004). *The fertility of words: aspects of language and sociality among Yanomami people of Venezuela*. Tese de Doutorado, University of St Andrews.

Cavalcante, P.B. e Frikel, P. (1973). *A farmacopeia Tiriyó. Estudo etno-botânico*. Belém, Museu Paraense Emílio Goeldi.

CCPY (2001). *Haximu: Foi genocídio !, Documentos Yanomami 1*. Brasília, Comissão Pró-Yanomami.

Chagnon, N.A. (1966). *Yanomamö warfare, social organization, and marriage alliances*. Tese de Doutorado, University of Michigan.

Chagnon, N.A. (1968a). *Yanomamö, the fierce people*. Nova Iorque, Rinehart, Holt and Winston.

Chagnon, N.A. (1968b). "The Culture-Ecology of Shifting (Pioneering) Cultivation among the Yanomamö Indians", *Proceedings of the VIIIth International Congress of Anthropological and Ethnological Sciences* 3:249-255.

Chagnon, N.A. (1974). *Studying the Yanomamö*. Nova Iorque, Rinehart, Holt and Winston.

Chagnon, N. A. (1988): "Life Histories, Blood Revenge, and Warfare in a Tribal Population", *Science* 239: 985-92.

Chagnon, N.A., Le Quesne, P. e Cook, J. (1970). "Algunos aspectos de uso de drogas, comercio y domesticación de plantas entre los indígenas Yanomamö de Venezuela y Brasil", *Acta Científica Venezolana* 21: 186–193.

Chagnon, N.A., Le Quesne, P. e Cook, J. (1971). "Yanomamö hallucinogens: anthropological, botanical, and chemical findings", *Current Anthropology* 12(1): 72-74.

Chiara, V. (1987). "Armas: bases para uma classificação", in: *Suma etnológica Brasileira, Vol. 2: Tecnologia indígena*, D. Ribeiro (org.). Petrópolis, Vozes, pp. 117-138.

Cocco, L. (1979). "Piante medicinali degli Yanomami", *Simposio internazionale sulla medicina indigena e populare dell' America Latina*, IILA-CISO Rome 12--6 December 1977. Rome, IILA, pp. 421-425.

Cocco, L. (1987). *Iyëwei-teri. Quince años entre los Yanomamos*. 2ª Edição. Caracas, Escuela Técnica Don Bosco.

Colchester, M. (1981). "Ecological modelling and indigenous systems of resource use", *Antropológica* 55:51-72.

Colchester, M. (1982). *The economy, ecology and ethnobiology of the Sanema Indians of South Venezuela*. Tese de Doutorado, University of Oxford.

Colchester, M. (1984). "Rethinking stone age economics: some speculations concerning the Pre-Colombian Yanoama economy", *Human Ecology* 12(3): 291–314.

Colchester, M. e Lister, J.R. (1978). *The ethnobotany of the Orinoco-Ventuari region. An introductory survey*. Ms.

Czerson, H., Bohlmann, F., Stuessy, F. e Fischer, H. (1979). "Sesquiterpenoid and acetylenic constituents of seven Clibadium species", *Phytochemistry* 18: 257-260.

Dalle, S.P., e Potvin, C. (2004). "Conservation of useful plants: an evaluation of local priorities from two indigenous communities in eastern Panama", *Economic Botany* 58(1): 38-57.

Davis, E.W. e Yost, J.A. (1983). "The ethnobotany of the Waorani of Eastern Ecuador", *Botanical Museum Leaflets*, Harvard University 29(3): 273-297.

Denevan, W.M. (1992). "Stone vs. metal axes: the ambiguity of shifting cultivation in prehistoric Amazonia", *Journal of the Steward Anthropological Society* 20: 153-165.

Denevan, W.M. e Treacy, J.M. (1987). "Young managed fallows at Brillo Nuevo", *Advances in Economic Botany* 5: 8-46.

Duke, J.A. e Vasquez, R. (1994). *Amazonian ethnobotanical dictionary*. Boca Raton, CRC Press.

Early, J.D. e Peters, J.F. (2000). *The Xilixana Yanomami of the Amazon. History, Social Structure, and Population Dynamics*. Gainesville, University Press of Florida.

Eguillor Garcia, M.I. (1984). *Yopo, shamanes y hekura. Aspectos fenomenológicos del mundo sagrado Yanomami*. Vicariato Apostólico de Puerto Ayacucho, Libreria Editorial Salesiana.

Elvidge, C.D., V.R. Hobson, K.E. Baugh, J.B. Dietz, Y.E. Shimabukuro, T. Krug, E.M.L. Novo e F.R. Echavarria (2001). "DMSP-OLS estimation of tropical forest area impacted by surface fires in Roraima, Brazil: 1995 versus 1998", *International Journal of Remote Sensing* (22)14: 2661-2673.

Erikson, P. (1996). *La griffe des aïeux. Marquage du corps et démarquages ethniques chez les Matis d´Amazonie.* Paris, Peeters.

Fanshawe, D.B. (1948). "Forest products of British Guiana. Part II. Minor forest products", *Forestry Bulletin* 2 (new series): 7-81.

Fausto, C. (2000). *Os Índios antes do Brasil*. Rio de Janeiro, Jorge Zahar Editor.

Ferreira Guimarães, S. (2005). *Cosmologia Sanumá: o xamã e a constituição do ser*. Tese de Doutorado, Universidade de Brasília.

Fidalgo, O. (1965). "Conhecimento micológico dos Índios Brasileiros", *Rickia* 2: 1-10.

Fidalgo, O. e Hirata, J.M. (1979). "Etnomicologia Caiabi, Txicão e Txucarramãe", *Rickia* 8: 1-5.

Fidalgo, O. e Prance, G.T. (1976). "The ethnomycology of the Sanuma Indians", *Mycologia* 68(1): 201-210.

Finkers, J. (1986). *Los Yanomami y su sistema alimentício*. Puerto Ayacucho, Vicariato Apostólico de Puerto Acacucho (Monografía 2).

Flores Paitán, S. (1987). "Old managed fallows at Brillo Nuevo", *Advances in Economic Botany* 5: 53–66.

Frechione, J., Posey, D.A. e Silva, L.F. da. (1989). "The perception of ecological zones and natural resources in the Brazilian Amazon: an ethnoecology of Lake Coari", *Advances in Economic Botany* 7: 260–282.

Fuentes, E. (1980). "Los Yanomami y las plantas silvestres", *Antropológica* 54: 3-138.

Fuerst, R. (1967). "Die gemeinschaftswohnung der Xiriana am Rio Toototobi (Beitrag zur kenntis der Yanomami-Indianer in Brasilien)", *Zeitschrift Für Ethnologie* 92(1): 103-113.

Fukami, J., Yamamoto, I. e Casida, J.E. (1967). "Metabolism of rotenone in vitro by tissue homogenates from mammals and insects", *Science* 155: 713.

Funasa (2006). *Estrutura do Distrito Sanitário Especial Indígena Yanomami e Yekuana por pólo, aldeia, população e município em 2006*. Boa Vista, Ministério da Saúde - Fundação Nacional de Saúde.

Gasparini, G. e Margolies, L. (2004). "La vivienda colectiva de los Yanomami", *Tipiti* 2(2): 92-130.

Gentry, A.H. (1992). "A synopsis of Bignoniaceae ethnobotany and economic botany", *Annals of the Missouri Botanical Garden* 79: 53-64.

Gertsch, J., Stauffer, F.W., Narváez, A. e Sticher, O. (2002). "Use and significance of palms (Arecaceae) among the Yanomamï in Southern Venezuela", *Journal of Ethnobiology* 22(2): 219-246.

Gertsch, J., Gertsch-Roost, K., Niomawë e Sticher, O. (2004). "Phyllanthus piscatorum, Ethnopharmacological Studies on a Women's Medicinal Plant of the Yanomamï Amerindians", *Journal of Ethnopharmacology* 91: 181-188.

Glenboski, L.L. (1983). *The ethnobotany of the Tukuna Indians, Amazónas, Colombia*. Bogotá, Universidad Nacional de Colombia, Biblioteca José Jerónimo Triana nº 4.

Good, K. (1989). *Yanomami hunting patterns: trekking and garden relocation as an adaptation to game availability in Amazonia, Venezuela*. Tese de Doutorado, University of Florida.

Good, K. (1995). "Yanomami of Venezuela. Foragers or farmers – which came first ?", in: *Indigenous peoples and the future of Amazonia. An ecological anthropology of an endangered world*, L.E. Sponsel, (org.). Tucson, The University of Arizona Press, pp. 113-120.

Gourou, P. (1982). *Terre de bonne espérance. Le monde tropical*. Paris, Plon (Terre Humaine).

Grenand, P. (1980). *Introduction à l'étude de l'univers Wayãpi. Ethnoécologie des Indiens du Haut-Oyapock (Guyane Française). Langues et Civilisations à Tradition Orale*, 40. Paris, Selaf.

Grenand, P. e Prevost, M-F. (1994). "Les plantes colorantes utilisées en Guyane Française", *Journal d'Agriculture Tropicale et de Botanique Appliquée*, n.s. 36(1): 139-172.

Grenand, P., Moretti, C. e Jacquemin, H. (1987). *Pharmacopées traditionelles en Guyane*. Paris, Orstom.

Hallé, F., Oldeman, R.A.A. e Tomlinson, P.B. (1978). *Tropical trees and forests. An architectural analysis*. Berlin, Springer-Verlag.

Hames, R. (1983a). "The settlement pattern of a Yanomamö population block: a behavioural ecological interpretation", in: *Adaptive responses of native Amazonians*, R.B. Hames e W.T. Vickers (orgs). Nova Iorque, Academic Press, pp. 393-427.

HAMES, R. (1983b). "Monoculture, polyculture and polyvariety in tropical forest swidden cultivation", *Human Ecology* 11(1): 13-34.

HARRIS, D.R. (1971). "The ecology of swidden cultivation in the Upper Orinoco rain forest, Venezuela", *Geographical Review* 61: 475-495.

HARRIS, M. (1974). *Cows, pigs, wars and witches: the riddles of culture*. Glasgow, Fontana.

HAUSEN, B. (1981). *Woods injurious to human health: a manual*. Berlin, Walter de Gruyter & Co.

HECKEL, E. (1897). *Les plantes médicinales et toxiques de la Guyane Française*. Macon, Protat frères.

HENDERSON, A. (1995). *The palms of the Amazon*. Oxford, Oxford University Press.

HENDERSON, A., GALEANO, G. e BERNAL, R. (1995). *Field guide to the palms of the Americas*. New Jersey, Princeton University Press.

HOLMES, R. (1995). "Small is adaptive. Nutritional Anthropometry of native Amazonians", in: *Indigenous peoples and the future of Amazonia. An ecological anthropology of an endangered world*, L.E. Sponsel (org.). Tucson, The University of Arizona Press, pp. 121-148.

HUBER, O. (1995). Vegetation, in: *Flora of the Venezuelan Guayana*. Volume 1, Introduction, J.A. Steyermark, P.E. Berry e B.K. Holst (orgs.). St Louis, Missouri Botanical Garden, pp. 97-160.

HUBER, O., STEYERMARK, J.A., PRANCE, G.T. e ALÈS, C. (1984). "The vegetation of the Sierra Parima, Venezuela-Brazil: some results of recent exploration", *Brittonia* 36(2): 104-139.

IGOLI, J.O., OGAJI, O.G., TOR-ANYIIN, T.A. e IGOLI, N.P. (2005). "Traditional medicine practice amongst the Igede people of Nigeria. Part II", *African Journal of Traditional, Complementary and Alternative Medicines* 2: 134-152.

IM THURN, E.F. (1883). *Among the Indians of Guiana*. Londres, Kegan Paul.

JOVITA, M. DE L. (1947). *Roteiro Etnográfico (Catálogo e síntese)*. Belém, Publicações da CBDL - 1ª Divisão.

KAHN, F. (1997). *The Palms of El Dorado*. Marly-le-Roi, Orstom – Editions Champlour.

KAWANISHI, K. e RAFFAUF, R.F. (1996). "Caryocar microcarpum – an ant repellent and fish poison of the northwest Amazon", *Journal of Natural Products* 49(6): 1167-8.

KELLY LUCIANI, J. (2003). *Relations within the Health System among the Yanomamɨ in the Upper Orinoco, Venezuela*. Tese de Doutorado, University of Cambridge.

KNAB-VISTO, C., HOFFMAN, B., MOERMOND, T. e C. VISPO (2003). "Ecological Observations on Heteropsis Spp. (Araceae) in Southern Venezuela", *Economic Botany* 57(3): 345–353.

KOCH-GRÜNBERG, T. (1982). *Del Roraima al Orinoco*, T. III. Caracas, Ediciones del Banco Central de Venezuela.

KRUKOFF, B.A. e BARNEBY, R.C. (1970). "Supplementary notes on American Menispermaceae. VI", *Memoirs of the New York Botanical Garden* 20(2): 1-70.

KRUKOFF, B.A. e SMITH, A.C. (1937). "Rotenone-yielding plants of South America", *American Journal of Botany* 24: 573-587.

KUNSTADTER, P. (1979). "Démographie", in: *Ecosystèmes forestiers tropicaux*. Paris, Unesco, pp. 345-380.

KVIST, L.P. E HOLM-NIELSEN, L.B. (1987). "Ethnobotanical aspects of lowland Ecuador", *Opera Botanica* 92: 83-107.

LA ROTTA, C. (1983). *Observaciones etnobotánicas sobre algunas espécies utilizadas por la comunidad indígena Andoque (Amazonas, Colombia)*. Bogotá, Dainco.

LA ROTTA, C. (1988). *Espécies utilizadas por la comunidad Miraña. Estudio etnobotánico*. Bogotá, FEN.

LACHMAN-WHITE, D.A., ADAMS, C.D. e TROTZ, U.O.D. (1987). *A guide to the medicinal plants of coastal Guyana*. Londres, Commonwealth Science Council.

LAUDATO, F., e LAUDATO, L. (1984). *Um mergulho na pré-história. Os últimos Yanomami ?*. Manaus, Umberto Calderadora.

LAUDATO, L. (1998). *Yanomami pey këyo: o caminho yanomami*. Brasília, Universa Editora e Universidade Católica de Brasília.

LE COINTE, P. (1936). "Les plantes à rotenone en Amazonie", *Revue de Botanique Appliquée* 16: 609–615.

LE TOURNEAU, F.-M. (2003), "Colonização agrícola e áreas protegidas no oeste de Roraima", in: *Fronteira agro-pecuária e Terra Indígena Yanomami em Roraima, Documentos Yanomami 3*, B. Albert (org.). Brasília, Comissão Pró-Yanomami, pp. 11-42.

LEWIS, W.H., ELVIN-LEWIS, M. e GNERRE, M.C. (1987). "Introduction to the ethnobotanical pharmacopeia of the Amazonian Jívaro of Peru", in: *Medicinal and poisonous plants of the tropics*, A.J. Leeuwenberg (org.). Pudoc, Wageningen, pp. 96–103.

LIZOT, J. (1972). "Poisons yanõmamɨ de chasse, de guerre et de pêche", *Antropológica* 31: 3-20.

LIZOT, J. (1974). "Contribution a l'étude de la technologie yanõmamɨ", *Antropológica* 38: 15-33.

LIZOT, J. (1976). *Le cercle des feux*. Paris, Éditions du Seuil.

LIZOT, J. (1978). "L'économie primitive", *Libre* 4: 69-113.

LIZOT, J. (1980). "La agricultura yanõmamɨ", *Antropológica* 53: 3-93.

LIZOT, J. (1984). *Les Yanõmamɨ centraux*. Paris, Éditions de L'EHESS (Cahiers de l'Homme).

LIZOT, J. (1986). "La recollection y las causas de su fluctuación", *Extracta* 5:35-40.

LIZOT, J. (1988). "Los Yanõmamɨ", in: *Los aborígenas de Venezuela*, vol. III, *Etnologia contemporanea*, J. Lizot (org.), Caracas, Fundación La Salle de Ciencias Naturales/ Monte Ávila, pp. 479-583.

Lizot, J. (1996a). *Introducción a la lengua yãnomamɨ. Morfologia*. Puerto Ayacucho, Vicariato Apostólico de Puerto Ayacucho.

Lizot, J. (1996b). "L'exploitation des ressources naturelles chez les Yanõmamɨ: une stratégie globale", in: *L'alimentation en forêt tropicale: interactions bioculturelles et perspectives de développement*, C.M. Hladik, A. Hladik, H. Pagezy, O. Linares, G.J.A. Koppert e A. Froment (orgs.). Paris, UNESCO, pp. 749-758.

Lizot, J. (2004). *Diccionario enciclopédico de la lengua yãnomamɨ*. Puerto Ayacucho, Vicariato Apostólico de Puerto Ayacucho.

Macmillan, G.J. (1995). *At the end of the rainbow? Gold, land and people in the Brazilian Amazon*. Londres, Earthscan.

Magalhães, C., Barbosa, U.C e Py-Daniel, V. (2006). "Decapod crustaceans used as food by the Yanomami Indians of the Balawa-ú village, State of Amazonas, Brazil", *Acta Amazonica* 36(3): 369-74.

Mattei-Muller, M.C. (2007). *Lengua y Cultura Yanomamɨ. Dicionario Ilustrado*. Epsilon Libros, Caracas.

Migliazza, E.C. (1972). *Yanomama grammar and intelligibility*. Tese de Doutorado, Indiana University.

Migliazza, E.C. (1982). "Linguistic prehistory and the refuge model in Amazonia", in: *Biological diversification in the tropics*, G.T. Prance (org.). New York, Columbia University Press, pp. 497–519.

Milliken, W. (1997). "Traditional anti-malarial medicine in Roraima, Brazil", *Economic Botany* 51(3): 212–237.

Milliken, W. e Albert, B. (1996). "The use of medicinal plants by the Yanomami Indians of Brazil", *Economic Botany* 50(1): 10-25.

Milliken, W. e Albert, B. (1997a). "The use of medicinal plants by the Yanomami Indians of Brazil. Part II", *Economic Botany* 51(3): 264-278.

Milliken, W. e Albert, B. (1997b). "The construction of a new Yanomami round-house". *Journal of Ethnobiology* 17 (2): 215-233.

Milliken, W. e Albert, B. (orgs.) (2002). *Degraded areas in the Yanomami territory, Roraima, Brasil: Ethno-environmental evaluation of the Homoxi region*. Publicação eletrônica: http://www.proyanomami.org.br/v0904/index.asp?pag=noticia&id=1388.

Milliken, W. e Ratter, J.A. (1989). *The vegetation of the Ilha de Maracá, Roraima, Brazil*. Edinburgh, Royal Botanic Garden.

Milliken, W., Miller, R.P., Pollard, S.R. e Wandelli, E.V. (1992). *Ethnobotany of the Waimiri Atroari Indians of Brazil*. Kew, Royal Botanic Gardens.

Morton, J.F. 1981. *Atlas of medicinal plants of Middle America*. Springfield, Illinois, C. Thomas.

Neel, J.V., Arends, T., Brewer, C., Chagnon, N., Gershowitz, H., Layrisse, M., Maccluer, J., Migliazza, E., Oliver, W., Salzano, F., Spielman, R., Ward, R. e Weitkamp, L. (1972). "Studies on the Yanomama Indians", *Proceedings of the Fourth International Congress of Human Genetics*. Amsterdam, Excerpta Medica, pp. 96-111.

Neves, E. G. (2006). *Arqueologia da Amazônia*. Rio de Janeiro, Jorge Zahar Editor.

Oliveira, J., Almeida, S.S., de Vilhena-Potyguara, R. e Lobato, J.C.B. (1991). "Espécies vegetais produtoras de fibras utilizadas por comunidades Amazônicas", *Boletim do Museu Paraense Emílio Goeldi, Série Botânica* 7(2): 393–428.

Parodi, J.L. (1988). "The use of palms and other native plants in non-conventional, low cost rural housing in the Peruvian Amazon", *Advances in Economic Botany* 6: 119-129.

Pateo, R.D. do (2005). *Niyayou. Antagonismo e aliança entre os Yanomami da Serra das Surucucus*. Tese de Doutorado, Universidade de São Paulo.

Pennington, T.D. (1997). *The genus Inga. Botany*. Kew, Royal Botanic Gardens.

Perri Ferreira, H. (2009). *Los clasificadores nominales en el Yanomama de Papiu (Brasil)*, Tese de Mestrado. Ciudad de México, Centro de Investigaciones y Estudios Superiores en Antropología Social (Ciesas).

Peters, J. (1998). *Life among the Yanomami*. Peterborough, Ontario, Broadview Press, Ltd.

Phillips, O. e Gentry, A.H. (1993a). "The useful plants of Tambopata, Peru: I. Statistical hypotheses tests with a new quantitative technique", *Economic Botany* 47(1): 15-32.

Phillips, O. e Gentry, A.H. (1993b). "The Useful plants of Tambopata, Peru: II. Additional hypothesis testing in quantitative ethnobotany", *Economic Botany* 47(1): 33-43.

Pinedo-Vasquez, M., Zarin, D., Jipp, P. e Chota-Inuma, J. (1990). "Use-values of tree species in a communal forest reserve in northeast Peru", *Conservation Biology* 4: 405-416.

Pithan, O., Confalonieri, U.E.C e Morgado, A.F. (1991), "A situação de saúde dos índios Yanomami: diagnóstico a partir da Casa do Índio de Boa Vista, Roraima, 1987-1992", *Cadernos de Saúde Pública* 7(4): 563-580.

Plotkin, M.J. (1993). *Tales of a shaman's apprentice. An ethnobotanist searches for new medicines in the Amazon rain forest*. Nova Iorque, Penguin Books USA.

Plowman, T.C., Leuchtmann, A. Blaney, C. e Clay, K. (1990). "Significance of the fungus Balansia cyperi infecting medicinal species of Cyperus (Cyperaceae) from Amazonia", *Economic Botany* 44(4): 452-462.

Prance, G.T. (1970). "Notes on the use of plant hallucinogens in Amazonian Brazil", *Economic Botany* 24: 62-68.

Prance, G.T. (1972a). "An ethnobotanical comparison of four tribes of Amazonian Indians", *Acta Amazonica* 2(2): 7-27.

Prance, G.T. (1972b). "Ethnobotanical notes from Amazonian Brazil", *Economic Botany* 26(2): 221-237.

Prance, G.T. (1978). "The poisons and narcotics of the Deni, Paumari, Jamamadi and Jarawara Indians of the Purus River region", *Revista Brasileira de Botânica* 1: 71-82.

Prance, G.T. (1984). "The use of edible fungi by Amazonian Indians", *Advances in Economic Botany* 1: 127-139.

Prance, G.T. (1990) "The genus Caryocar (Caryocaraceae): an underexploited tropical resource", *Advances in Economic Botany* 8: 177-188.

Prance, G.T. e Silva, M.F. da (1973). *Caryocaraceae. Flora Neotropica Monograph 12*. Nova Iorque, Hafner Publishing Company.

Prance, G.T., Balée, W., Boom, B.M. e Carneiro, R.L. (1987). "Quantitative ethnobotany and the case for conservation in Amazonia", *Conservation Biology* 1(4): 296-310.

Radambrasil (1975). Folha NA.20 Boa Vista e parte das Folhas NA.21 Tumucumaque NB.20 Roraima e NB.21. *Levantamento de Recursos Naturais*, Vol. 8. Rio de Janeiro, DNPM.

Ramirez, H. (1994). *Le parler Yanomamɨ des Xamatauteri*. Tese de Doutorado, Université d´Aix en Provence.

Ramos, A.R. (1995). *Sanumá memories. Yanomami ethnography in times of crisis*. Madison, The University of Wisconsin Press.

Ramos, A.R., e Taylor, K.I. (orgs.) (1979). *The Yanoama in Brazil*. IWGIA Document 37. Copenhague, IWGIA.

Ricardo, F. e Rolla, A. (2005), *Mineração em Terras Indígenas na Amazônia brasileira*. São Paulo, Instituto Socioambiental.

Rizzini, C.T. (1971). *Árvores e madeiras úteis do Brasil. Manual de dendrologia brasileira*. São Paulo, Editora Edgard Blücher Ltda.

Rocha, J. (2007). *Haximu. O massacre dos Yanomami e as suas consequências*. São Paulo, Editora Casa Amarela.

Roosevelt, A.C., Costa, M.L. da, Machado, C.L., Michab, M., Mercier, N., Valladas, H., Feathers, J., Barnett, W., Silveirs, M.I. da, Henderson, A., Silva, J., Chernoff, B., Reese, D.S., Holman, J.A., Toth, N. e Schick, K. (1996). "Paleoindian cave dwellers in the Amazon: the peopling of the Americas", *Science* 272: 373-384.

Roth, W.E. (1924). "An introductory study of the arts, crafts, and customs of the Guiana Indians", *Annual Report of the Bureau of American Ethnology* 38: 25-745.

Salathé, G. (1932). "Les Indiens Karimé", *Revista de la Universidade Nacional de Tucumán* 2: 297-316.

Santos e Souza, F. dos (2001). *Movimentações periódicas dos Yanomami e suas implicações para o controle da oncorcercose em Watatas (Xitei/Xidea), Roraima-Brasil*. Dissertação de Mestrado, Inpa-Manaus.

Schultes, R.E., e Holmstedt, B. (1968). "The vegetal ingredients of the myristicaceous snuffs of the northwest Amazon", *Rhodora* 70: 113-160.

Schultes, R.E., e Raffauf, R.F. (1990). *The healing forest – medicinal and toxic plants of the northwest Amazonia. Historical, ethno- and economic botany series*, Vol. 2. Portland, Oregon, Dioscorides Press.

Seitz, G.J. (1967). "Epene, the intoxicating snuff powder of the Waika Indians and the Tucano medicine man, Agostino", in: *Ethnopharmacologic search for psychoactive drugs*, D.H. Efron, B. Holmstedt e N. Kline (orgs.). U.S. Public Health Publication No. 1645, pp. 315-338.

Shepard, G.H. (1997). *The forgotten kingdom: mushrooms and ethnobiology*. Trabalho inédito apresentado ao *American Anthropological Association Meeting*, Atlanta.

Shepard, G.H. (1998). "Psychoactive plants and ethnopsychiatric medicines of the Matsigenka", *Journal of psychoactive drugs* 30(4): 321-332.

Shepard, G.H. (1999). *Pharmacognosy and the senses in two Amazonian societies*. Tese de Doutorado, Universidade da Califórnia, Berkeley.

Shepard, G.H, (2004). "A sensory ecology of medicinal plant therapy in two Amazonian societies", *American Anthropologist* 106(2): 252-266.

Shepard, G.H. (2006). "Etnobiologia Yanomami", in: *Biodiversidade de Vertebrados do Pantepui-AM*, J.P. Boubli e F.B. Pontual (orgs.), Probio (Projeto de Conservação e Utilização Sustentável da Diversidade Biológica Brasileira), Proj. No. 680029/02-8. Brasília, Probio/Ministério de Meio Ambiente, pp. 102-128.

Shepard, G.H., Yu, D.W., Lizarralde, M. e Italiano, M. (2001). "Rain forest habitat classification among the Matsigenka of the Peruvian Amazon", *Journal of Ethnobiology* 21(1): 1-38.

Smiljanic, M.I. (1999). *O corpo cósmico: o xamanismo entre os Yanomae do Alto Toototobi*. Tese de Doutorado, Universidade de Brasília.

Smith, N.J.H. (1980). "Anthrosols and human carrying capacity in Amazonia", *Annals of the Association of American Geographers* 70(4): 553-566.

Smole, W.J. (1976). *The Yanoama Indians. A cultural geography*. Austin, University of Texas Press.

Smole, W.J. (1989). "Yanoama horticulture in the Parima Highlands of Venezuela and Brazil", *Advances in Economic Botany* 7: 115-128.

Smyth, A.J. (1975). "Soils", in: *Cocoa. Tropical Agriculture Series*, G.A.R. Wood (org.). Londres, Longman, pp. 34-47.

Souza Biserra, R. de (2006) *Ainda estamos vivos. Uma etnografia da saúde sanumá*. Tese de Doutorado, Universidade de Brasília.

Souza, V.C. e Lorenzi, H. (2008). *Botânica Sistemática: guia ilustrado para identificação das famílias de Angiospermas da flora brasileira, baseado em APG II*. Nova Odessa, Instituto Plantarum.

Spielman, R.S., Migliazza, E.C. Neel, J.V. Gershowitz, H. e Araúz, R.T. de (1979). "The evolutionary relationships of two populations: a study of the Guaymí and the Yanomama", *Current Anthropology* 20(2): 377-388.

Steinvorth de Goetz, I. (1969). *Uriji jami! Impresiones de viajes orinoquenses*. Caracas, Asociación Cultural Humboldt.

Steyermark, J.A., Berry, P.E. e Holst, B.K. (1995). *Flora of the Venezuelan Guayana*, Volume 1, *Introduction*. St Louis, Missouri Botanical Garden e Portland, Oregon, Timber Press.

TAYLOR, K.I. (1974). *Sanumá fauna: prohibitions and classifications*. Caracas, Fundación La Salle de Ciencias Naturales (Monografia 18).

TER WELLE, B.J.H. (1976). "Silica grains on woody plants of the Neotropics, especially Surinam", *Leiden Botanical Series* 3: 107-142.

TIERNEY, P. (2000). *Darkness in El Dorado. How scientists and journalists devastated the Amazon*. New York, W.W. Norton.

TIWARI, S. (1999). *Ethnomedicine of the Patamona Indians of Guyana*. Tese de Doutorado, City University of New York.

VALERO, H. (1969). *Yanoáma: the story of a woman abducted by Brazilian Indians*. Londres, Allen & Unwin.

VALERO, H. (1984). *Yo soy napëyoma. Relato de uma mujer raptada por los indígenas Yanomami*. Caracas, Fundación La Salle de Ciencias Naturales (Monografia 35).

VERDUM, R. (1996) *Os Yawaripë: contribuição a história do povoamento Yanomami*. Dissertação de Mestrado, Universidade de Brasília.

WILBERT, J. e SIMONEAU, K. (orgs.) (1990). *Folk literature of the Yanomami Indians*, UCLA Latin American Studies Vol. 73. Los Angeles, University of California.

ZENT, E. L. (2008). "Mushrooms for life among the Jotï in the Venezuelan Guyana", *Economic Botany* 62(3) : 481-771.

ZENT, E.L., ZENT, S. e ITURRIAGA, T. (2004). "Knowledge and use of fungi by a mycophilic society of the Venezuelan Amazon", *Economic Botany* 58(2): 214-216.

ZERRIES, O. (1964). *Die kulturgeschichtliche Stellung der Waika-Indianer des oberen Orinoco im Rahmen der Völkerkunde Südamerikas*. Munique, Klaus Renner Verlag.

ZERRIES, O. e SCHUSTER, M. (1974). *Mahekodotedi: Monographie eines Dorfes der Waika-Indianer (Yanoama) am oberen Orincoco (Venezuela)*. Munique, Klaus Renner Verlag.

ANEXO I - RELAÇÃO DAS ESPÉCIES VEGETAIS APRESENTADAS

(com autores, famílias, nomes yanomami, números dos espécimes e localização no texto)

As categorias de famílias de plantas utilizadas nesse livro seguem, geralmente, as definições propostas por Souza e Lorenzi (2008).

A maior parte dos dados apresentados foi registrada durante o presente estudo. Quando possível, os números dos espécimes "*voucher*" depositados são citados como fonte da referência. Os conjuntos de espécimes coletados estão identificados pelas seguintes abreviações: **WM** = Milliken (presente estudo); **EF** = Fuentes; **GS** = Shepard; **JL** = Lizot; **LH** = Levantamento Homoxi; **GP** = Prance. Outras fontes são citadas da seguinte forma: **AA** = Anderson; **BA** = Albert (anterior a este estudo); **CA** = Alès; **JG** = Gertsch; **LC** = Cocco; **FI** = Finkers e **MM** = Mattei Muller. Quando não aparece nenhum número, **n.c.** indica que a planta foi identificada durante o presente estudo, porém não foi coletada.

As regiões de coleta (e de origem dos nomes yanomami) podem ser identificadas utilizando-se o seguinte código: **AC** = Alto Catrimani; **H** = Homoxi; **P** = Parawa u; **T** = Toototobi; **W** = *Watorikɨ*; **X** = Xitei. Com o intuito de facilitar as comparações incluímos nessa tabela **(=V)** nomes de plantas yanomami registrados por outros autores na região do alto Orinoco na Venezuela (Fuentes, Gertsch, Lizot, Mattei-Muller). O mesmo procedimento foi seguido com vários nomes de plantas registradas por Shepard (2006) na aldeia de Marari no Brasil **(= M)**. Deve ser notado finalmente que o o ***sh*** e o ***f*** usados nas transcrições dos nomes das plantas coletadas na Venezuela equivalem, respectivamente, ao ***x*** e ao ***h*** usado na transcrição dos nomes registrados no Brasil. Da mesma forma, *ï* equivale a *ɨ*.

A localização dessas espécies no texto pode ser identificada por meio da coluna "seção", na forma apresentada a seguir:

1. Introdução
1a. Os locais de pesquisa
2. A etnobotânica yanomami
2a. O conhecimento das plantas silvestres e suas variações
2b. Classificadores nominais na nomenclatura botânica yanomami
2c. A agricultura yanomami e a floresta
3. Plantas comestíveis
3a. Plantas comestíveis cultivadas
3b. Plantas comestíveis silvestres
3c. Fungos e flores
3d. Diversidade das plantas comestíveis
3e. Espécies limítrofes
3f. Plantas fonte de sal e água
4. Plantas usadas na caça e na pesca
4a. Arcos e flechas
4b. Cães e caçadores
4c. Caça e plantas
4d. Insetos e plantas
4e. Pesca
5. Plantas usadas para construção
5a. Abrigos temporários
5b. Estrutura e composição da casa coletiva
5c. Mudanças nos métodos de construção
5d. A construção yanomami no contexto amazônico
6. Plantas usadas para o fogo
7. Plantas de uso técnico diverso
7a. Cestaria
7b. Recipientes
7c. Fibras
7d. Ferramentas de corte
7e. Outros objetos e artefatos
7f. Embarcações e pontes de paus
8. Plantas usadas para ornamentação corporal
8a. Adornos
8b. Pinturas corporais
8c. Folhas, flores e fragrâncias
9. Plantas utilizadas como psicotrópicos e estimulantes
9a. Alucinógenos
9b. Tabaco e substitutos
10. Plantas medicinais
10a. A farmacopeia yanomami
10b. Técnicas de preparo e aplicação
10c. Origem e eficácia da farmacopeia yanomami
11. Plantas na cosmologia
11a. Entes xamânicos
11b. Plantas "mágicas" e de uso ritual
11c. Plantas na mitologia
12. A etnobotânica yanomami em perspectiva

Obs.: Espécies cujos nomes não aparecem em negrito não foram registradas entre os Yanomami, sendo sua inclusão no texto apenas a título de comparação.

Família/Espécie	Nome yanomami (local de coleta)	Fonte	Seção
ANGIOSPERMAE			
Acanthaceae			
Aphelandra macrostachya Nees	***opomoxi hi*** (H)	LH252	8c
Aphelandra sp.	*tesho kë fi* (V)	EF1018	9a
Justicia pectoralis Jacq. (cultivada)	Vários nomes (*vide* pág. 141)	WM1988	11b
Justicia pectoralis Jacq. (silvestre)	***puu hanakɨ*** (W)	WM1701	8c, 11c
Justicia pectoralis Jacq. ssp. ***stenophylla*** Leonard	***maxahara hanakɨ*** (W)	WM1784	9a
Pachystachys spicata (Ruiz & Pav.) Wassh.	*t^{h}oru këkï* (V)	JL, MM	8c
Sanchezia sp.	***ata hi*** (X)	WM2362	3f, 8c
Achariaceae			
Lindackeria paludosa (Benth.) Gilg.	*mashi pima na hi* (V)	MM	5b
Alstroemeriaceae			
Alstroemeria sp.	***manaka kɨ*** (W)	WM2060	11b
Amaranthaceae			
Celosia argentea L.	*wao hi, wao kë fi* (V)	EF1080	8c
Amaryllidaceae			
Crinum erubescens Aiton	*hapapa si, apapa* (V)	MM	8c
Hippeastrum puniceum (Lam.) Kuntze	***si waima a*** (X), *oko këkë* (V)	WM2342	8c, 10a
Anacardiaceae			
Anacardium giganteum Hancock ex Engl.	***oruxi hi*** (H, W), ***wito hi*** (P, V), *witowito hi* (V)	WM1761	1a, 2a, 3b, 3d, 4c, 7b, 10a, 10c, 11a
Anacardium occidentale L.	*wito hi* (V)	WM n.c.	3a
Astronium lecointei Ducke	*opoporema ãhu hi* (V)	EF2194	3d
Mangifera indica L.		WM n.c.	3a
Spondias mombin L.	***pirima ahɨt^{h}ot^{h}o*** (W), *õponi hi, apono hi* (V)	WM1733	2c, 3d, 3e, 4c, 4e, 6, 7e, 10a
Tapirira guianensis Aubl.	*wateoma na hi* (V)	MM	3d, 4d
Annonaceae			
Anaxagorea acuminata St-Hil.	***rai natihi*** (W, X), *yãri nat^{h}a hi* (V)	WM1774	5b, 6, 7c
Anaxagorea dolichocarpa Sprague & Sandw.	***rai natihi*** (H), *yãri nat^{h}a hi* (V)	LH229	7a
Annona ambotay Aubl.	***totori mamohi*** (W)	WM1793	9b
Annona sp.	*rua moshi hi* (V)	JG	4e
Duguetia lepidota (Miq.) Pulle	***amat^{h}a hi*** (H, W), *amata hi* (V)	WM1803	5b, 6

Família/Espécie	Nome yanomami (local de coleta)	Fonte	Seção
Duguetia stelechantha (Diels) R.E. Fries	***hapama hi*** (H, X), ***hapoma hi*** (X)	WM2318	6, 9a
Fusaea longifolia (Aubl.) Saff.	***hʷapoma hi*** (W), *hapoma hi* (V)	WM1881	3d, 5b, 7c, 9b
Guatteria pteropus Benth.	***seisei unahi*** (P, W)	WM1706	6, 7c, 11c
Guatteria sp.	***seisei unahi*** (W)	WM1951	5b, 6, 7c, 11c
Guatteriopsis blepharophylla (Mart.) R.E. Fries	***moina tihi*** (H)	LH185	3d
Xylopia aromatica (Lam.) Mart.	*yaho nahi* (V)	MM	5b
Xylopia cf. ***calophylla*** R.E. Fries	***yão nahi*** (W)	WM2014	5b
Apocynaceae			
Ambelania acida Aubl.	*momi hi* (V)	MM	3d
Aspidosperma nitidum Benth.	***hura sihi*** (W), ***marari sihi*** (X), ***poo hetʰohi*** (W), ***poo hotʰohi*** (H)	WM1734	1a, 2a, 7d, 10a, 10c
Aspidosperma sp.	***rahaka hi*** (W)	WM1975	5b
Couma macrocarpa Barb. Rodr.	***omanama axihi*** (H), ***operema axihi*** (W), *kanimari ãhi* (V)	WM1882	3d, 4c, 7e, 8b
Geissospermum argenteum Woods.	*yoawë si hi* (V)	JL2320	4a
Geissospermum urceolatum A.H. Gentry	*yoawë sihi* (M)	GS4464	4a
Himatanthus attenuatus (Benth.) Woods.	*parea hi* (V)	MM	8c, 11b
Himatanthus sp.		WM n.c.	8b
Mandevilla sp.	*mororeri* (V)	MM	10a
Mesechites trifida (Jacq.) Müll. Arg.	*ihiru yɨmotʰaki* (V)	JL2094	11b
Tabernaemontana angulata Mart. ex Müll. Arg.	***ãkia hi*** (W), ***akiama hi*** (X), ***asokoma hi*** (X)	WM1925	4a, 4e, 10a
Tabernaemontana heterophylla Vahl	*ãshãkãma hi, ashokama hi* (V)	JL	4a, 8b
Tabernaemontana macrocalyx Müll. Arg.	***ãkia hi*** (W), ***akiama hi*** (H, X), ***asokoma hi*** (X), ***axokama hi*** (P), *ãshãkãma hi, ashokama hi* (V)	WM2425	1a, 2a, 4a, 8b, 10a
Tabernaemontana muelleriana Mart. ex Müll. Arg			4e
Tabernaemontana sananho Ruiz & Pav.	***tʰoru hʷãtemohi*** (W)	WM1820	3d, 4a, 4e, 10a
Araceae			
Caladium bicolor (Aiton) Vent.	Vários nomes (*vide* pág. 141)	WM2061	2b, 10a, 11b
Dieffenbachia bolivarana G.S. Bunting	***xenoma a*** (X)	WM2312	10a, 10c
Dieffenbachia cannifolia Engl.	***waxia a*** (W)	WM1716	2b
Dieffenbachia duidae (Steyerm.) G.S. Bunting	*mosha tʰotʰo* (V)	MM	10a
Dracontium asperum K. Koch	***kãtãrã si*** (W)	WM1717	3b, 3d, 6
Heteropsis flexuosa (Kunth) G.S. Bunting	***masi kiki*** (W), *masimasi tʰotʰo* (V)	WM2008	5b, 5c, 5d, 7a, 7c

Família/Espécie	Nome yanomami (local de coleta)	Fonte	Seção
Monstera adansonii Schott	***xãã a*** (P)	WM2432	10a
Philodendron divaricatum K. Krause	***morokoma t^hot^ho*** (W)	WM2071	7a
Philodendron hylaeae G.S. Bunting	***ripo t^hot^ho*** (W), ***ripo t^hoxi*** (P)	WM1731	7c, 11b
Philodendron solimoesensis A.C. Smith	***puu t^hot^ho*** (W)	WM1790	10a
Spathiphyllum cannifolium (Dryand. ex Sims) Schott	*ekõa henakɨ*, *eka henakɨ* (V)	MM, EF1072	8c
Syngonium vellozianum Schott	***poroma t^hot^ho*** (W)	WM1756	6, 11b
Xanthosoma sagittifolium (L.) Schott [complex]	***poroma hanakɨ*** (W)	WM1884	6, 11b
Xanthosoma sp.	***aria si*** (W)	WM n.c.	2b, 3a
ARALIACEAE			
Schefflera morototoni (Aubl.) Maguire	*mayahama hi* (H), *mahei hi* (V)	LH n.c.	7f
ARECACEAE			
Asterogyne sp.	*shoko si* (V)	JG	7e
Astrocaryum aculeatum Meyer	***ëri si*** (W), *akiato kë si*, *akiato si* (V)	WM1821	3b, 3d, 6, 7e, 10ª, 11b
Astrocaryum chambira Burret	*paha si*, *paha kë si* (V)	JG	3d, 4a, 5c, 7e
Astrocaryum gynacanthum Mart.	***soomo si*** (H), ***xoo mosi*** (W), *moshohawë mo si*, *moshihawë kë si* (V)	WM2028	3d, 8a, 8c
Astrocaryum jauari Mart.	*moshõa kë si*, *moshihawë* (V)	JG	3d
Astrocaryum murumuru Mart.	***maha si*** (W)	WM1883	3d, 3e, 4c, 8c
Attalea butyracea Mutis ex L.f.) Wess. Boer	*yei kë si*, *yei si* (V)	JG	3d, 4d, 5c, 8b
Attalea maripa (Corr. Serr.) Drude	***õkorasi si*** (W), *kareshi kë si*, *kareshi* (V)	WM	3b, 3d, 4a, 4d, 5b, 5c, 7b, 7c, 7e, 9a
Bactris aff. ***balanophora*** Spruce	*yohõma si* (V)	JG	3d, 4a
Bactris bidentula Spruce	*hoashi mo si*, *hoa kë mosi* (V)	JG	3d, 4a
Bactris corossilla H. Karst.	***mɨrikiri hanakɨ*** (H)	LH158	3d
Bactris gasipaes Kunth	***rasa si*** (X), ***raxa si*** (H, W, V)	WM n.c.	2c, 3a, 4a, 4d, 7e, 11c
Bactris maraja Mart.	***moka mosi*** (W), *kõmõrã*, *kõmõramɨ* (V)	WM1983	3d, 5b, 9a
Bactris simplicifrons Mart.	*miyõma kë si*, *misɨkiri si* (V)	JG	3d, 5c, 7b, 8a
Cocos nucifera L.		WM n.c.	3a
Desmoncus polyacanthos Mart.	*mioma si*, *mɨsɨkiri kë si* (V)	MM	3d, 5b
Euterpe catinga Wallace	*hayakawë*, *hayakawë si* (V)	JG	3d, 7e
Euterpe precatoria Mart.	***maima si*** (H, W), *waima kë si*, *wãima si* (V)	WM1904	3b, 3d, 4c, 4d, 5b, 5c, 7a, 7e, 8b
Geonoma baculifera (Poit.) Kunth	***paa hanakɨ*** (W), *kõmishi henakɨ*, *omishi kë si* (V)	WM2034	2a, 5a, 5b, 5c, 8a, 8c, 11b, 12

Família/Espécie	Nome yanomami (local de coleta)	Fonte	Seção
Geonoma deversa (Poit.) Kunth	***warama si*** (W), *t^{h}arai kë si, t^{h}ait^{h}ai, t^{h}arat^{h}ara* (V)	WM1729	3d, 3e, 5c, 6, 12
Geonoma cf. ***interrupta*** (Ruiz & Pav.) Mart.	***maraxi hanaki*** (H)	LH230	5c
Geonoma macrostachys Mart. var. ***acaulis*** (Mart.) Skov.	***taitai si*** (H)	LH216	5c
Geonoma maxima (Poit.) Mart.	*t^{h}õmit^{h}omɨ si, t^{h}õmit^{h}omɨ kë si* (V)	MM/JG	3d,5c
Hyospathe elegans Mart.	*masharawë si, maharawë* (V)	JG	3d, 5c
Iriartea deltoidea Ruiz & Pav.	***kripɨ si*** (W), *konopo si, konopo kë si, kupu si* (V)	WM n.c.	3c, 4a, 5b, 7b, 7c, 10a
Iriartella setigera (Mart.) H.E. Wendl.	***horoma si*** (H, W), *yoroa ma si* (V)	WM2009	4a, 5b, 6, 7a, 9a, 11c
Leopoldinia piassaba Wallace	*raea si, raea kë si* (V)	JG	3d, 5c, 7e
Manicaria saccifera Gaertn.	*yawatoa kë si* (V)	JG	3d, 4d
Mauritia aculeata Kunth	***torea si*** (W, V), *torea kë si* (V)	WM n.c.	3d, 4a, 8c
Mauritia carana Wallace	*moyenarimɨ si, moyenarimi kë si* (V)	JG	3d, 5c
Mauritia flexuosa L.	***rio kosi*** (W), *eteweshi kë si, eteweshi* (V)	WM n.c.	2a, 3b, 3d, 4d, 5c, 7a, 7b
Mauritiella armata (Mart.) Burret	***kuai si*** (W), *kohere si* (V)	WM n.c.	3d
Oenocarpus bacaba Mart.	***hoko si*** (H, W), *hoko ma, hoko kë masi* (V)	WM n.c.	1a, 2c, 3b, 4a, 4d, 5b, 7a, 7e, 11c
Oenocarpus bataua Mart.	***koanari si*** (W), ***koanarima si*** (H), *haprua ma si, haprua kë si* (V)	WM n.c.	2a, 2c, 3b, 4a, 5b, 5c, 6, 7a, 7c, 7e, 8b
Socratea exorrhiza (Mart.) H.E. Wendl.	***manaka si*** (H, W, V), *manaka kë si* (V)	WM1866	2a, 3b, 3e, 4a, 5b, 7b, 7c, 7e, 8a, 8c, 10a, 11c
Aristolochiaceae			
Aristolochia disticha Mast. vel sp. aff.	***kamakari t^{h}oxi*** (AC), ***kapiroma si*** (P), ***paari makasit^{h}ot^{h}o*** (T), ***xuu t^{h}ot^{h}o*** (W, V)	WM1713	10a
Aristolochia sp.	***ihiru t^{h}ot^{h}o*** (W)	WM1976	11b
Asteraceae			
Acanthospermum australe (Loefl.) Kuntze		LH49	1a
Ageratum conyzoides L.		LH52	1a
Bidens bipinnata L.		LH56	1a
Clibadium sylvestre (Aubl.) Baill.	***koa axihanakɨ, koe axihanakɨ*** (W), ***warasi hanakɨ*** (H)	WM1783	4e
Conyza bonariensis (L.) Cronq.		LH4	1a
Elephantopus mollis Kunth		LH5	1a

Família/Espécie	Nome yanomami (local de coleta)	Fonte	Seção
Emilia sonchifolia (L.) DC.		LH51	1a
Erechtites hieraciifolia Raf.	***yawere nahasiki*** (W)	WM1744	9b
Eupatorium odoratum L.		LH68	1a
Piptocarpha triflora (Aubl.) Bennett ex Baker		LH128	1a
Wulffia baccata Kuntze	*totori mamoku, totori mamiki t^{h}ot^{h}o* (V)	FI	3d, 11b
Begoniaceae			
Begonia humilis Ait.	***morimoripë*** (W)	WM1837	2b, 2c
Bignoniaceae			
Anemopaegma sp.			5d
Arrabidaea sp.	***mat^{h}o t^{h}ot^{h}o*** (W), *hayahaya t^{h}ot^{h}o* (V)	WM2018	5b, 11b
Callichlamys latifolia (Rich.) K. Schum.	***mat^{h}o t^{h}ot^{h}o*** (W), *hõnokore kosihi* (V)	WM2019	5b, 8c, 11b
Crescentia cujete L.	***maraka axihi*** (W), *maraka kë fi, maraka hi* (V)	WM n.c.	7b, 11b
Cybistax sp.		JL	8c
Cydista aequinoctialis (L.) Miers	*t^{h}õmit^{h}õmi t^{h}ot^{h}o* (V)	EF0018	5b, 7f, 8c
Distictella sp.			4a, 5d
Jacaranda copaia (Aubl.) D. Don	***xitopari hi*** (W), ***xitopori hi*** (X, V), ***xotopori a*** (H), *shitipori* (V)	WM1732	2c, 7e, 7f, 8c
Martinella sp.			4a, 5d
Mussatia sp.			5d
Paragonia pyramidata (Rich.) Bur.	*mamokori t^{h}ot^{h}o* (V)	EF0034	4a
Schlegelia violacea (Aubl.) Griseb.	*hatutu henaki* (V)	MM	3d
Tabebuia capitata (Bur. & K. Schum.) Sandw.	***masihanari kohi*** (W), *t^{h}õmorõ hi* (V)	WM2053	5b, 7f, 11a, 11c
Tabebuia guayacan (Seem.) Hemsl.	*t^{h}õmorõ kofi, t^{h}õmorõ hi* (V)	JL2278	7f, 8c
Tanaecium nocturnum (Barb. Rodr.) Bur. ex K. Schum.	***paraparamo nat^{h}oki*** (P), ***puu t^{h}ot^{h}omoki*** (W)	WM1719	10a
Tynanthus polyanthus (Bur.) Sandw.	*hayahaya t^{h}ot^{h}o* (V)	EF1024	7f, 8c
Xylophragma seemannianum (Kuntze) Sandw.	*mat^{h}omat^{h}o, mat^{h}o* (V)	MM	7a
Bixaceae			
Bixa orellana L.	***nara xihi*** (W, V), *nana shi hi* (V)	WM n.c.	4a, 6, 8b, 10a, 11c
Boraginaceae			
Cordia cf. ***lomatoloba*** I.M. Johnst.	***h^{w}aha nahi*** (W)	WM1973	6
Cordia nodosa Lam.	***porehet^{h}upë*** (H), ***xiho xihi*** (W), *hahõ nat^{h}a hi* (V)	WM2025	3d

Família/Espécie	Nome yanomami (local de coleta)	Fonte	Seção
Cordia polycephala (Lam.) I.M. Johnst.	*marõha na hi* (V)	MM	5b
Cordia tetrandra Aubl.		LC	7f
Tournefortia cuspidata Kunth	*shiashirimɨ tʰotʰo* (V)	MM	6
Bromeliaceae			
Aechmea sp.	*reorima si* (V)	JL	3d
Ananas comosus (L.) Merr.		WM n.c.	3a
Ananas sp.	***yãma asikɨ*** (W), *yamaa shikɨ* (V)	WM2057	4a, 4e, 7c, 7d, 8a
Bromelia tarapotina Ule	*sitio kë siki, sitio sikɨ* (V)	EF0003	3d
Burseraceae			
Crepidospermum rhoifolium (Benth.) Triana & Planch.	*warapa kohi* (V)	JL	6, 8a
Dacryodes peruviana (Loes.) Lam.	***mõra mahi*** (W, V)	WM2024	3d, 3e, 6
Dacryodes roraimensis Cuatrec.	***mirikirima hi*** (H)	LH171	3d
Protium fimbriatum Swart	***kururi hi*** (H), ***mani hi*** (X), ***manimani a*** (H), ***weyeri hi*** (W)	LH193	2a, 4d, 5b
Protium polybotryum (Turcz.) Engl.	***hʷaxima kohosihi*** (W)	WM1991	3d
Protium spruceanum (Benth.) Engl.	***warapa kohi*** (H, X, V)	WM2370	10a
Tetragastris altissima (Aubl.) Swart	***xoko hʷakahi*** (W), *warapa ko hi* (V)	WM2027	3d
Campanulaceae			
Siphocampylus sp.	*parotorima* (V)	MM	8C
Cannaceae			
Canna indica L.	***makerema asi*** (X), *makoarimɨ ãsikɨ, makoari asi* (V)	WM2389	3a, 10a
Caricaceae			
Carica papaya L.	***rokoari hi*** (W), *shamakoro, shakunaye hi* (V)	WM n.c.	11b
Jacaratia digitata (Poepp & Endl.) Solms	***rihuwari si*** (W)	WM1839	2c, 3d, 4d
Caryocaraceae			
Caryocar aff. ***glabrum*** (Aubl.) Pers.	***ruamoxi hi*** (H, V), *rua mo hi* (V)	LH246	3d, 4e, 11c
Caryocar montanum Prance			3b
Caryocar microcarpum Ducke	*rua mo hi, rua moshi hi* (V)	MM	3d
Caryocar pallidum A.C. Smith	***xoxo hi*** (H), ***xoxomo hi*** (W, V), *shosho moshi hi* (V)	LH174	1a, 3b, 3d, 4e, 7e
Caryocar villosum (Aubl.) Pers.	***ruapa hi*** (W), *kumato hi* (V)	WM1777	3d, 4c, 6, 7e, 11b

Família/Espécie	Nome yanomami (local de coleta)	Fonte	Seção
CECROPIACEAE			
Cecropia cf. ***angulata*** I.W. Bailey	***tokori hanaki*** (X)	WM2345	4a, 10a
Cecropia obtusa Tréc.	***xiki a*** (W), *shiki*, *shikri* (V)	WM2022	2b, 4a, 4e, 7c, 7d, 8a
Cecropia sciadophylla Mart.	***kahu usihi*** (H), ***kahu usihi*** (W), *kahu usi*, *kahu hi* (V)	WM2077	1a, 2b, 3d, 7b, 7e, 7f, 11c
Cecropia sp.	***tokori a*** (H, V)	LH113	4a
Coussapoa sp.	*yoa t^{h}ot^{h}o* (V)	MM	10a
Pourouma bicolor Mart. ssp. ***digitata*** (Tréc.) C.C. Berg & van Heusden	***õema ahi*** (W), *wapanawë ã hi*, *yao ã hi*, *ira ã hi* (V)	WM1768	3d, 4a, 4c, 6, 7b, 7e, 10a
Pourouma cecropiifolia Mart.	*shõrõshõrõ ã hi* (V)	MM	3d, 5b
Pourouma cf. ***cucura*** Standl. & Cuatrec.	***maxitema ahi*** (H)	LH232	3d
Pourouma guianensis Aubl.	***hayamasi hi*** (H), *warako ã hi*, *yãõkorema ã hi* (V)	LH192	3d, 4^a, 7e
Pourouma melinonii Benoist	***waraka ahi*** (W), *wãrãko ã hi* (V)	WM1910	3d
Pourouma minor Benoist	***warihinama usihi*** (W)	WM1753	4c, 6
Pourouma ovata Tréc.	***mominari usihi***, ***waruhuma usihi*** (W)	WM2041	4c, 5b
Pourouma tomentosa Miq. ssp. ***persecta*** Standl. ex C.C. Berg & van Heusden	***kahu akahi*** (W)	WM2044	5b
Pourouma sp.	*momo ã hi* (V)	MM	10a
CHRYSOBALANACEAE			
Couepia caryophylloides Benoist	***oko hi*** (H), ***wãro uhi*** (W), ***waya hi*** (H)	WM2015	3d, 5b
Exellodendron barbatum (Hook.f.) Prance	***t^{h}omira asihi*** (W)	WM2006	7d
Licania heteromorpha Benth.	***horeto hi*** (H), ***maraka axihi*** (W)	LH220	4c, 5b, 7b
Licania kunthiana Hook.f.	***mraka nahi*** (W)	WM2035	8c
Licania cf. ***kunthiana*** Hook.f.	***pesi a*** (H)	LH222	4e, 5b
Licania macrophylla Benth.			4a
Licania cf. ***polita*** Spruce ex Hook.f.	***xihini hi*** (H, W)	WM2045	5b
CLUSIACEAE			
Chrysochlamys membranacea Pl. & Tr.	***mamopeima hi***, ***mapeima hi*** (H)	LH251	2a
Chrysochlamys weberbaueri Engl.	***mamo peima hi*** (P), ***mapeima hi*** (X), ***peima hi*** (W)	WM1723	8a
Clusia spp.	***poripori t^{h}ot^{h}o*** (H, W), ***poripori t^{h}oxi*** (T), *kreema natoshi*, *kree natoshi*, *kreema t^{h}ot^{h}o* (V)	WM2355	7e, 10a
Garcinia benthamiana (Planch. & Triana) Pipoly	***karaka uremisihi***, ***oru hehi*** (W)	WM2085	3d

Família/Espécie	Nome yanomami (local de coleta)	Fonte	Seção
Garcinia macrophylla Mart.	***kotaki axihi*** (W), *yarushe wãte mohi, pasho moka hi, pasho ãhu hi* (V)	WM1853	2c, 3d
Garcinia madruno (Kunth) Hammel	*pãxoate mohi* (M)	GS4502	3b
Moronobea sp.	***mai kohi*** (W)	WM1876	4a, 7d
Symphonia globulifera L.f.	***mai kohi*** (W, X, V), ***mai koxihi*** (H), *mai ko nahi* (V)	WM2380	2a, 4a, 7d
COCHLOSPERMACEAE			
Cochlospermum orinocense (Kunth) Steud.		WM n.c.	7c, 12
COMMELINACEAE			
Buforrestia candolleana C.B. Clarke		WM1840	2c
CONVOLVULACEAE			
Ipomoea batatas (L.) Lam.	***hõkomo urihitʰeri a*** (P), *hukumo tʰotʰo* (V)	WM2422	2b, 3a, 3b, 3d
Ipomoea squamosa Choisy	*warakoama tʰotʰo, wãkowãkoma tʰotʰo* (V)	MM	3d
COSTACEAE			
Costus guanaiensis Rusby var. ***macrostrobilus*** (K. Schum.) Maas	***naxuruma akɨ*** (W), ***naxuruma hanakɨ*** (X), ***pokunama a*** (P), *shiashirimɨ këkɨ* (V)	WM1700	2c, 10a, 11b
Costus scaber Ruiz & Pav.	***naxuruma akɨ*** (W), ***naxuruma hanakɨ*** (H, X), ***pokunama a*** (P), *prukuna-ma këkɨ* (V)	WM1710	2c, 11b
CUCURBITACEAE			
Cayaponia sp.	*hura tʰotʰo, prisiprisima tʰotʰo* (V)	MM	10a
Gurania spinulosa (Poepp & Endl.) Cogn.	***ihiru tʰotʰo*** (W, V), *shakunamɨ tʰotʰo* (V)	WM1818	11b
Lagenaria siceraria (Molina) Standley	***horokoto tʰotʰo*** (W, X, V)	WM1921	7b, 7c
Posadaea sphaerocarpa Cogn.	***pora axitʰotʰo*** (W)	WM1868	3d, 7b, 11b
CYCLANTHACEAE			
Asplundia cf. ***maguirei*** Harling	***yopomori kiki, yopoporima a*** (X)	WM2341	3d, 3f
Asplundia ponderosa R.E. Schult.			3f
Thoracocarpus bissectus (Vell.) Harl.	***yãri tʰotʰo*** (W)	WM1994	5b
CYPERACEAE			
Cyperus articulatus L.	Vários nomes (*vide* págs. 139-140)	WM2059	2b, 8a, 10a, 11b
Cyperus corymbosus Rottb.			11b
DILLENIACEAE			
Pinzona coriacea Mart. & Zucc.	***maari tʰotʰo*** (W, X)	WM1795	3f, 6

Família/Espécie	Nome yanomami (local de coleta)	Fonte	Seção
Dioscoreaceae			
Dioscorea piperifolia H. & B. ex Willd.	***kaxetema a*** (W), ***yari monahe, yarima monahe*** (W), *kapiromɨ* (V)	WM1715	2c, 3b, 3d, 11b
Dioscorea trifida L.f.	***waha akɨ*** (W), ***waha urihit^{h}eri akɨ*** (W), *ahë, kapiromɨ* (V)	WM1799	3a, 3b, 3d, 11b, 11c
Dioscorea cf. ***triphylla*** Schimp.	*yayomi* (V)	EF1198	3b, 3d
Dioscorea trifoliata Kunth	*kashit^{h}emi t^{h}ot^{h}o* (V)	MM	3d
Dioscorea sp.	***rai a***	BA	3b, 3d
Elaeocarpaceae			
Sloanea macrophylla Benth. ex Turcz. vel sp. aff.	***akapa ahi*** (W)	WM2038	5b
Ericaceae			
Psammisia guianensis Klotzsch	***omama hanakɨ*** (X), ***teosi hanakɨ*** (X), *tesitesi henakɨ* (V)	WM2335	1a
Erythoxylaceae			
Erythroxylum coca Lam.			9b
Euphorbiaceae			
Acalypha sp.	*siruru henakɨ* (V)	MM	10[a]
Croton matourensis Aubl.	***ara usihi*** (W), *araturi usi hi* (V)	WM1923	2b, 5b, 7b, 7c, 7f
Croton palanostigma Klotzsch	***kotopari sihi*** (H), ***kotoporo sihi*** (X)	LH91	5b, 7b, 8a, 10a, 11c
Croton pullei Lanj.		GP	6
Hieronyma laxiflora (Tul.) Müll. Arg.	***t^{h}okona kasihi*** (H)	LH200	8b
Mabea sp.	*ushipi hi* (V)	MM	8c
Manihot esculenta Crantz	***hutu si*** (W)	WM n.c.	3a
Maprounea guianensis Aubl.	***yipɨ hi*** (W)	WM2072	5b, 5c, 11b
Margaritaria nobilis (L.) Müll. Arg.	***yãpi mamohi*** (W, V)	WM1838	2c, 4c
Micrandra rossiana R.E. Schultes	***momo hi*** (H, V)	LH234	1a, 3a, 3b, 3c, 3d, 11c, 12
Plukenetia polyadenia Müll. Arg.	***xõra het^{h}ot^{h}o*** (W), *reroma kosi hi* (V)	WM2068	3b, 3d
Pogonophora schomburgkiana Miers	***tihitihi nahi*** (W)	WM2043	5b
Sagotia racemosa Baill.	***sina hi*** (W)	WM1805	4c, 6, 9b, 10a
Gesneriaceae			
Besleria laxiflora Benth.	***tixo nahe*** (W), *tesho nahekɨ* (V)	WM1813	9b
Columnea picta H. Karst.			9b
Drymonia coccinea (Aubl.) Wiehler	***hura si*** (X), *shakoramɨ, shakuramɨ t^{h}ot^{h}o* (V)	WM2325	10a

Família/Espécie	Nome yanomami (local de coleta)	Fonte	Seção
Heliconiaceae			
Heliconia bihai (L.) L.	***irokoma hanakɨ*** (W), *sharurumɨ henakɨ*, *shirakawë henakë* (V)	WM1767	2b, 2c, 3d, 3e, 10b, 11c
Heliconia densiflora B. Verl.	*shirakawë henakë* (V)	MM	3d
Humiriaceae			
Humiria balsamifera (Aubl.) St.-Hil. var. ***balsamifera***	***asoka hi*** (W)	WM1984	11b
Hypericaceae			
Vismia angusta Miq.	***witari mahi*** (W), ***yoasi hi*** (W)	WM1856	10a
Vismia cayennensis (Jacq.) Pers.	***witari mahi*** (W), ***yoasi hi*** (W), *shirarawë* (V)	WM1987	10c
Vismia guianensis (Aubl.) Choisy	***siiriama sihi*** (H, X)	WM2360	4d, 10a
Iridaceae			
Eleutherine bulbosa (Miller) Urban	***yuri nakɨhanakɨ*** (W), *yurinikɨ* (V)	WM1727	10a
Lauraceae			
Aniba riparia (Mez) Kunth	***tʰuë mamohi*** (W)	WM1993	5b, 5c, 11b
Licaria aurea (Huber) Kosterm.	***hõko mahi*** (W)	WM2002	5b, 5c, 7b, 9b
Nectandra pichurim (Kunth) Mez	*yamoi hi* (V)	MM	3d
Nectandra sp.	***rapa mahi*** (W)	WM2063	5b
Ocotea neesiana (Miq.) Kosterm.	*pokora mosi tʰoku*, *tiritiri mosi tʰoku* (V)	JL	8a
Ocotea aff. ***puberula*** (Rich.) Nees	***iroma sihi*** (W)	WM2079	5c
Ocotea sp.	***parima sihi*** (H)	LH176	6
Persea americana Mill.	***ãhuari hi*** (H), *ãhãi* (V)	WM n.c.	3a, 3d
Rhodostemonodaphne grandis (Mez) Rohwer	***ruru hi***, ***wari amohi*** (W)	WM1999	7b
Indet.	***warëamohi*** (W)	WM1862	6
Lecythidaceae			
Bertholletia excelsa Humb. & Bonpl.	***hawari hi*** (W), *hawari kohi* (V)	WM n.c.	3b, 3d, 3f, 7b, 12
Couratari guianensis Aubl.	***hotorea kosihi*** (W), *korori hi*, *korori si hi* (V)	WM1912	3f, 4c, 4d, 7a, 7c
Eschweilera coriacea (DC.) Mori	***hokoto uhi*** (W), *hokoto mari utʰã hi* (V)	WM2007	4c, 5b, 7c, 7f
Eschweilera sp.	***hoko tihi*** (H)	LH170	5b
Eschweilera spp.	*hõkõtõ mari utʰã hi* (V)	MM	3d
Gustavia augusta L.	***pooko sihi*** (X)	WM2322	10a
Gustavia sp.	*arima posika hi* (V)	MM	3d, 8c

Família/Espécie	Nome yanomami (local de coleta)	Fonte	Seção
LEGUMINOSAE			
Acacia polyphylla DC.	***kaihi anatihi*** (W)	WM1836	2c, 4d, 7e, 9b
Alexa confusa (Pittier) Pittier	***kirapa kohi*** (H, X), ***kurapoma kohi*** (W), *kurapo hi* (V)	WM1927	8a
Anadenanthera peregrina (L.) Benth.	***paara hi*** (W), ***paare a*** (H), *epena hi, pararo hi, hisiõmɨ hi* (V)	WM n.c.	7b, 9a
Bauhinia glabra Jacq.	*rasirasima tʰotʰo* (V)	LH159	8c
Bauhinia guianensis Aubl.	***akanasima tʰotʰo*** (H), ***patepatema tʰotʰo*** (X), ***tuwakarama tʰotʰo*** (W), *rasirasima tʰotʰo, rasirima tʰotʰo* (V)	WM1736	1a, 2a, 5a, 6, 7c, 7f, 8c, 10a, 10c, 11c
Canavalia brasiliensis Mart. ex Benth.	*pore mamokasi tʰotʰo, pore mamisi tʰoku tʰotʰo* (V)	MM	8c
Cassia reticulata Willd.	*pao kë fi* (V)	EF1191	11b
Cedrelinga cateniformis Ducke	***ãpuru uhi*** (W), ***apũru hi*** (H), *ãpuri uhi, apuni hi* (V)	WM1704	1a, 2a, 4e, 7b, 7f, 11a
Centrolobium paraense Tul.	***hewë nahi*** (W, V), *yarayara fi* (V)	WM1989	5b, 5c, 6, 12
Clathrotropis macrocarpa Ducke	***wapo kohi*** (H, W, X), *wapu kohi* (V)	WM1759	2c, 3b, 3d, 4a, 4b, 4c, 7a, 8a, 11c
Clitoria sp.	*suwë pata tʰotʰo* (V)	MM	11b
Copaifera sp.	***nara uhi*** (W), *nara nou hi* (V)	BA	8b
Dialium guianense (Aubl.) Sandw.	***paro koxihi*** (W), *sipara ko hi* (V)	WM1905	3d, 5b, 5c, 6
Dioclea malacocarpa Ducke	***kuapara tʰotʰo*** (X), ***kuapatʰa tʰotʰo*** (H)	WM2351	3b, 3d
Diplotropis martiusii Benth.	*yoi nahi, yoiyoi hi* (V)	MM	5b
Dipteryx odorata (Aubl.) Willd.	*paetea sihi* (W)	WM1958	7b, 11b
Elizabetha leiogyne Ducke	***ama hi*** (W), *ama ahi* (V)	WM1781	4c, 6, 7c, 8c, 9a, 9b, 11c
Elizabetha princeps Schomb. ex Benth.	***ama hi*** (H), *ama ahi* (V)	LH104	7f, 9a
Hymenaea courbaril L.	***hatohato koxihi*** (W), *arõko hi* (V)	WM1877	3d, 6
Hymenaea parvifolia Ducke	***ãro kohi*** (H, W), *arõko hi* (V)	WM1735	3d, 4c, 6, 8b, 10a, 11a
Inga acreana Harms	***pahi hi*** (H, W)	WM2030	3d, 11c
Inga acuminata Benth.	***ria moxiririma hi*** (W), *moshima hi, moshima si hi* (V)	WM1865	3d, 10a, 10b, 11c
Inga alba (Sw.) Willm.	***moxima hi*** (H, W), *moshima hi, moshima si hi* (V)	WM1776	3d, 4a, 4c, 7b, 8b
Inga edulis Mart.	***krepu uhi*** (H, W), *krepõ ũ hi* (V)	WM2081	2c, 3a, 3b, 3d, 10a
Inga ilta T. Penn.			3b

Família/Espécie	Nome yanomami (local de coleta)	Fonte	Seção
Inga lateriflora Miq.	*wakama hi* (V)	MM	3d
Inga myriantha Poepp & Endl.	*õkiõkirimi* (V)	EF1155	3d
Inga nobilis (Willd.) Benth.	*wakama hi* (V)	EF1094	3d
Inga paraensis Ducke	*toxa hi* (W, V)	WM1811	3b, 3d, 4c
Inga pezizifera Benth.	***kãi hi*** (W), *kayë hi* (V)	WM1911	3b, 3d
Inga pilosula (Rich.) Macbride	***poata hi*** (W), *tosha hi* (V)	WM1998	3d
Inga rhynchocalyx Sandw.	***poata hi*** (W)	LH151	3d
Inga sarmentosa Glaz.	***poo kohi*** (W)	WM1880	3d, 6
Inga scabriuscula Benth.	*kasha nafi* (V)	JL2105	3d, 4d
Inga thibaudiana DC.	*shititi hi* (V)	MM	3d
Lonchocarpus cf. ***chrysophyllus*** Kleinh.	***xina ãt^{h}e*** (W)	WM1963	3b, 4e, 6, 7e
Lonchocarpus negrensis Benth. (= *Derris amazonica*)	*ayari t^{h}ot^{h}o* (V)	MM	4e, 11c
Lonchocarpus utilis A.C. Smith	***kut^{h}a ãt^{h}e*** (W)	WM1967	2b, 3b, 4e, 6
Machaerium ferox (Mart. ex Benth.) Ducke	*rehareha nat^{h}o siki* (V)	MM	7f
Machaerium macrophyllum Benth.	***akanasima t^{h}ot^{h}o*** (H, W)	WM2013	7c, 11b
Machaerium quinata (Aubl.) Sandw. vel aff.	***rããsirima thot^{h}o*** (X)	WM2388	10ª
Martiodendron elatum (Ducke) Gleason	*motua ãhi* (V)	MM	11ª
Martiodendron sp.	***paxo hi*** (W)	WM2054	5b
Martiodendron sp.	***rapa hi*** (W)	WM2076	5c
Mucuna urens (L.) Medik.	***wãkowãko axit^{h}ot^{h}o*** (W), *pore mamisi t^{h}ot^{h}o* (V)	WM1769	6
Myroxylon balsamum (L.) Harms	***mara sihi*** (W), *mãrã sinahi, mara mahi* (V)	EF1057	8a, 8b, 11b
Parkia biglobosa (Jacq.) R. Br. ex G. Don			4e
Parkia pendula (Willd.) Benth. ex Walp.	*moshiriwë kat^{h}o hi, moshiriwë si hi* (V)	MM	3d, 4e
Peltogyne gracilipes Ducke		WM n.c.	11ª
Piptadenia sp.	***ërama kiki*** (W)	WM1860	2c
Pterocarpus acapulcensis Rose	*masiri hi* (V)	MM	5b
Sclerolobium sp.	***paya hi*** (W)	WM2075	5c
Stryphnodendron pulcherrimum (Willd.) Hochr.	***maxahara sihi*** (W)	WM1997	7b
Swartzia schomburgkii Benth. var. ***guayanensis*** Cowan	***xitokoma hi*** (H, X), ***xotokoma hi*** (W), *shotokoma hi* (V)	WM2321	2a, 5b, 10a, 12
Swartzia leptopetala Benth.	*hɨɨhamɨ mo hi* (V)	MM	7f, 11b
Swartzia sp.	***paira ahi*** (W)	WM1909	4a, 4d
Tachigali myrmecophila (Ducke) Ducke	***kãtãe nahi*** (W)	WM2047	5b, 5d, 10b

Família/Espécie	Nome yanomami (local de coleta)	Fonte	Seção
Tachigali paniculata Aubl.	*kanaye nini hi* (V)	JL2102	4b, 10ª, 11b
Tephrosia sinapou (Buc'hoz) A. Chev.	*rikirikimɨ* (V)	MM	4e
Vataireopsis cf. ***surinamensis*** Lima	***yoroko axihi*** (W)	WM2080	6, 11a
Zollernia grandifolia Schery	***opo sihi*** (W), ***uki usihi*** (W), ***ukuta usihi*** (X)	WM1959	5b, 9b
Zollernia paraensis Huber	*masiri ko hi* (V)	MM	7f
Loganiaceae			
Strychnos guianensis (Aubl.) Mart.	***mamokori sina t^{h}ot^{h}o*** (P), ***mãokori t^{h}ot^{h}o*** (T), ***mãokori t^{h}oxi*** (X), ***omama hanakɨ*** (H), *mamokori t^{h}ot^{h}o* (V)	WM2423	2a, 4a, 10a, 11c
Malpighiaceae			
Banisteriopsis lucida (Richard) Small	***xirixiri ãt^{h}e*** (W)	WM1859	4e
Byrsonima aerugo Sagot	***atama asihi*** (W)	WM1995	3d
Byrsonima crispa A. Juss.	*atapa na hi* (V)	MM	3d
Malpighia glabra L.	*yot^{h}o nat^{h}o hi* (V)	MM	4ª, 10a
Malpighia punicifolia L.		WM n.c.	3a
Malvaceae (Incl. Bombacaceae, Sterculiaceae, Tiliaceae)			
Apeiba membranacea Spruce ex Benth.	***taitai ahi*** (W), *t^{h}arai hi*, *shapo kõna hi* (V)	WM1847	2c, 7c, 7e, 8c
Bombacopsis cf. ***quinata*** (Jacq.) Dugand	***makuta asihi***	WM n.c.	8c
Catostemma commune Sandw.	***xapu uhi*** (H)	LH228	3d
Catostemma fragrans Benth.	*shãpre u hi*, *shãpu u fi* (V)		
Ceiba pentandra L.	***wari mahi*** (W, V)	WM n.c.	2c, 7b, 8c, 11a, 11b
Gossypium barbadense L.	***xinaru uhi*** (W, V)	WM1800	4a, 7c, 8a, 9b, 10a
Herrania lemniscata (Schomb.) R.E. Schult.	***xiaxiri unahi*** (H), ***xuhuturi unahi*** (W), *kayuweshirimɨ ana hi*, *kãyuweshrimɨ hi* (V)	WM1796	3d, 3e, 6, 10ª, 11c
Sterculia pruriens (Aubl.) Schum.	***raxa natihi*** (W)	WM2012	7c
Theobroma bicolor Humb. & Bonpl.	***himara amohi*** (W), ***himoro amohi*** (H), *hemare mo hi*, *himare mo hi* (V)	WM1760	1a, 2c, 3d, 3e, 7c
Theobroma cacao L.	***poroa unahi*** (W), ***proro unahi*** (H), *pohoroa ana hi* (V)	WM1816	2c, 3d, 6, 9a, 11c
Theobroma microcarpum Mart.	***prõõ masihi*** (W)	WM1858	3d
Theobroma subincanum Mart.	***waiporo unahi*** (H, W), *hãshimo pohoroa hi* (V)	WM1920	3d, 4c, 6

Família/Espécie	Nome yanomami (local de coleta)	Fonte	Seção
Marantaceae			
Calathea cf. ***allouia*** (Aubl.) Lindl.	***kumama si*** (W, V)	WM1913	3a, 3d
Calathea altissima Horan	*kumamasi*, *makoari asi* (V)	FI	3a
Calathea inocephala (Kuntze) H. Kenn. & Nicholson	*pisha henakɨ* (V)	MM	7b
Calathea variegata Linden ex Körn	***pisa asi*** (W)	WM2023	2c, 3d
Calathea aff. ***mansonis*** Koern.	***makerema asi*** (W)	WM2396	2b, 2c, 3b, 3d
Calathea sp.	***saruma asi*** (W)	WM1832	2c
Ischnosiphon arouma (Aubl.) Koern.	***mokuruma si*** (W), ***saraka si*** (H), *mokoroma sikɨ*, *mokoro sikɨ* (V)	WM2087	2c, 7a, 9a
Ischnosiphon obliquus (Rudge) Koern.	*mokuruma si*, *mokoroma sikɨ*, *mokoro sikɨ* (V)	BA	7a, 9a
Maranta arundinacea L.	***hore kikɨ*** (W, X), *kõã mashi kë si*, *horeprema* (V)	WM1726	10a, 11b
Monotagma sp.	***kopari hanakɨ*** (X)	WM n.c.	3c, 3d, 3e
Melastomataceae			
Bellucia grossularioides (L.) Triana	***makasi hi*** (H, V), ***pɨtɨma hi*** (W)	WM1922	3d, 4c
Loreya spruceana Benth. ex Triana	***pɨtɨma hi*** (H)	LH42	3d
Miconia lateriflora Cogn.	***xama siosihi*** (W)	WM1771	9b
Miconia sp.	*hehuri hi* (V)	MM	3d
Meliaceae			
Cedrela sp.			7e
Guarea grandifolia DC.	***kãra ahi*** (H, X), *mari hi* (V)	WM2336	10a
Guarea guidonia (L.) Sleum.	***mãri hi*** (W), *mokomoko hi* (V)	WM1829	2c, 4c, 8c
Guarea macrophylla Vahl			4e
Guarea pubescens (Rich.) A. Juss.	*õrõma hi* (V)	MM	4e
Trichilia pleeana (A. Juss.) C. DC.	**h^{w}*at*^{h}*oa hi*** (W)	WM1831	2c, 4c
Trichilia watorikensis T.D. Penn. ined.	***akanaxi ahi*** (W)	WM1844	2c, 5b
Memecylaceae			
Mouriri guianensis Aubl.	***tɨhɨ hi*** (H)	LH166	5b
Mouriri myrtifolia Spruce	*ãtãri ãhi* (V)	JL2051	4a
Mouriri nervosa Pilg.	***tɨhɨ hi*** (X)	WM2384	7e
Mouriri sagotiana Triana	*marueti hi* (V)	JL2158	4a , 5b
Mouriri sp.	*shiashirimɨ hi* (V)	MM	3d

Família/Espécie	Nome yanomami (local de coleta)	Fonte	Seção
MENISPERMACEAE			
Abuta grandifolia (Mart.) Sandw.	***itahi mosihi*** (W)	WM1956	3d
Abuta grisebachii Triana & Planch.	***mãokori tʰoxi*** (X)	WM2408	4a
Abuta imene (Mart.) Eichl.	***mãokori sinatʰotʰo*** (W), ***paari makasitʰotʰo*** (H)	WM1786	4a, 4e
Abuta rufescens Aubl.	***paari makasitʰotʰo*** (H), ***werehe tʰotʰo*** (X)	LH16	4e, 10a, 10c
Anomospermum steyermarkii Krukoff & Barneby	*patema tʰotʰo* (V)	JL, MM	4a
Cissampelos pareira L.	*kashitʰemɨ tʰotʰo* (V)	FI	3d
Curarea candicans (Rich.) Barneby & Krukoff	***mamokori sinatʰotʰo*** (P), ***mãokori sinatʰotʰo*** (T)	WM2426	4a
MORACEAE			
Bagassa guianensis Aubl.	***hapakara hi*** (W)	WM1763	3d, 3e, 4c, 6, 7f
Brosimum acutifolium Huber	***kãri axihi*** (H)	LH183	3d
Brosimum alicastrum Swartz ssp. ***bolivarense*** (Pittier) C.C. Berg	*rimo mofi, nimo mo hi* (V)	EF0079, MM	3d
Brosimum guianense (Aubl.) Huber	***ihiru makasi hi*** (W), *nimo mo hi* (V)	WM1778	3d, 3e, 4c
Brosimum lactescens (S. Moore) C.C. Berg	***kãri nahi*** (W), *kãrã ãshi hi* (V)	WM1762	4c, 6
Brosimum rubescens Taubert	*wãramaxi* (M)	GS4497	4d
Brosimum utile (Kunth) Pittier ssp. ***ovatifolium*** (Ducke) Berg	***yaremaxi hi/a*** (W)	WM1996	7c, 11c
Clarisia ilicifolia (Spreng.) Lanj. & Rossb.	***hihõ unahi*** (W), *hõria ana hi, hiria ana hi* (V)	WM1740	3d, 3e, 4c
Clarisia racemosa Ruiz & Pav.	***huyu hi*** (W)	WM	7f
Dorstenia sp.	*yaimorahemi* (V)	EF1052	11b
Ficus cf. ***paraensis*** (Miq.) Miq.	*kõnakõna kë tʰotʰo, shiki* (V)	EF1108, MM	11b
Helicostylis tomentosa (Poepp & Endl.) Rusby	***xopa hi*** (H, W), *wahara hi* (V)	WM1758	3d, 3e, 4c, 6
Maquira calophylla (Poepp & Endl.) C.C. Berg	***teria hi*** (W), *terio hi* (V)	WM2029	3d
Perebea angustifolia (Poepp & Endl.) C.C.Berg	*rëxë hi* (W)	WM2062	3d
Perebea guianensis Aubl.	***peesisima hi*** (W)	WM1898	3d
Pseudolmedia laevigata Tréc.	***hayi hi*** (H, W), *hayu hi* (V)	WM1806	1a, 3b, 3d, 4c, 6, 11c
Pseudolmedia laevis (Ruiz & Pav.) Macbr.	***aso asihi*** (H, W), *ãshãwã ã hi* (V)	WM1741	2b, 3b, 3d, 4c, 5b, 6, 11c
Sorocea guayanensis W.C. Burger	*yipɨ hi* (V)	MM	3d, 8c
Sorocea muriculata Miq. ssp. ***uaupensis*** (Baill.) C.C. Berg	***yipi hanakɨ*** (X), *yipɨ hi, shãpinama hi* (V)	WM2349	3d, 11b

Família/Espécie	Nome yanomami (local de coleta)	Fonte	Seção
Trymatococcus amazonicus Poepp & Endl.	***potahi amohi*** (H), *rëshë hi* (V)	LH181	3d
Musaceae			
Musa spp.	Vários nomes (*vide* pág. 38)	WM n.c.	3a, 7b
Phenakospermum guyannense (L.C. Rich) Endl. ex Miq.	***ruru asi*** (W), *ketipa kë si*, *ketipa si* (V)	WM1906	2a, 2b, 2c, 3a, 3b, 3d, 5a, 7a, 7b, 7c, 11c
Myristicaceae			
Iryanthera juruensis Warb.	***sikãri a*** (W)	WM2049	4c, 5b
Iryanthera laevis Mgf	***sikãri a*** (W), *marueti hi* (V)	WM2048	5b
Iryanthera ulei Warb.	*hãihãiyõmɨ natʰa hi* (V)	EF1222	3b, 3d, 7c
Osteophloem platyspermum (A. DC.) Warb.	***ixoa hi*** (H, W, X)	WM1810	2a
Virola elongata (Benth.) Warb.	***yãkoana a***, ***xioka a*** (W), *yakõana*, *ayukuma* (V)	WM1992	4a, 5b, 6, 9a, 11a, 11c
Virola sebifera Aubl.	*shamashamari ã hi* (V)	EF1004	9a
Virola sp.	***sikasikari a*** (H)	LH238	5b
Myrtaceae			
Eugenia flavescens DC. vel sp. aff.	***pore hi*** (W, V)	WM2052	3d, 5b, 11c
Eugenia sp.	***korokoro sihi*** (W)	WM2065	5b
Myrcia fallax (Rich.) DC.	***warea xihi*** (X)	WM2371	5b
Myrcia sp.	***totori mamohi*** (W)	WM2033	3d, 5b
Myrcia sp.	***pore hi*** (H)	LH221	9a, 11c
Psidium guajava L.		WM n.c.	3a, 3b
Psidium sp.	*pore hi* (V)	EF0027	7f, 11b, 11c
Olacaceae			
Minquartia guianensis Aubl.			5d
Passifloraceae			
Passiflora coccinea Aubl.	***ma u tʰotʰo*** (H), ***naxuruma a tʰotʰo*** (W), *õrõshõmɨ tʰotʰo* (V)	WM2032	3d, 7b
Passiflora fuchsiiflora Hemsl.	***ihiru tʰotʰo*** (W)	WM1801	11b
Passiflora longiracemosa Ducke	*õrõshõmɨ tʰotʰo* (V)	EF0005	8c
Passiflora vitifolia Kunth	*õrõshõmɨ tʰotʰo* (V)	FI	3d
Passiflora sp.	*õrõshõmɨ tʰotʰo* (V)	MM	7e, 10a
Phyllanthaceae			
Phyllanthus brasiliensis (Aubl.) Müll. Arg.	***oko hi*** (W)	WM1782	4e, 11b
Phyllanthus piscatorum Kunth	*yaraka henakɨ* (V)	JG	4e, 7e, 9b, 10a

Família/Espécie	Nome yanomami (local de coleta)	Fonte	Seção
PHYTOLACCACEAE			
Phytolacca rivinoides Kunth & Bouché	***kripɨari hi*** (W), ***rihɨwari hanakɨ*** (X)	WM1928	10a
PICRAMNIACEAE			
Picramnia macrostachya Klotzsch ex Engl.	*kashipinayoma nou hi* (V)	JL2106	8b
Picramnia spruceana Engl.	***hapoka xihi, koa akaxihi, koe akaxihi*** (W), *kashipinayoma nou hi* (V)	WM2000	4a, 7a, 7b, 8a, 8b, 9b, 10a
PIPERACEAE			
Peperomia macrostachya (Vahl) A. Dietr.	***kona hanakɨ, saima hanakɨ, si waima hanakɨ*** (W), ***tʰoko hanakɨ*** (X)	WM1978	10c
Peperomia magnoliifolia (Jacq.) A. Dietr.	***në wãri hanakɨ*** (W)	WM1899	2b, 10a
Peperomia rotundifolia (L.) Kunth	***hura si*** (P), ***moka unamoki*** (H), ***oru kiki wite*** (W, V), ***tʰapra xima kiki*** (H)	WM1720	10a
Piper arborea Aubl. var. arborea	***kahu mahi*** (W), ***mahekoma hanakɨ*** (X)	WM1804	10a
Piper bartlingianum (Miq.) C. DC.	***paari mahekosikɨ*** (W)	WM1703	9b
Piper demeraranum (Miq.) DC.	***kahu mahi*** (W), ***mahekoma hanakɨ*** (X), ***paari mahekokɨ*** (X)	WM1788	9b
Piper dilatatum Rich.	*mahekoto ma hi* (V)	EF0032	4ª, 9b, 10a
Piper francovilleanum C. DC.	***misipaima hanakɨ*** (H), ***mosipoima hanakɨ*** (W, X), ***yãpi mahekotokɨ*** (P)	WM1924	1a, 2a, 9b
Piper piscatorum Trel. & Yunck.			9b
Piper sp.	***mahekoma hi*** (W)	WM1848	2c
Pothomorphe peltata (L.) Miq.	***mahekoma hanaki*** (X)	WM2346	10a
POACEAE			
Andropogon angustatus (J. Presl.) Steud.		LH6	1a
Andropogon bicornis L.	***pirima hikɨ*** (W)	WM1919	8a
Axonopus purpusii (Mez) Chase	***yarena hasipë*** (H)	LH133	1a
Chusquea linearis N.E. Brown	*uhe këkɨ, sunama akasi* (V)	MM	7d
Coix lachryma-jobi L.		WM n.c.	8a
Cymbopogon citratus (Nees) Stapf	***makɨyuma hanakɨ*** (W), ***makɨyuma xikɨ*** (X), ***waihi hanakɨ*** (W)	WM1775	10a
Digitaria sp.		LH61	1a
Guadua spp.	***katana si, rahaka akɨ*** (W), *si koropirimɨ, sipo namonamorimɨ, sipo takakarimɨ, tʰora u sikɨ* (V)	WM1930	4a, 6, 7b, 7d, 7e
Gynerium sagittatum (Aubl.) Beauv.	***xaraka si, xaraka a*** (W), *shereka si* (V)	WM n.c.	4a, 6, 8a, 9a, 10b, 11c

Família/Espécie	Nome yanomami (local de coleta)	Fonte	Seção
Olyra latifolia L.	***purunama usi*** (W), *purinama usi, horema usi* (V)	WM2001	7e, 9a
Olyra sp.	***purunama asi*** (W)	WM1834	2c
Orthoclada laxa (Rich.) P. Beauv.	***tʰomɨ koxi*** (W), *tomoko shi këkɨ* (V)	WM1835	2b, 2c
Paspalum spp.		LH60/95	1a
Pharus virescens Doell.	***xikirima hanakɨ*** (W)	WM1845	2c
Saccharum officinarum L.	***puu si*** (W)	WM n.c.	3a
Zea mays L.	***yõno mosi*** (W)	WM n.c.	3a
Indet.	***wayapa a/pë*** (W)	WM1833	7e
POLYGALACEAE			
Moutabea guianensis Aubl.	*wakara ãsi hi* (V)	MM	3d
Securidaca diversifolia (L.) Blake	***kumi a*** (X), ***kumi tʰotʰo*** (W, X, V)	WM2378	8a, 8c, 11b
QUIINACEAE			
Lacunaria jenmani (Oliver) Ducke	***paari makasihi*** (W)	WM2003	3d
Quiina florida Tul. vel sp. aff.	***naxuruma ahi*** (W)	WM2037	3d, 5b, 5c
RANUNCULACEAE			
Clematis dioica L.	***hemare motʰoki*** (P)	WM2436	10a
RHAMNACEAE			
Gouania frangulaefolia (Schult.) Radlk.	***wayawaya tʰotʰo*** (W), *wayowayo tʰotʰo* (V)	WM1903	4d
Zizyphus cinnamomum Tr. & Pl.	***mirama asihi*** (W), *arõwae hi* (V)	WM1871	3d
RUBIACEAE			
Amaioua corymbosa Kunth	*kõhara* (M)	GS4444	6
Capirona decorticans Spruce	***kawahi nahi*** (W), ***maari nahi*** (P)	WM1728	9b, 10a
Chimarrhis sp.	***xitokoma hi*** (X), ***xitoma hi*** (H)	WM2390	2a, 5b, 12
Duroia eriopila L.f.	***hera xihi*** (W)	WM1749	3d, 5b, 9b
Duroia micrantha (Ladbr.) Zarucchi & J.H. Kirkbr.	*koteko hi* (V)	MM	3d
Genipa americana L.	***hoo maxihi*** (W), *tana hi* (V)	WM2017	8b
Genipa spruceana Steyerm.	*tana hi* (V)	JL2262	8b
Geophila repens (L.) I.M. Johnst.	***mamowai hanakɨ*** (X), ***mamowai kɨkɨ*** (W), ***mamori kɨkɨ*** (P)	WM2366	10a
Isertia hypoleuca Benth.	***yãpi uhi, yãpi unahi*** (W), *kõmaka hi* (V)	WM1875	3d
Isertia parviflora Vahl	*tesho hi* (V)	EF1018, MM	9a
Palicourea nitidella (Müll. Arg.) Standl.	***mapu uhi*** (H)	LH239	8c

Família/Espécie	Nome yanomami (local de coleta)	Fonte	Seção
Palicourea quadrifolia (Rudge) Steyerm.	***yãpi uhi*** (H), *pusipusi ma hi* (V)	LH240	8c
Posoqueria latifolia (Rudge) R. & S.	***weri nahi*** (W), *raharaha hi* (V)	WM2026	8c
Psychotria poeppigiana Müll. Arg.	***në wãri hanaki*** (W), *koã wakë anamafu* (V)	WM1711	11b
Psychotria ulviformis Steyerm.	***ahete hanakɨ*** (W, V), ***ahetema henakɨ*** (P), ***hura hanakɨ*** (H, P)	WM1705	2a, 2b, 11b
Rosenbergiodendron formosum (Jacq.) Fagerl.		JL	8c
Uncaria guianensis (Aubl.) Gmel.	***ërama tʰotʰo*** (W), ***yamara a tʰotʰo*** (W), *kamoarima namo tʰotʰo* (V)	WM1738	2a, 4e, 10a, 10b, 10c, 11b
Uncaria tomentosa (Willd.) DC.	***yamara a tʰotʰo*** (H), ***yamara aka tʰotʰo*** (X), *kamoarima namo tʰotʰo* (V)	WM2348	2a
RUTACEAE			
Citrus aurantiifolia (Christm.) Swingle		WM n.c.	3a
Citrus sinensis (L.) Osbeck		WM n.c.	3a
Zanthoxylum pentandrum (Aubl.) R. Howard	***kamakari hi***, ***nãhara hi*** (W)	WM1979	10a
Zanthoxylum rhoifolium Lam.	***nahɨri hanakɨ*** (X)	WM2327	10a
SALICACEAE			
Casearia guianensis (Aubl.) Urban	***yãpi mamohi*** (W)	WM2050	5b
Casearia javitensis Kunth	***kamakari hi*** (W), ***waxia hi*** (W)	WM1787	5b
Casearia sp.	*nikreterima ma hi* (V)	MM	8c
SAPINDACEAE			
Cardiospermum sp.	*proprokorimɨ tʰotʰo* (V)	WM n.c.	8a
Paullinia cf. ***ingifolia*** Rich ex A. Juss.	***hopu ahu tʰotʰo***, ***pirima ahu tʰotʰo*** (H)	LH32	3d
Paullinia cf. ***pinnata*** L.	*shuu natʰo henakɨ* (V)	EF0011	3d
Serjania grandifolia Sagot.	***xokopë ãtʰe*** (W)	WM1772	4e
Talisia chartacea Acev.-Rodr.	***makoa ahi*** (W)	WM2031	3d
Thinouia obliqua Radlk.	*purima ãhu shi* (V)	MM	8a
Toulicia guianensis Aubl.	*koriyoma si hi* (V)	MM	9a
SAPOTACEAE			
Chrysophyllum argenteum Jacq.	***naɨra hi*** (W), *shuurimɨ* (V)	WM2046	4c, 5b
Ecclinusa guianensis Eyma	***yãre hi*** (W), *yarikoa ko hi* (V)	WM2051	3d
Madhuca spp.			3c
Manilkara bidentata (A.DC.) A.Chev.	*naɨ hi* (V)	JL	3c

Família/Espécie	Nome yanomami (local de coleta)	Fonte	Seção
Manilkara huberi (Ducke) Standl.	***xaraka ahi*** (H, W)	WM2042	3c, 3d, 4c, 5b, 5c, 7e
Micropholis melinoniana Pierre	***apia hi*** (H, W, V)	WM1915	3d, 3e, 4c, 9a, 11c
Micropholis sp.	***nai hi*** (H)	LH223	1a, 3c, 3d
Micropholis sp.	***yawara hi*** (H)	LH173	3d, 5b
Pouteria caimito (Ruiz & Pav.) Radlk.	***paxo hʷãtemohi*** (W)	WM2010	3d, 5b
Pouteria cladantha Sandw.	***hõromo nahi, kraiwa ahi, napë ahi*** (W)	WM2039	3d, 5b
Pouteria hispida Eyma	***yãwa xihi*** (H, W)	WM2064	3d, 5b
Pouteria venosa (Mart.) Baehni ssp. ***amazonica*** T.D. Penn.	***mai konahi*** (W)	WM2074	5b, 5c
Pouteria sp.	***poxe mamokasihi*** (W)	WM2084	3d, 5c
Pradosia surinamensis (Eyma) T.D. Penn.	***werihi sihi*** (W)	WM1870	3d
SIPARUNACEAE			
Siparuna decipiens (Tul.) DC.	***mahere mahi*** (W)	WM1724	5b
Siparuna guianensis Aubl.	***mõe hanaki, mõe hi*** (W)	WM1702	10a, 10b
SMILACACEAE			
Smilax maypurensis Kunth	*mamokoyoma nou hi* (V)	MM	8b
Smilax sp.	***puuturima si*** (H)	LH224	7e
SOLANACEAE			
Capsicum frutescens L.	***prika ahi*** (W), *praki* (V)	WM1755	3a, 4e, 10a, 11b, 11c
Nicotiana tabacum L.	***pee nahe*** (W, X)	WM n.c.	9b, 10a
Physalis sp.	*shãã hi* (V)	MM	3d
Solandra grandiflora Swartz	***tʰooro a*** (W)	WM1766	2b, 8c
Solanum asperum Rich.	***hʷãha xihi*** (W)	WM1754	6
Solanum oocarpum Sendtn.	***pokara mamokasiki*** (W)	WM1952	11b
Solanum sessiliflorum Dunal [= ***S. topiro*** Dunal]	*hutukurimi misiki* (V)	MM	10a
Solanum stramoniifolium Jacq.	***pirima ahisi*** (X)	WM2403	10a
THEOPHRASTACEAE			
Clavija lancifolia Desf.	***horikima hi*** (W), *yuu mohi* (V)	WM1953	3d
THYMELAEACEAE			
Daphnopsis sp.	*waremashi hi* (V)	MM	7c
ULMACEAE			
Trema integerrima (Beurl.) Standl.	***warë onasihi*** (W), *hapoka shararamorewë hi* (V)	WM2069	7b

Família/Espécie	Nome yanomami (local de coleta)	Fonte	Seção
Trema micrantha (L.) Blume	*hapakawë shi hi* (V)	JL	3d, 7c
URTICACEAE			
Urera baccifera (L.) Gaud.	***ɨra nakɨ*** (H, W, V), *api nasi* (V)	WM1722	2a, 2c, 7e, 10a
Urera caracasana (Jacq.) Griseb.	***api nakɨ*** (W), *api nasi* (V)	WM1972	2c, 7e, 9ª, 10a
VERBENACEAE			
Amasonia arborea Kunth	*tʰoru këkɨ* (V)	EF1044	8c
Lantana trifolia L.	***warasa*** (H), *hekura henakɨ* (V)	LH57	8c
Lippia alba (Mill.) N.E. Brown	*suwë henakɨ* (V)	MM	8c
VIOLACEAE			
Amphirrhox surinamensis Eichl.	***xamanama hi*** (H)	LH164	5b
Corynostylis arborea (L.) Blake	*koyonama tʰotʰo* (V)	EF1184	8b
Rinorea lindeniana (Tul.) O. Kuntze	***okoraxi hi*** (W)	WM1895	4a, 5b, 6, 7d, 12
Rinorea riana (DC.) Kuntze	*payoarima ko hi* (V)	EF1122	8a, 12
VITACEAE			
Cissus erosa Rich.	***momo tʰotʰo*** (W), *hahõ tʰotʰo*, *hura tʰotʰo* (V)	WM1901	6, 10a
Cissus setosa Roxb.			6
Vitis tiliifolia Humb. & Bonpl. ex Roem. & Schult.	***mããri tʰotʰo*** (V)	JL	3f , 10a
VOCHYSIACEAE			
Qualea sp.	*peripo si hi* (V)	MM	10a
Vochysia ferruginea Mart.	*kraya na hi* (V)	JL	4d
ZINGIBERACEAE			
Renealmia alpinia (Rottb.) Maas	***maokori sihanakɨ*** (H), ***mãokori sinakɨ*** (W), *ayayuma si* (V)	WM1971	8a, 8b, 8c, 10b, 10c
Renealmia floribunda K. Schum.	***haro hanakɨ***, ***hayayama si*** (X), ***mãokori sinakɨ*** (W), ***nini kɨkɨ*** (W), ***omoari si*** (X)	WM2404	2a, 8a, 10a
Zingiber officinale Roscoe	***amatʰa kɨkɨ*** (W)	WM1931	4b, 9b, 10a, 10c, 11b
PTERIDOPHYTA			
BLECHNACEAE			
Salpichlaena volubilis (Kaulf.) J. Sm.	***patexi mamo*** (X), ***xamanama tʰotʰo*** (H)	WM2352	8c
DRYOPTERIDACEAE			
Polybotrya caudata Kunze	***kuxixima hanakɨ*** (W)	WM1721	2b, 10a

Família/Espécie	Nome yanomami (local de coleta)	Fonte	Seção
PTERIDACEAE			
Pteridium aquilinum (L.) Kuhn var. ***arachnoideum*** (Kaulf.) Brade	***monomonoma kiki*** (H)	WM n.c.	1a
FUNGI			
CLAVICIPITACEAE			
Balansia cyperi Edg.			11b
POLYPORACEAE			
Favolus brasiliensis (Fr.) Fr.	***xokopë amoki*** (W)	WM1826	3c
Favolus spathulatus (Jungh.) Lév.	***uxirima amoki*** (W)	WM1827	3c
Lentinus tephroleucus Mont.	***haya kasiki*** (W)	WM1825	3c
Pleurotus flabellatus (Berk. & Br.) Sacc.	***pokara amoki*** (W)	WM1851	3c
Polyporus grammocephalus Berk.	***ara amoki*** (W)	WM1822	3c
TRICHOLOMATACEAE			
Filoboletus gracilis (Klotzsch ex Berk.) Singer	***pihi wayorema amoki*** (W)	WM1823	3c
Marasmius cubensis (Berk. & Curtis) Sacc.	***moka uku*** (W)	WM1824	3c
FAMÍLIA INDETERMINADA			
Espécie indeterminada	***uxiuxi kiki*** (W)	WM2005	7a
LIQUENS			
CLADONIACEAE			
Cladonia subradiata (Vain.) Sandst.		LH124	1a
FAMÍLIA INDETERMINADA			
Espécie indeterminada	***pokoraxi*** (H)	WM n.c.	9a

ANEXO II - NOMES YANOMAMI DAS PLANTAS COLETADAS DURANTE O PRESENTE ESTUDO

Regiões de coleta (e de origem dos nomes yanomami):
AC = Alto Catrimani; H = Homoxi; P = Parawa u; T = Toototobi; W = *Watorikɨ*; X = Xitei.

Nome yanomami	Espécie	Família	Região
ahete hanakɨ	*Psychotria ulviformis*	Rubiaceae	W
ahete hanakɨ	*Episcia hirsuta*	Gesneriaceae	X
ahetema henakɨ	*Psychotria ulviformis*	Rubiaceae	P
ãhuari hi	*Persea americana*	Lauraceae	H,W
aiamo si	*Musa* sp.	Musaceae	X
akanasima $t^{h}ot^{h}o$	*Bauhinia guianensis*	Leguminosae	H
akanasima $t^{h}ot^{h}o$	*Machaerium macrophyllum*	Leguminosae	H,W
akanaxi ahi	*Trichilia watorikensis*	Meliaceae	W
akapa ahi	*Sloanea macrophylla* vel sp. aff.	Elaeocarpaceae	W
ãkia hi	*Tabernaemontana angulata, T. macrocalyx*	Apocynaceae	W
akiama hi	*Tabernaemontana macrocalyx*	Apocynaceae	H,X
akiama hi	*Tabernaemontana angulata*	Apocynaceae	X
ama hi	*Elizabetha princeps*	Leguminosae	H
ama hi	*Elizabetha leiogyne*	Leguminosae	W
amat^{h}*a hi*	*Duguetia lepidota*	Annonaceae	H.W
amat^{h}*a kɨkɨ*	*Zingiber officinale*	Zingiberaceae	W
amixi hanakɨ	*Justicia pectoralis*	Acanthaceae	W
apa hi	*Coussapoa asperifolia* ssp. *magnifolia*	Moraceae	H
api nakɨ	*Urera caracasana*	Urticaceae	W
apia hi	*Micropholis melinoniana*	Sapotaceae	H,W
apũru hi	*Cedrelinga cateniformis*	Leguminosae	H
ãpuru uhi	*Cedrelinga cateniformis*	Leguminosae	W
ara amokɨ	*Polyporus grammocephalus*	Polyporaceae	W
ara usihi	*Croton matourensis*	Euphorbiaceae	W
ari ahi	*Pouteria* sp.	Sapotaceae	H
aria si	*Xanthosoma* sp.	Araceae	W
ãro kohi	*Hymenaea parvifolia*	Leguminosae	H,W
aroari kɨkɨ	*Cyperus articulatus*	Cyperaceae	W

Nome yanomami	Espécie	Família	Região
aso asihi	*Pseudolmedia laevis*	Moraceae	H,W
asoka hi	*Humiria balsamifera* var. *balsamifera*	Humiriaceae	W
asokoma hi	*Tabernaemontana angulata, T. macrocalyx*	Apocynaceae	X
ata hi	*Sanchezia* sp.	Acanthaceae	X
atama asihi	*Byrsonima* sp.	Malpighiaceae	H
atama asihi	*Byrsonima aerugo*	Malpighiaceae	W
axokama hi	*Tabernaemontana macrocalyx*	Apocynaceae	P
ërama kikɨ	*Piptadenia* sp.	Leguminosae	W
ërama t^{h}*ot*^{h}*o*	*Uncaria guianensis*	Rubiaceae	W
ërɨ si	*Astrocaryum aculeatum*	Arecaceae	W
haare a	*Virola* sp.	Myristicaceae	W
hapakara hi	*Bagassa guianensis*	Moraceae	W
hapama hi	*Duguetia stelechantha*	Annonaceae	H,X
hapoka xihi	*Picramnia spruceana*	Picramniaceae	W
hapoma hi	*Duguetia stelechantha*	Annonaceae	X
hariharima t^{h}*oxi*	*Philodendron* cf. *guttiferum*	Araceae	H,X
hariharima t^{h}*oxikɨ*	*Monstera* sp.	Araceae	H
haro hanakɨ	*Renealmia floribunda*	Zingiberaceae	P
haro kikɨ	*Cyperus articulatus*	Cyperaceae	W
hatohato koxihi	*Hymenaea courbaril*	Leguminosae	W
hawari hi	*Bertholletia excelsa*	Lecythidaceae	W,H
haya kasikɨ	*Lentinus tephroleucus*	Polyporaceae	W
hayakoari si	*Renealmia thyrsoidea* ssp. *thyrsoidea*	Zingiberaceae	X
hayama hukɨ	*Marcgraviastrum elegans*	Marcgraviaceae	H
hayamasi hi	*Pourouma guianensis*	Cecropiaceae	H
hayayama si	*Renealmia floribunda*	Zingiberaceae	X
hayi hi	*Pseudolmedia laevigata*	Moraceae	H,W
hemare mot^{h}*okɨ*	*Clematis dioica*	Ranunculaceae	P
hera xihi	*Duroia eriopila*	Rubiaceae	W
hewë nahi	*Centrolobium paraense*	Leguminosae	W
hewë t^{h}*ot*^{h}*o*	*Macfadyena unguis-cati*	Bignoniaceae	W
hɨha amohi	*Couepia* sp.	Chrysobalanaceae	W
hihõ unahi	*Clarisia ilicifolia*	Moraceae	W

Nome yanomami	Espécie	Família	Região
himara amohi	*Theobroma bicolor*	Malvaceae	W
himoro amohi	*Theobroma bicolor*	Malvaceae	H
hixɨ hanakɨ	*Cymbopetalum* sp.	Annonaceae	W
hõko mahi	*Licaria aurea, Ocotea amazonica*	Lauraceae	W
hoko si	*Oenocarpus bacaba*	Arecaceae	H,W
hoko tihi	*Eschweilera* sp.	Lecythidaceae	H
hõkomo urihit^{h}eri a	*Ipomoea* cf. *batatas*	Convolvulaceae	P
hokoto uhi	*Eschweilera coriacea*	Lecythidaceae	W
hoo maxihi	*Genipa americana*	Rubiaceae	W
hopu ahu t^{h}ot^{h}o	*Paullinia* cf. *ingifolia*	Sapindaceae	H
hore kɨkɨ	*Maranta arundinacea*	Marantaceae	W,X
horeto hi	*Licania heteromorpha*	Chrysobalanaceae	H
horikima hi	*Clavija lancifolia*	Theophrastaceae	W
horokoto hanakɨ	*Lagenaria siceraria*	Cucurbitaceae	W,X
horoma si	*Iriartella setigera*	Arecaceae	H,W
hõromo nahi	*Pouteria cladantha*	Sapotaceae	W
hotorea kosihi	*Eschweilera* sp.	Lecythidaceae	H
hotorea kosihi	*Couratari guianensis*	Lecythidaceae	W
hura hanakɨ	*Psychotria ulviformis*	Rubiaceae	H,P
hura hanakɨ	*Monstera dubia*	Araceae	W
hura si	*Peperomia quadrangularis, P. rotundifolia*	Piperaceae	P
hura si	*Drymonia* cf. *semicordata, D. coccinea*	Gesneriaceae	X
hura sihanakɨ	*Monstera dubia*	Araceae	W
hura sihi	*Aspidosperma nitidum*	Apocynaceae	W
hutu si	*Manihot esculenta*	Euphorbiaceae	W
hutukurima kɨkɨ	*Smilax* cf. *syphilitica*	Smilacaceae	X
huyu hi	*Clarisia racemosa*	Moraceae	W
h^{w}aha nahi	*Cordia* cf. *lomatoloba*	Boraginaceae	W
h^{w}ãha xihi	*Solanum asperum*	Solanaceae	W
h^{w}apoma hi	*Duguetia* sp.	Annonaceae	P
h^{w}apoma hi	*Fusaea longifolia*	Annonaceae	W
h^{w}at^{h}oa hi	*Trichilia pleeana*	Meliaceae	W

Nome yanomami	Espécie	Família	Região
h^{w}axima kohosihi	*Protium polybotryum*	Burseraceae	W
ihiru makasi hi	*Brosimum guianense*	Moraceae	W
ihiru t^{h}ot^{h}o	*Aristolochia* sp.	Aristolochiaceae	W
ihiru t^{h}ot^{h}o	*Gurania spinulosa*	Cucurbitaceae	W
ihiru t^{h}ot^{h}o	*Passiflora fuchsiiflora*	Passifloraceae	W
ɨra nakɨ	*Urera baccifera*	Urticaceae	H,W
irokoma hanakɨ	*Heliconia bihai*	Heliconiaceae	W
iroma sihi	*Ocotea* aff. *puberula*	Lauraceae	W
itahi mosihi	*Abuta grandifolia*	Menispermaceae	W
ixoa hi	*Osteophloem platyspermum*	Myristicaceae	H,W,X
kaatoma si	*Nidularium* sp.	Bromeliaceae	X
kahu akahama	*Pourouma* sp.	Cecropiaceae	H
kahu akahi	*Pourouma tomentosa* ssp. *persecta*	Cecropiaceae	W
kahu mahi	*Piper arborea* var. *arborea*, *P.* cf. *addisonii*, *P. demeraranum*	Piperaceae	W
kahu usihi	*Cecropia sciadophylla*	Cecropiaceae	H,W
kãi hi	*Inga* sp.	Leguminosae	H,W
kaihi anatihi	*Acacia polyphylla*	Leguminosae	W
kamakari hi	*Ormosia steyermarkii*	Leguminosae	H
kamakari hi	*Zanthoxylum pentandrum*	Rubiaceae	W
kamakari h^{w}ërɨ	*Coccoloba* cf. *striata*	Polygonaceae	W
kamakari sihi	*Ormosia steyermarkii*	Leguminosae	X
kamakari t^{h}oxi	*Aristolochia disticha* vel sp. aff.	Aristolochiaceae	AC
kapiroma si	*Aristolochia disticha* vel sp. aff.	Aristolochiaceae	P
kãra ahi	*Guarea grandifolia*	Meliaceae	H,X
kara nahi	*Sparattanthelium guianense*	Hernandiaceae	W
karaka uremisihi	*Garcinia benthamiana*	Clusiaceae	W
kãri axihi	*Brosimum acutifolium*	Moraceae	H
kãri nahi	*Brosimum lactescens*	Moraceae	W
kãtãe nahi	*Tachigali myrmecophila*	Leguminosae	W
katana si	*Guadua* sp.	Poaceae	W
kãtãrã si	*Dracontium asperum* vel sp. aff.	Araceae	W
kataroma si	*Setaria sulcata*	Poaceae	H

Nome yanomami	Espécie	Família	Região
kawahi nahi	*Capirona decorticans*	Rubiaceae	W
kaxetema a	*Dioscorea piperifolia*	Dioscoreaceae	W
kirapa kohi	*Alexa confusa*	Leguminosae	H,X
koa maxikɨ	*Cyperus articulatus*	Cyperaceae	W
koanari si	*Oenocarpus bataua*	Arecaceae	W
koanarima si	*Oenocarpus bataua*	Arecaceae	H
koe/koa akaxihi	*Picramnia spruceana*	Picramniaceae	W
koe/koa axihanakɨ	*Clibadium sylvestre*	Asteraceae	W
komarima hanakɨ	*Heteropsis steyermarkii*	Araceae	X
komatima hi	*Peltogyne gracilipes*	Leguminosae	W
kona hanakɨ	*Codonanthe* sp.	Gesneriaceae	W
kona hanakɨ	*Peperomia macrostachya*	Piperaceae	W
kopari hanakɨ	*Monotagma* sp.	Marantaceae	X
korokoro sihi	*Eugenia* sp.	Myrtaceae	W
koroxo hanakɨ	*Anthurium* (?) sp.	Araceae	H
kotakɨ axihi	*Garcinia macrophylla*	Clusiaceae	W
kotopari sihi	*Croton palanostigma*	Euphorbiaceae	H
kotoporo sihi	*Croton palanostigma*	Euphorbiaceae	X
kraiwa ahi	*Pouteria cladantha*	Sapotaceae	W
krepu uhi	*Inga edulis*	Leguminosae	H,W
krɨpɨ si	*Iriartea deltoidea*	Arecaceae	W
krɨpɨari hi	*Phytolacca rivinoides*	Phytolaccaceae	W
kuai si	*Mauritiella armata*	Arecaceae	W
kuapara t^{h}ot^{h}o	*Dioclea malacocarpa*	Leguminosae	H,X
kumama si	*Calathea* cf. *allouia*	Marantaceae	W
kumama si	*Hylaeanthe hexantha* (Poepp & Endl.) Jonker & Jonker	Marantaceae	X
kumi a	*Securidaca diversifolia* vel sp. aff.	Polygalaceae	X
kumi t^{h}ot^{h}o	*Securidaca diversifolia* vel sp. aff.	Polygalaceae	W,X
kumi t^{h}ot^{h}o	*Securidaca diversifolia* vel sp. aff.	Polygalaceae	X
kuna ãt^{h}e	*Lonchocarpus* sp.	Leguminosae	H
kurapoma kohi	*Alexa confusa*	Leguminosae	W
kururi hi	*Protium fimbriatum*	Burseraceae	H

Nome yanomami	Espécie	Família	Região
kut^{h}a ãt^{h}e	*Lonchocarpus utilis*	Leguminosae	W
kuxixima hanakɨ	*Polybotrya caudata*	Dryopteridaceae	W
ma u t^{h}ot^{h}o	*Passiflora coccinea*	Passifloraceae	H
maari nahi	*Capirona decorticans*	Rubiaceae	P
maari t^{h}ot^{h}o	*Pinzona coriacea*	Dilleniaceae	W,X
maha si	*Astrocaryum murumuru*	Arecaceae	W
mahekoma hanakɨ	*Piper arborea* var. *arborea*, *P. augustum*, *P. demeraranum*	Piperaceae	X
mahekoma hanakɨ	*Pothomorphe peltata*	Piperaceae	X
mahekoma hi	*Piper aduncum*, *P. glabrescens*	Piperaceae	H
mahere mahi	*Siparuna decipiens*	Siparunaceae	W
maherema kɨkɨ	*Anthurium clavigerum*	Araceae	H
mãhoroma kɨkɨ	*Asplundia* cf. *vaupesiana*	Cyclanthaceae	X
mai kohi	*Symphonia globulifera*	Clusiaceae	H,W,X
mai kohi	*Moronobea* sp.	Clusiaceae	W
mai konahi	*Pouteria venosa* ssp. *amazonica*	Sapotaceae	W
makasi hi	*Bellucia grossularioides*	Melastomataceae	H
makerema asi	*Calathea* aff. *mansonis*	Marantaceae	W
makerema asi	*Canna indica*	Cannaceae	X
makɨyuma hanakɨ	*Cymbopogon citratus*	Poaceae	W
makɨyuma xikɨ	*Cymbopogon citratus*	Poaceae	X
makoa ahi	*Talisia chartacea*	Sapindaceae	W
makuta asihi	*Bombacopsis* cf. *quinata*	Malvaceae	W
mamo peima hi	*Chrysochlamys weberbaueri*	Clusiaceae	P
mamo upɨ	*Mendoncia aspera*	Acanthaceae	X
mamowai hanakɨ	*Geophila repens*	Rubiaceae	X
mamokori sinat^{h}ot^{h}o	*Curarea candicans*	Menispermaceae	P
mamokori sinat^{h}ot^{h}o	*Strychnos guianensis*	Loganiaceae	P
mamopeima hi	*Chrysochlamys membranacea*	Clusiaceae	H
mamori kɨkɨ	*Geophila repens*	Rubiaceae	P
mamowai kɨkɨ	*Geophila repens*	Rubiaceae	W
manaka kɨ	*Alstroemeria* sp.	Alstroemeriaceae	W
manaka kɨ h^{w}ërɨ	*Sciaphila purpurea*	Triuridaceae	W

Nome yanomami	Espécie	Família	Região
manaka si	*Socratea exorrhiza*	Arecaceae	H,W
mani hi	*Protium fimbriatum*	Burseraceae	X
manimani a	*Protium fimbriatum*	Burseraceae	H
maokori sihanakɨ	*Renealmia alpinia*	Zingiberaceae	H
mãokori sinakɨ	*Renealmia alpinia*, *R. floribunda*	Zingiberaceae	W
mãokori sinat^{h}ot^{h}o	*Abuta imene*	Menispermaceae	W
mãokori sinat^{h}ot^{h}o	*Curarea candicans*	Menispermaceae	T
mãokori t^{h}ot^{h}o	*Strychnos* sp.	Loganiaceae	H
mãokori t^{h}ot^{h}o	*Strychnos guianensis*	Loganiaceae	T
mãokori t^{h}oxi	*Abuta grisebachii*	Menispermaceae	X
mãokori t^{h}oxi	*Strychnos guianensis*	Loganiaceae	X
mapeima hi	*Chrysochlamys membranacea*	Clusiaceae	H
mapeima hi	*Chrysochlamys weberbaueri*	Clusiaceae	X
mapu uhi	*Palicourea nitidella*	Rubiaceae	H
mapu usihi	*Apeiba* sp.	Malvaceae	W
mapu ut^{h}ot^{h}o	*Mendoncia aspera*	Acanthaceae	W
mara sihi	*Myroxylon balsamum*	Leguminosae	W
maraka axihi	*Crescentia cujete*	Bignoniaceae	W
maraka axihi	*Licania heteromorpha*	Chrysobalanaceae	W
marari sihi	*Aspidosperma nitidum*	Apocynaceae	X
maraxi hanakɨ	*Geonoma* cf. *interrupta*	Arecaceae	H
mãri hi	*Guarea guidonia*	Meliaceae	W
marixi ukɨ	*Cyperus articulatus*	Cyperaceae	W
masi kikɨ	*Heteropsis flexuosa*	Araceae	W
masihanari kohi	*Tabebuia capitata*	Bignoniaceae	W
mat^{h}akɨma hanakɨ	*Peperomia alata*	Piperaceae	X
mat^{h}o t^{h}ot^{h}o	*Arrabidaea* sp., *Callichlamys latifolia*	Bignoniaceae	W
maxahara hanakɨ	*Justicia pectoralis* ssp. *stenophylla*	Acanthaceae	W
maxahara sihi	*Stryphnodendron pulcherrimum*	Leguminosae	W
maxara a	*Virola* cf. *theiodora*	Myristicaceae	H
maxitema ahi	*Pourouma* cf. *cucura*	Cecropiaceae	H
maxopoma hi	*Amphirrhox longifolia*	Violaceae	W
mayahama hi	*Schefflera morototoni*	Araliaceae	H

Nome yanomami	Espécie	Família	Região
mayarama hanakɨ	*Peperomia* sp.	Piperaceae	H
mayarama hanakɨ	*Schizaea elegans*	Schizaeaceae	X
mãyopa xikɨ	*Cyperus* sp.	Cyperaceae	W
mãyoroma hanakɨ	*Peperomia alata*	Piperaceae	X
mɨrama asihi	*Zizyphus cinnamomum*	Rhamnaceae	W
mɨrɨkɨri hanakɨ	*Bactris corossilla*	Arecaceae	H
mɨrɨkɨrima hi	*Dacryodes roraimensis*	Burseraceae	H
mɨsɨkɨrima hanakɨ	*Geonoma* sp.	Arecaceae	W
misipaima hanakɨ	*Piper francovilleanum*	Piperaceae	H
mõe hanakɨ	*Siparuna guianensis*	Siparunaceae	W
mõe hi	*Siparuna guianensis*	Siparunaceae	W
mõe hi	*Mollinedia* sp. aff. *grazielae*	Monimiaceae	W,X
mõe tʰotʰo	*Coccoloba excelsa* var. *glabra*	Polygonaceae	W
moina tihi	*Guatteriopsis blepharophylla*	Annonaceae	H
moka imikɨ hanakɨ	*Peperomia serpens*	Piperaceae	X
moka mosi	*Bactris maraja*	Arecaceae	W
moka uku	*Marasmius cubensis*	Tricholomataceae	W
moka unamokɨ	*Peperomia rotundifolia*	Piperaceae	H
mokuru sihi	*Guarea kunthiana*	Meliaceae	X
mokuruma si	*Ischnosiphon arouma*	Marantaceae	W
momihi mahi	*Pourouma bicolor*	Cecropiaceae	H
mominari usihi	*Pourouma ovata*	Cecropiaceae	W
momo hi	*Micrandra rossiana*	Euphorbiaceae	H
momo tʰotʰo	*Cissus erosa*	Vitaceae	W
monomonoma kikɨ	*Pteridium aquilinum* var. *arachnoideum*	Pteridaceae	H
mõõ hi	*Mahurea exstipulata*	Clusiaceae	H
mõra mahi	*Dacryodes peruviana*	Burseraceae	W
morimoripë	*Begonia humilis*	Begoniaceae	W
morokoma tʰotʰo	*Philodendron divaricatum*	Araceae	W
mosipoima hanakɨ	*Piper francovilleanum*	Piperaceae	W,X
moxi hanakɨ	*Miconia pseudocapsulata*	Melastomataceae	X
moxima hi	*Inga alba*	Leguminosae	H,W

Nome yanomami	Espécie	Família	Região
mraka nahi	*Licania kunthiana*	Chrysobalanaceae	W
mraka unahi	*Eschweilera* sp.	Lecythidaceae	H
naharã hi	*Zanthoxylum pentandrum*	Rutaceae	W
nahiri hanaki	*Zanthoxylum rhoifolium*	Rutaceae	X
nai hi	*Micropholis* sp.	Sapotaceae	H
naira hi	*Chrysophyllum argenteum*	Sapotaceae	W
nana nahi	Indet.	Euphorbiaceae	H
napë ahi	*Pouteria cladantha*	Sapotaceae	W
nara uhi	*Copaifera* sp.	Leguminosae	W
nara xihi	*Bixa orellana*	Bixaceae	W
naxuruma ahi	*Quiina florida* vel sp. aff.	Quiinaceae	W
naxuruma aki	*Costus guanaiensis* var. *macrostrobilus*, *C. scaber*	Costaceae	W
naxuruma hanaki	*Costus guanaiensis* var. *macrostrobilus*, *C. scaber*	Costaceae	H,X
naxuruma tʰotʰo	*Passiflora coccinea*	Passifloraceae	W
në wãri hanaki	*Peperomia magnoliifolia*, *P. quadrangularis*	Piperaceae	W
në wãri hanaki	*Psychotria poeppigiana*	Rubiaceae	W
në wãri hanaki	*Thelypteris longifolia*	Thelypteridaceae	W
nini kiki	*Renealmia floribunda*	Zingiberaceae	W
nini kiki	*Xylaria multiplex*	Xylariaceae	W
õema ahi	*Pourouma bicolor* ssp. *digitata*	Cecropiaceae	W
ohote hanaki	*Justicia pectoralis*	Acanthaceae	W
okema asihi	*Tetrorchidium rubrivenium*	Euphorbiaceae	H,X
okema hanaki	*Begonia semiovata*	Begoniaceae	X
oko hanaki	*Besleria flavo-virens*	Acanthaceae	X
oko hi	*Couepia caryophylloides*	Chrysobalanaceae	H
oko hi	*Phyllanthus brasiliensis*	Phyllanthaceae	W
oko natʰeki	*Besleria* sp.	Acanthaceae	X
oko xiki	*Cyperus* sp.	Cyperaceae	W
õkorasi si	*Attalea maripa*	Arecaceae	W
okoraxi hi	*Rinorea lindeniana*	Violaceae	W

Nome yanomami	Espécie	Família	Região
omama hanakɨ	*Strychnos guianensis*	Loganiaceae	H
omama hanakɨ	*Psammisia guianensis*	Ericaceae	X
omanama axihi	*Couma macrocarpa*	Apocynaceae	H
omoari si	*Renealmia floribunda*	Zingiberaceae	X
operema axihi	*Couma macrocarpa*	Apocynaceae	W
opo sihi	*Zollernia grandifolia*	Leguminosae	W
opomoxi hi	*Aphelandra macrostachya*	Acanthaceae	H
oposi hanakɨ	*Didymochlaena truncatula*	Dryopteridaceae	X
oru hehi	*Garcinia benthamiana*	Clusiaceae	W
oru hekɨ	*Maxillaria* spp.	Orchidaceae	X
oru kɨkɨ hekɨ	*Maxillaria* spp.	Orchidaceae	X
oru kɨkɨ wite	*Peperomia rotundifolia*	Piperaceae	W
oru nakɨ	*Maxillaria* spp.	Orchidaceae	H,X
oruxi hi	*Anacardium giganteum*	Anacardiaceae	H,W
paa hanakɨ	*Geonoma baculifera*	Arecaceae	W
paara hi	*Anadenanthera peregrina*	Leguminosae	W
paare a	*Anadenanthera peregrina*	Leguminosae	H
paari mahekokɨ	*Piper demeraranum*	Piperaceae	X
paari mahekosikɨ	*Piper bartlingianum*	Piperaceae	W
paari makasit^{h}ot^{h}o	*Abuta imene*	Menispermaceae	H
paari makasihi	*Lacunaria jenmani*	Quiinaceae	W
paari makasit^{h}ot^{h}o	*Aristolochia disticha* vel sp. aff.	Aristolochiaceae	T
paetea sihi	*Dipteryx odorata*	Leguminosae	W
pahi hi	*Inga acreana*	Leguminosae	H,W
paira ahi	*Swartzia* sp.	Leguminosae	W
paixima si	*Musa* sp.	Musaceae	W
paraparamo nat^{h}okɨ	*Tanaecium nocturnum*	Bignoniaceae	P
parima sihi	*Ocotea* sp.	Lauraceae	H
paro koxihi	*Dialium guianense*	Leguminosae	W
patepatema t^{h}ot^{h}o	*Bauhinia guianensis*	Leguminosae	X
patepatema t^{h}ot^{h}o	*Coccoloba* sp.	Polygonaceae	X
patexi mamo	*Salpichlaena volubilis*	Blechnaceae	X
paxipaxima hanakɨ	*Desmodium adscendens*	Leguminosae	H

Nome yanomami	Espécie	Família	Região
paxo hi	*Martiodendron* sp.	Leguminosae	W
paxo h^w*ãtemohi*	*Pouteria caimito*	Sapotaceae	W
paya hi	*Sclerolobium* sp.	Leguminosae	W
pee nahe	*Nicotiana tabacum*	Solanaceae	W,X
peesisima hi	*Perebea guianensis*	Moraceae	W
peima hi	*Chrysochlamys weberbaueri*	Clusiaceae	W
peripo a	*Trametes* sp.	Polyporaceae	P
pesi a	*Licania* cf. *kunthiana*	Chrysobalanaceae	H
pihi wayorema amokɨ	*Filoboletus gracilis*	Tricholomataceae	W
pirima ahɨ si	*Solanum stramoniifolium*	Solanaceae	X
pirima ahɨt^h*o*t^h*o*	*Spondias mombin*	Anacardiaceae	W
pirima ahu t^h*o*t^h*o*	*Paullinia* cf. *ingifolia*	Sapindaceae	H
pirima hikɨ	*Andropogon bicornis*	Poaceae	W
pisa asi	*Calathea* sp.	Marantaceae	H
pisa asi	*Calathea variegata*	Marantaceae	W
pɨtarima kɨkɨ	*Smilax* cf. *pseudosyplilitica*	Smilacaceae	H
pɨtima hi	*Loreya spruceana*	Melastomataceae	H
pɨtima hi	*Bellucia grossularioides*	Melastomataceae	W
poata hi	*Inga rhynchocalyx*	Leguminosae	H
poata hi	*Inga pilosula*	Leguminosae	W
pokara amokɨ	*Pleurotus flabellatus*	Polyporaceae	W
pokara mamohi	Indet.	Lauraceae	W
pokara mamokasikɨ	*Solanum oocarpum*	Solanaceae	W
pokunama a	*Costus guanaiensis* var. *macrostrobilus, C. scaber*	Costaceae	P
poo het^h*ohi*	*Aspidosperma nitidum*	Apocynaceae	W
poo hot^h*ohi*	*Aspidosperma nitidum*	Apocynaceae	H
poo kohi	*Inga sarmentosa*	Leguminosae	W
pooko sihi	*Gustavia augusta*	Lecythidaceae	X
pooro hi	*Myrciaria* sp.	Myrtaceae	X
popoimo hi	*Leandra clidemioides*	Melastomataceae	X
pora axit^h*o*t^h*o*	*Posadaea sphaerocarpa*	Cucurbitaceae	W
pore het^h*upë*	*Cordia nodosa*	Boraginaceae	H

Nome yanomami	Espécie	Família	Região
pore hi	*Myrcia* sp.	Myrtaceae	H
pore hi	*Eugenia flavescens* vel sp. aff.	Myrtaceae	W
pore utupë	*Hirtella physophora*	Chrysobalanaceae	X
poriporema kɨkɨ	*Cyathea delgadii* vel sp. aff.	Cyatheaceae	H
poripori a	*Trametes* sp.	Polyporaceae	T
poripori tʰotʰo	Clusia grandiflora	Clusiaceae	H
poripori tʰotʰo	*Clusia* aff. *nemorosa C. purpurea* vel sp. aff.	Clusiaceae	W
poripori tʰotʰo	*Clusia leprantha*	Clusiaceae	X
poripori tʰoxi	*Clusia* sp.	Clusiaceae	T
poroa unahi	*Theobroma cacao*	Malvaceae	W
poroma hanakɨ	*Xanthosoma sagittifolium* complexo	Araceae	H,W
poroma tʰotʰo	*Syngonium vellozianum*	Araceae	W
potahi amohi	*Trymatococcus amazonicus*	Moraceae	H
poxe mamokasihi	*Pouteria* sp.	Sapotaceae	W
prika ahi	*Capsicum frutescens*	Solanaceae	W
prõõ masihi	*Theobroma microcarpum*	Malvaceae	W
proro unahi	*Theobroma cacao*	Malvaceae	H
purunama usi	*Olyra latifolia*	Poaceae	W
puu hanakɨ	*Justicia pectoralis*	Acanthaceae	H,W
puu si	*Saccharum officinarum*	Poaceae	W
puu tʰotʰo	*Philodendron solimoesensis*	Araceae	W
puu tʰotʰomokɨ	*Tanaecium nocturnum*	Bignoniaceae	W
puuturima si	*Smilax* sp.	Smilacaceae	H
rããsirima tʰotʰo	*Machaerium quinata* vel aff.	Leguminosae	X
rahaka akɨ	*Guadua* sp.	Poaceae	W
rahaka mahi	*Aspidosperma* sp.	Apocynaceae	W
rai natihi	*Anaxagorea acuminata*	Annonaceae	W,X
rai natihi	*Anaxagorea dolichocarpa*	Annonaceae	H
rapa hi	*Martiodendron* sp.	Leguminosae	W
rapa mahi	*Nectandra* sp.	Lauraceae	W
rarikirima hanakɨ	*Pteris altissima*	Pteridaceae	X
rasa si	*Bactris gasipaes*	Arecaceae	X
rasa sihi	Indet.	Leguminosae	H

Nome yanomami	Espécie	Família	Região
rasirasi tʰotʰo	*Philodendron surinamense*	Araceae	W
raxa natihi	*Sterculia pruriens*	Malvaceae	W
raxa si	*Bactris gasipaes*	Arecaceae	H,W
rerokoakasi hi	*Inga* sp.	Leguminosae	H
rëxë hi	*Perebea angustifolia*	Moraceae	W
ria moxiririma hi	*Inga acuminata*	Leguminosae	W
rihuwari si	*Jacaratia digitata*	Caricaceae	W
rio kosi	*Mauritia flexuosa*	Arecaceae	W
riori hanakɨ	*Thelypteris longifolia*	Thelypteridaceae	W
riori wexikɨ	*Marasmius crinisequi*	Tricholomataceae	W
ripo tʰotʰo	*Philodendron deflexum*	Araceae	T
ripo tʰotʰo	*Philodendron hylaeae*	Araceae	W
ripo tʰoxi	*Philodendron hylaeae*	Araceae	P
rixi namo hanakɨ	*Heliconia acuminata* ssp. *acuminata*	Heliconiaceae	W
rokoa si	*Musa sp.*	Musaceae	W
rokoari hi	*Carica papaya*	Caricaceae	W
romi hanakɨ	*Justicia pectoralis*	Acanthaceae	W
ruamoxi hi	*Caryocar* aff. *glabrum*	Caryocaraceae	H
ruapa hi	*Caryocar villosum*	Caryocaraceae	W
rukunama hanakɨ	*Danaea elliptica*	Marattiaceae	X
ruru asi	*Phenakospermum guyannense*	Musaceae	W
ruru hi	*Rhodostemonodaphne grandis*	Lauraceae	W
saima hanakɨ	*Peperomia macrostachya*	Piperaceae	W
saraka si	*Ischnosiphon arouma*	Marantaceae	H
saruma asi	*Calathea* sp.	Marantaceae	W
seisei unahi	*Guatteria pteropus*	Annonaceae	P,W
seisei unahi	*Guatteria* sp.	Annonaceae	W
si waima a	*Hippeastrum puniceum*	Amaryllidaceae	X
si waima hanakɨ	*Peperomia macrostachya*	Piperaceae	W
siiriama sihi	*Vismia guianensis*	Hypericaceae	H,X
sikãri a	*Iryanthera juruensis, I. laevis*	Myristicaceae	W
sikasikari a	*Virola* sp.	Myristicaceae	H
sina hi	*Sagotia racemosa*	Euphorbiaceae	W

Nome yanomami	Espécie	Família	Região
sitipa si	*Syagrus* sp.	Arecaceae	W
siyõriyõri mahi	*Buchenavia* cf. *capitata*	Combretaceae	H
soomo si	*Astrocaryum gynacanthum*	Arecaceae	H
suu sihi	*Maquira guianensis*	Euphorbiaceae	X
suumukɨ preyukurima kikɨ	*Brugmansia suaveolens*	Solanaceae	H
taitai ahi	*Apeiba membranacea*	Malvaceae	W
taitai si	*Geonoma macrostachys* var. *acaulis*	Arecaceae	H
tapra a/tapra kikɨ	*Caladium bicolor*	Araceae	W
tapra hanakɨ	*Caladium bicolor*	Araceae	W
teosi hanakɨ	*Psammisia guianensis*	Ericaceae	X
teria hi	*Maquira calophylla*	Moraceae	W
t^hapɨraxi kikɨ	*Pontederia* sp.	Pontederiaceae	H
t^hapra kikɨ	*Caladium bicolor*	Araceae	X
t^hapra xima kikɨ	*Peperomia rotundifolia*	Piperaceae	H
t^hoko hanakɨ	*Faramea brevipes*	Rubiaceae	H,W
t^hoko hanakɨ	*Peperomia macrostachya*	Piperaceae	X
t^homɨ koxi	*Orthoclada laxa*	Poaceae	W
t^homɨra asihi	*Exellodendron barbatum*	Lauraceae	W
t^homokoxima kikɨ	*Plagiochila* sp.	Plagiochilaceae	X
t^hooro a	*Solandra grandiflora*	Solanaceae	W
t^horu h^wãtemohi	*Tabernaemontana sananho*	Apocynaceae	W
t^hout^{h}ou t^hot^{h}o	*Oreopanax capitatum* var. *multiflorum*	Araliaceae	X
t^hoxo nahikɨ	*Besleria* sp.	Acanthaceae	H
t^huë hanakɨ	*Justicia pectoralis*	Acanthaceae	W
t^huë mamohi	*Aniba riparia*	Lauraceae	W
t^huë mamokɨ	*Cyperus articulatus*	Cyperaceae	W
tɨhɨ hanakɨ	*Caladium bicolor*	Araceae	W
tɨhɨ hi	*Mouriri guianensis*	Memecylaceae	H
tɨhɨ hi	*Mouriri nervosa*	Memecylaceae	X
tihitihi nahi	*Pogonophora schomburgkiana*	Euphorbiaceae	W
tɨpɨnama hanakɨ	*Geonoma* sp.	Arecaceae	H
titiri yɨmɨkakɨ	*Amauroderma camerarium* vel sp. aff.	Ganodermataceae	X
tixo nahe	*Besleria laxiflora*	Acanthaceae	W

Nome yanomami	Espécie	Família	Região
tokori a	*Cecropia* sp.	Cecropiaceae	H
tokori a	*Cecropia* aff. *peltata*	Cecropiaceae	W
tokori hanakɨ	*Cecropia* cf. *angulata*	Cecropiaceae	X
tokosi hanakɨ	*Phlebodium decumanum*	Polypodiaceae	T,W
torea si	*Mauritia aculeata*	Arecaceae	W
totori mamohi	*Annona ambotay*	Annonaceae	W
totori mamohi	*Myrcia* sp.	Myrtaceae	W
totori mamokɨ	*Caladium bicolor*	Araceae	W
toxa hi	*Inga paraensis*	Leguminosae	H,W
tuhre amokɨ	*Polyporus striatulus*	Polyporaceae	W
tuhre hanakɨ	*Erythrochiton brasiliensis*	Rutaceae	W
tura hi	*Sloanea synandra*	Elaeocarpaceae	X
tuwakarama tʰotʰo	*Bauhinia guianensis*	Leguminosae	W
uima usi	*Olyra longifolia*	Poaceae	H
uki usihi	*Zollernia grandifolia*	Leguminosae	W
ukuta usihi	*Zollernia grandifolia*	Leguminosae	X
uxi hanakɨ	*Psychotria iodotricha*	Rubiaceae	X
uxirima amokɨ	*Favolus spathulatus*	Polyporaceae	W
uxiuxi kikɨ	Indet.	Fungi (rizomorfas)	W
waha akɨ	*Dioscorea trifida*	Dioscoreaceae	W
waha anahi	*Matayba arborescens*	Sapindaceae	W
waha urihitʰeri akɨ	*Dioscorea trifida*	Dioscoreaceae	W
waihi hanakɨ	*Cymbopogon citratus*	Poaceae	W
waiporo unahi	*Theobroma subincanum*	Malvaceae	H,W
waitʰiri kɨkɨ	*Cyperus* sp.	Cyperaceae	W
waka moxikɨ	*Cyperus articulatus*	Cyperaceae	W
waka moxitʰotʰo	*Coccoloba* cf. *gymnorrhachis*, *C.* sp.	Polygonaceae	W
wakama hi	*Inga* sp.	Leguminosae	H,W
wãkowãko axitʰotʰo	*Mucuna urens*	Leguminosae	W
wapo kohi	*Clathrotropis macrocarpa*	Leguminosae	H,W,X
waraka ahi	*Pourouma melinonii*	Cecropiaceae	W
warama si	*Geonoma deversa*	Arecaceae	W
warapa kohi	*Protium spruceanum*	Burseraceae	H,X

Nome yanomami	Espécie	Família	Região
warapa kohi	*Protium unifoliolatum*	Burseraceae	W
warapa kohi	*Protium plagiocarpium*	Burseraceae	X
warasa	*Lantana trifolia*	Verbenaceae	H
warasi hanakɨ	*Clibadium sylvestre*	Asteraceae	H
warë onasihi	*Trema integerrima*	Ulmaceae	W
warea xihi	*Myrcia* sp.	Myrtaceae	H
warea xihi	*Myrcia fallax, M.* sp.	Myrtaceae	X
warɨ amohi	*Rhodostemonodaphne grandis*	Lauraceae	W
wari mahi	*Ceiba pentandra*	Malvaceae	W
warihinama usihi	*Pourouma minor*	Cecropiaceae	W
wãro uhi	*Couepia caryophylloides*	Chrysobalanaceae	W
waruhuma usihi	*Pourouma ovata*	Cecropiaceae	W
watʰo natihi	*Albizia pedicellaris*	Leguminosae	X
waxia a	*Dieffenbachia cannifolia*	Araceae	W
waxia hi	*Casearia javitensis*	Flacourtiaceae	W
waya hi	*Couepia caryophylloides*	Chrysobalanaceae	H
wayapa a/pë	Indet.	Poaceae	W
wayawaya tʰotʰo	*Gouania frangulaefolia*	Rhamnaceae	W
werehe tʰotʰo	*Abuta rufescens*	Menispermaceae	X
weri nahi	*Posoqueria latifolia*	Rubiaceae	W
werihi sihi	*Pradosia surinamensis*	Sapotaceae	W
wetʰe mahi	*Solanum crinitum*	Solanaceae	H
weyeri hi	*Protium fimbriatum*	Burseraceae	W
wiriwirima sikɨ	*Scleria secans*	Cyperaceae	H,X
witari mahi	*Vismia angusta, V. cayennensis*	Hypericaceae	W
wito hi	*Anacardium giganteum*	Anacardiaceae	P
wuximaxima hanakɨ	*Nephrolepis* sp.	Oleandraceae	H
xãã a	*Monstera adansonii*	Araceae	P
xama hanakɨ	*Piper obliquum*	Piperaceae	X
xama mamokɨ	*Cyperus articulatus*	Cyperaceae	W
xama siosihi	*Miconia lateriflora*	Melastomataceae	W
xamanama hi	*Amphirrhox surinamensis*	Violaceae	H
xamanama tʰotʰo	*Salpichlaena volubilis*	Blechnaceae	H

Nome yanomami	Espécie	Família	Região
xamaxamari hi	*Piper augustum*	Piperaceae	P
xapo kɨkɨ	*Phoradendron* sp.	Loranthaceae	W
xapu uhi	*Catostemma commune*	Malvaceae	H
xaraka ahi	*Manilkara huberi*	Sapotaceae	H,W
xaraka si, xaraka a	*Gynerium sagittatum*	Poaceae	W
xãri hi	*Miconia nervosa, M. serrulata*	Melastomataceae	H
xãrixãri hanakɨ	*Leandra sanguinea*	Melastomataceae	X
xãrixãri hanakɨ	*Miconia bubalina*	Melastomataceae	X
xãrixãri hi	*Leandra chaetoda*	Melastomataceae	H
xenoma a	*Dieffenbachia bolivarana*	Araceae	X
xia axi tʰotʰo	*Dioclea reflexa*	Leguminosae	H
xiaxiri unahi	*Herrania lemniscata*	Malvaceae	H
xihini hi	*Licania* cf. *polita*	Chrysobalanaceae	H,W
xiho hi	*Brownea longipedicellata*	Leguminosae	X
xiho xihi	*Cordia nodosa*	Boraginaceae	W
xiho yimɨkakɨ	*Dictyonema sericeum*	Meruliaceae	X,W
xiki a	*Cecropia obtusa*	Cecropiaceae	W
xikirima hanakɨ	*Pharus virescens*	Poaceae	W
xina ãtʰe	*Lonchocarpus* cf. *chrysophyllus*	Leguminosae	W
xinaru uhi	*Gossypium barbadense*	Malvaceae	W
xioka a	*Virola elongata*	Myristicaceae	W
xiporarima tʰoxi	*Philodendron deflexum*	Araceae	P
xirixiri ãtʰe	*Banisteriopsis lucida*	Malpighiaceae	W
xirixiri hikɨ	*Chamaecrista nictitans*	Leguminosae	H
xitoha hi	*Ormosia stipularis*	Leguminosae	W
xitokoma hi	*Swartzia schomburgkii* var. *guayanensis*	Leguminosae	H,X
xitokoma hi	*Chimarrhis* sp.	Rubiaceae	X
xitoma hi	*Chimarrhis* sp.	Rubiaceae	H
xitopari hi	*Jacaranda copaia*	Bignoniaceae	W
xitopori hi	*Jacaranda copaia*	Bignoniaceae	X
xoko hʷakahi	*Tetragastris altissima*	Burseraceae	W
xokopë amokɨ	*Favolus brasiliensis*	Polyporaceae	W
xokopë ãtʰe	*Serjania grandifolia*	Sapindaceae	W

Nome yanomami	Espécie	Família	Região
xoo mosi	*Astrocaryum gynacanthum*	Arecaceae	W
xopa hi	*Helicostylis tomentosa*	Moraceae	H,W
xõra het^h*ot*^{h}*o*	*Plukenetia polyadenia*	Euphorbiaceae	W
xori hi	*Ficus piresiana* vel sp. aff.	Moraceae	H,X
xotokoma hi	*Swartzia schomburgkii* var. *guayanensis*	Leguminosae	W
xotopori a	*Jacaranda copaia*	Bignoniaceae	H
xõwa a	*Caladium bicolor*	Araceae	W
xoxo hi	*Caryocar pallidum*	Caryocaraceae	H
xoxo mohi	*Caryocar pallidum*	Caryocaraceae	W
xuhuturi unahi	*Herrania lemniscata*	Malvaceae	W,X
xuu hanakɨ	*Pteris* aff. *splendens*	Pteridaceae	X
xuu hi	*Maquira guianensis*	Moraceae	W
xuu t^h*ot*^{h}*o*	*Aristolochia disticha* vel sp. aff.	Aristolochiaceae	W
xuu t^h*ot*^{h}*o*	*Telitoxicum krukovii*	Menispermaceae	W
yaa hanakɨ yai	*Geonoma* sp.	Arecaceae	H
yãkoana a	*Virola theiodora*	Myristicaceae	W
yãma asikɨ	*Ananas* sp.	Bromeliaceae	W
yamara a t^h*ot*^{h}*o*	*Uncaria guianensis*	Rubiaceae	H,W
yamara aka t^h*ot*^{h}*o*	*Uncaria tomentosa*	Rubiaceae	X
yão nahi	*Xylopia* cf. *calophylla*	Annonaceae	W
yãpi mahekotokɨ	*Piper francovilleanum*	Piperaceae	P
yãpi mamohi	*Casearia guianensis*	Flacourtiaceae	W
yãpi mamohi	*Margaritaria nobilis*	Euphorbiaceae	W
yãpi uhi	*Palicourea* aff. *quadrifolia*	Rubiaceae	H
yãpi uhi	*Isertia hypoleuca*	Rubiaceae	W
yãpi unahi	*Isertia hypoleuca*	Rubiaceae	W
yãpu uhi	*Palicourea guianensis* ssp. *barbinervia*	Rubiaceae	H
yãre hi	*Ecclinusa guianensis*	Sapotaceae	W
yaremaxi hi/a	*Brosimum utile* ssp. *ovatifolium*	Moraceae	W
yarena hasipë	*Axonopus purpusii*	Poaceae	H
yãri t^h*ot*^{h}*o*	*Thoracocarpus bissectus*	Cyclanthaceae	W
yari monahe/yarima monahe	*Dioscorea* cf. *piperifolia*	Dioscoreaceae	W
yãwa xihi	*Pouteria hispida*	Sapotaceae	H,W

Nome yanomami	Espécie	Família	Região
yawara hi	*Micropholis* sp.	Sapotaceae	H
yawë kɨkɨ	*Cyperus articulatus*	Cyperaceae	W
yawere nahasihi	*Erechtites hieraciifolia*	Asteraceae	W
yehetʰɨ kɨkɨ	*Stenoselon heterophyllus*	Apocynaceae	H
yipɨ hanakɨ	*Sorocea muriculata* ssp. *uaupensis*	Moraceae	X
yipɨ hi	*Maprounea guianensis*	Euphorbiaceae	W
yoasi hi	*Vismia angusta, V. cayennensis*	Hypericaceae	W
yoasi hi	*Coussapoa asperifolia* ssp. *magnifolia*	Moraceae	X
yoasi tʰotʰo	*Coussapoa asperifolia* ssp. *magnifolia*	Moraceae	W
yõno mosi	*Zea mays*	Poaceae	W
yopo unahi	*Asplundia* sp.	Cyclanthaceae	W
yopomori kɨkɨ	*Asplundia* spp.	Cyclanthaceae	H,X
yopoporima a	*Asplundia* cf. *maguirei*	Cyclanthaceae	X
yore a	*Mutinus bambusinus* vel sp. aff.	Phallaceae	W
yore a	*Phallus* sp.	Phallaceae	W
yoroko axihi	*Vataireopsis* cf. *surinamensis*	Leguminosae	W
yuri nakɨhanakɨ	*Eleutherine bulbosa*	Iridaceae	W

Índice remissivo

D

E

ISBN 978-85-85994-72-3

9 788585 994723

impressão e acabamento:
Pancrom Indústria Gráfica
São Paulo, SP, Brasil
tiragem desta edição:
2.000 exemplares